2023年度最高人民检察院"数据安全合规研究"
（课题编号：GJ2023C22）项目成果

公共数据
开发利用模式与合规管理

李爱君　著

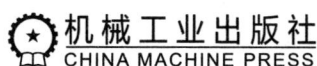
机械工业出版社
CHINA MACHINE PRESS

加快公共数据资源开发利用，充分释放公共数据要素潜能，是推动我国经济社会高质量发展的重要举措。公共数据开发利用中的法律和制度风险是社会各界非常关心的话题。本书在界定公共数据定义、性质、特征和介绍公共数据历史演变的基础上，对公共数据开发利用的四种模式，即公共数据共享、公共数据开放、公共数据授权运营及公共数据融合的实践探索、制度目标和规制重点进行了详细阐述，并重点对各种模式的法律关系进行了分析，以帮助相关方在公共数据开发利用中做到合法合规。本书适合政府相关工作人员、企事业单位数据管理专业人员及对公共数据开发利用感兴趣的读者阅读。

图书在版编目（CIP）数据

公共数据开发利用模式与合规管理 / 李爱君著.
北京：机械工业出版社，2025.8. -- ISBN 978-7-111-79025-9
Ⅰ. TP274
中国国家版本馆 CIP 数据核字第 2025ZY9088 号

机械工业出版社（北京市百万庄大街22号　邮政编码100037）
策划编辑：李　鸿　　　　　责任编辑：李　鸿　陈　倩
责任校对：韩佳欣　张　薇　　责任印制：单爱军
保定市中画美凯印刷有限公司印刷
2025年9月第1版第1次印刷
170mm×242mm・19.25印张・253千字
标准书号：ISBN 978-7-111-79025-9
定价：78.00元

电话服务　　　　　　　　　　网络服务
客服电话：010-88361066　　　机　工　官　网：www.cmpbook.com
　　　　　010-88379833　　　机　工　官　博：weibo.com/cmp1952
　　　　　010-68326294　　　金　书　网：www.golden-book.com
封底无防伪标均为盗版　　　　机工教育服务网：www.cmpedu.com

前　言

　　公共数据开发利用是通过公共数据的共享、开放、融合和授权实现公共数据流通而加大数据要素市场的供给力度，进而实现数据要素市场的公平秩序、数据要素的乘数效应和驱动新质生产力发展的作用，最终实现以公共数据为要素投入的生产要素创新性配置，保障新质生产力发展的要素配置和需求。

　　本书围绕国内公共数据开发利用法律法规、政策和域外相关制度，以公共数据开发利用释放数据价值为目标，以公共数据共享、开放、融合、授权和登记行为主线，以公共数据的性质界定和范畴为起点，以公共数据开发利用模式和法律关系为理论基础，对公共数据开发利用的合规管理进行系统性的理论与实务研究，为我国公共数据价值释放提供合规管理的理论支撑。

　　本书创新性提出以下观点，并进行系统性的阐述与论证：一是公共数据开发利用是数据要素供给侧改革，也是要素投入的结构性改革；二是公共数据具有国有资产属性；三是公共数据的授权是国家主动开放、扩大公共数据范围和提高数据质量的一种方式，而不是对有条件开放公共数据的替代。

　　笔者于2012年在研究金融信息和金融数据法律的基础上开展了数据基础制度理论研究，并广泛参与国家政策制定和地方立法工作，具体参与了《中共中央　国务院关于构建数据基础制度更好发挥数据要素作用的意见》的前期研究和起草工作，承担了全国人大、司法部、国家发展改革委、国务院国资委、最高检等部门数据和人工智能相关法律问题的研究工作，承担了北京、深圳、山东、河北和雄安新区等地数据政策、立法和基础制度研究课题 20 余项，负责起草了《深圳经济特区数据条例》《北京市数字经济促进条例》，参与了山东、河北和雄安新区等地的数据立法工作。于 2020 年担任教育部哲学社会科学研究重大课题攻关项目《数据法学内容和体系研究》首席专家，承担国家数据局 2025 年重大课题委托研究项目《数据产权若干重大问题研究》。截至目前，数据基础制度理论研究成果主要有《人工智能法律行为论》《数据权利属性与法律特征》《论数据法学体系》《训练数据主体权益保护的新型数据财产权构建》《加快构建数据基础制度体系》《加快完善数据产权制度》等 30 余篇论文，以及《论数据治理》《数据出境法学原理与实务》《中国大数据法治发展报告（2018）》《中国大数据法治发展报告（2019）》《中国大数据法治发展报告（2020）》《国际数据保护规则要览》《电子商务法律与实务》等著作。

  本书是笔者 2012 年以来继数据基础制度研究的又一项研究成果，是对前期公共数据价值释放相关研究的进一步体系化和深化，是对以公共数据供给为供给侧改革促进数据要素市场培育、数据价值挖掘和数据安全研究的阶段性总结。望此书能够为公共数据价值释放提供理论支撑和实践指导，同时希望广大读者对本人的研究提出宝贵建议。

李爱君

2025 年 6 月 6 日于北京

目　　录

前言

第一章　公共数据概述 / 1

　第一节　公共数据的定义 / 1

　　一、公共数据定义的界定 / 1

　　　（一）政策法规对公共数据定义的界定 / 2

　　　（二）公共数据的控制主体 / 7

　　　（三）获取公共数据的特定情形 / 15

　　　（四）获取公共数据的行为方式 / 15

　　二、公共数据概念的历史演变 / 17

　　　（一）从"政务/政府信息"到"政务/政府数据" / 17

　　　（二）从"政务/政府数据"到"公共数据" / 18

　　　（三）域外政策法规对我国公共数据概念的影响 / 19

　　三、立法技术选择 / 20

　　四、总结 / 21

　第二节　公共数据的性质与特征 / 22

　　一、公共数据的性质 / 22

　　　（一）公共数据是数据 / 22

　　　（二）公共数据属于国有资产 / 23

　　二、公共数据的特征 / 26

　　　（一）公共数据数量大 / 26

　　　（二）公共数据质量高 / 27

v

第三节　公共数据开发利用模式 / 28

一、公共数据共享 / 28

（一）公共数据共享的立法变迁 / 28

（二）公共数据共享的制度目标 / 30

（三）公共数据共享的规制重点 / 31

二、公共数据开放 / 32

（一）公共数据开放的实践探索 / 32

（二）公共数据开放的制度目标 / 34

（三）公共数据开放的规制重点 / 35

三、公共数据授权运营 / 37

（一）公共数据授权运营的实践探索 / 37

（二）公共数据授权运营的制度目标 / 38

（三）公共数据授权运营的规制重点 / 39

四、公共数据融合 / 40

（一）公共数据融合的实践探索 / 40

（二）公共数据授权运营的制度目标 / 41

（三）公共数据授权运营的规制重点 / 42

第二章　公共数据共享 / 44

第一节　公共数据共享概述 / 44

一、公共数据共享的概念 / 45

（一）立法实践中对公共数据共享的确认 / 45

（二）学界对公共数据共享的研究 / 49

（三）总结 / 51

二、公共数据共享与相关概念的区分 / 51

（一）公共数据共享与公共数据开放 / 51

（二）公共数据共享与公共数据融合 / 54

　　（三）公共数据共享与公共数据授权运营 / 54

第二节　公共数据共享的性质 / 55

　一、公共数据共享是一种数据处理行为 / 55

　二、公共数据共享可以释放数据要素价值 / 56

　三、公共数据共享的目的是维护公共利益 / 58

第三节　公共数据共享模式与法律关系 / 59

　一、公共数据共享的模式 / 60

　　（一）公共数据全国共享和公共数据地方共享 / 60

　　（二）公共数据内网共享和公共数据外网共享 / 61

　　（三）有条件共享、无条件共享和不予共享 / 62

　二、公共数据共享的法律关系 / 66

　　（一）公共数据无条件共享的法律关系 / 67

　　（二）公共数据有条件共享的法律关系 / 68

　　（三）公共数据不予共享的法律关系 / 70

第四节　公共数据共享政策和法律的国别考察 / 71

　一、新加坡公共数据共享的政策和法律 / 71

　　（一）《公共部门（治理）法案》/ 71

　　（二）"智慧国家计划" / 71

　　（三）政府数据办公室 / 72

　　（四）《个人数据保护法》/ 72

　二、美国公共数据共享的政策和法律 / 72

　　（一）《数据法案》/ 72

　　（二）联邦数据战略 / 73

　三、欧盟公共数据共享的政策和法律 / 73

　　（一）《公共部门信息指令》/ 73

（二）《通用数据保护条例》/ 74

　　（三）《欧盟数据战略》/ 74

四、英国公共数据共享的政策和法律 / 74

　　（一）《数据保护法》/ 74

　　（二）《公共服务法》/ 75

　　（三）《开放数据白皮书》/ 75

第五节　案例 / 75

一、"一网通办"实现政务服务"最多跑一次" / 75

二、贵州省"一网通办"改革 / 76

三、浙江省"只跑一次"改革 / 77

四、福州市"网络餐饮e监管"治理 / 78

第三章　公共数据开放 / 80

第一节　公共数据开放概述 / 80

一、公共数据开放的概念 / 81

二、公共数据开放的制度定位 / 82

第二节　公共数据开放的性质 / 84

一、公共数据开放不是政府信息公开 / 84

　　（一）区分政府信息公开与公共数据开放的必要性 / 85

　　（二）政府信息公开与公共数据开放的差异 / 85

二、公共数据开放是实现公共数据价值的方式 / 88

三、公共数据开放是公共数据流通的方式 / 88

四、公共数据开放是数据要素供给侧改革 / 89

　　（一）以公共数据开放为供给侧的价值 / 89

　　（二）以公共数据开放为供给侧的可行性 / 91

五、公共数据开放是数据要素市场培育的宏观调控手段 / 93

　　　　（一）以公共数据开放为调控手段的机理 / 93

　　　　（二）以公共数据开放为调控手段的表现 / 94

　　　　（三）以公共数据开放为调控手段的基本原则 / 94

　第三节　公共数据开放的模式与法律关系 / 96

　　一、公共数据开放的模式 / 96

　　　　（一）公共数据开放模式的实践考察 / 96

　　　　（二）公共数据开放模式的理论分析 / 97

　　二、公共数据开放的法律关系 / 99

　　　　（一）公共数据开放法律关系的复杂性 / 99

　　　　（二）基于不同客体的公共数据开放法律关系分析 / 100

　第四节　公共数据开放政策和法律的国别考察 / 103

　　一、美国公共数据开放的政策和法律 / 103

　　二、英国公共数据开放的政策和法律 / 104

　　三、日本公共数据开放的政策和法律 / 106

　第五节　案例 / 108

　　一、贵州利用公共数据助力农民工工资精准足额投放 / 108

　　　　（一）案例基本情况 / 108

　　　　（二）现状问题及解决方案 / 109

　　二、法国出版集团利用开放数据优化法律服务 / 110

　　　　（一）案例基本情况 / 110

　　　　（二）现状问题及解决方案 / 110

第四章　公共数据授权运营 / 112

　第一节　公共数据授权运营概述 / 112

　　一、公共数据授权运营的概念 / 112

　　　　（一）政策法规对公共数据授权运营的界定 / 113

（二）学术文献对公共数据授权运营的界定 / 121

　　（三）公共数据授权运营的概念要素 / 122

二、公共数据授权运营的原则 / 125

三、公共数据授权运营的制度定位 / 126

四、公共数据授权运营概念的明确 / 128

第二节　公共数据授权运营性质 / 131

一、行政许可说 / 131

二、特许经营说 / 131

三、行政协议说 / 132

四、政府采购说 / 132

五、政府与社会资本合作说 / 133

六、国有资产运营说 / 134

七、立法规定 / 134

第三节　公共数据授权运营的模式与法律关系 / 136

一、公共数据授权运营的模式 / 136

　　（一）公共数据授权运营的授权模式 / 136

　　（二）公共数据授权运营的收益分配方式 / 138

二、公共数据授权运营的法律关系 / 139

　　（一）公共数据授权运营的主体 / 140

　　（二）公共数据授权运营的客体 / 140

　　（三）公共数据授权运营的内容 / 140

第四节　公共数据授权运营政策和法律的国别考察 / 142

一、欧盟的政策和法律考察 / 142

二、美国的政策和法律考察 / 144

三、英国的政策和法律考察 / 145

第五节　公共数据授权运营案例 / 146

一、成都市 / 147

　　二、浙江省 / 148

　　三、北京市 / 149

　　四、海南省 / 150

第五章　公共数据融合 / 153

第一节　公共数据融合概述 / 153

　　一、公共数据融合的概念 / 153

　　二、公共数据融合与相关概念的界分 / 154

第二节　公共数据融合的性质 / 154

　　一、公共数据流通的方式 / 154

　　二、公共数据供给的方式 / 155

　　三、公共数据价值释放的方式 / 156

　　四、实现公共数据要素乘的方式 / 157

第三节　公共数据融合的模式与法律关系 / 157

　　一、公共数据融合的模式 / 157

　　　　（一）以融合对象进行划分：公共数据与非公共数据融合、各部门之间公共数据融合 / 157

　　　　（二）以主导机构进行划分：政府主导、企业主导、公民主导 / 158

　　二、公共数据融合的法律关系 / 159

　　　　（一）公共数据与非公共数据融合的法律关系 / 159

　　　　（二）公共数据与公共数据融合的法律关系 / 161

第四节　公共数据融合政策和法律的国别考察 / 162

　　一、中国 / 162

　　　　（一）与公共数据融合相关的政策法规 / 162

（二）与公共数据融合相关的法律文件 / 168

　二、欧盟 / 172

第五节　案例 / 173

　一、福建大数据交易所 / 173

　二、广东省全联进贸通 / 174

　三、四川公共数据应用实验室 / 175

　四、由企业推进的数据融合 / 175

　　（一）江苏通行宝智慧交通科技股份有限公司 / 176

　　（二）浙报数字文化集团股份有限公司 / 176

　　（三）广电运通集团股份有限公司 / 177

　五、公共数据融合司法案例 / 177

第六章　公共数据资源登记 / 181

第一节　公共数据登记概述 / 182

　一、公共数据登记的概念 / 182

　　（一）数据登记的概念 / 182

　　（二）公共数据登记的概念 / 195

　二、公共数据登记的性质 / 196

　　（一）数据登记的性质 / 196

　　（二）公共数据登记的性质 / 203

　三、公共数据登记的功能 / 205

　　（一）数据登记的功能 / 205

　　（二）公共数据登记的功能 / 211

　四、公共数据登记的范围 / 216

　　（一）数据登记的范围 / 216

　　（二）公共数据登记的范围 / 220

第二节　公共数据登记程序 / 222

一、数据登记程序 / 222

（一）数据登记程序概述 / 222

（二）数据登记的阶段 / 223

二、公共数据登记程序 / 226

（一）公共数据登记程序概述 / 226

（二）公共数据登记的阶段 / 226

第三节　公共数据登记管理 / 229

一、数据登记管理 / 229

（一）管理机制 / 230

（二）凭证有效期 / 235

（三）服务水平管理 / 235

二、公共数据登记管理 / 236

（一）管理机制 / 236

（二）凭证有效期 / 238

（三）服务水平管理 / 239

第四节　公共数据登记监督管理 / 239

一、数据登记监督管理 / 239

（一）监管主体 / 240

（二）监管内容 / 241

（三）监管方式 / 242

二、公共数据登记的监督管理 / 244

（一）监管主体 / 245

（二）监管内容 / 245

（三）监管方式 / 247

第七章　公共数据开发利用合法与合规 / 250

第一节　公共数据开发利用的风险 / 250

一、公共数据开发利用不同模式共通的风险 / 250

（一）数据安全风险 / 250

（二）信息泄露风险 / 251

（三）数据误用风险 / 252

二、公共数据开发利用不同模式特殊的风险 / 253

（一）公共数据共享中的权利滥用风险 / 253

（二）公共数据开放中的不平等风险 / 254

（三）公共数据授权运营中的破坏竞争秩序风险 / 254

（四）公共数据融合的知识产权风险 / 254

第二节　公共数据开发利用的主体合法与合规 / 255

一、《数据安全法》/ 255

二、《网络安全法》/ 256

三、《个人信息保护法》/ 257

四、《民法典》/ 258

五、"数据二十条" / 258

六、《关于加快公共数据资源开发利用的意见》/ 259

七、《公共数据资源授权运营实施规范》/ 259

八、地方立法 / 260

第三节　公共数据开发利用行为合法与合规 / 263

一、《数据安全法》/ 263

二、《网络安全法》/ 266

三、《个人信息保护法》/ 267

四、《民法典》/ 269

五、"数据二十条" / 271

六、《关于加快公共数据资源开发利用的意见》/ 272

七、《公共数据资源授权运营实施规范》/ 273

八、地方立法 / 274

第四节　公共数据开发利用客体合法与合规 / 280

一、《数据安全法》/ 280

二、《网络安全法》/ 281

三、《个人信息保护法》/ 281

四、《民法典》/ 282

五、"数据二十条" / 283

六、《关于加快公共数据资源开发利用的意见》/ 284

七、地方立法 / 284

参考文献 / 286

后记 / 291

第一章 公共数据概述

第一节 公共数据的定义

一、公共数据定义的界定

目前在我国,无论是理论层面还是法律层面,对公共数据的定义都没有形成共识①,尤其是国家政策与各地方立法和规范文件对公共数据的定义不完全一致。国家数据局于 2024 年 12 月 30 日发布的《数据领域常用名词解释(第一批)》将公共数据定义为"各级党政机关、企事业单位依法履职或提供公共服务过程中产生的数据";《中共中央办公厅 国务院办公厅关于加快公共数据资源开发利用的意见》(以下简称《关于加快公共数据资源开发利用的意见》)指出公共数据是"各级党政机关、企事业单位依法履职或提供公共服务过程中产生的";《网络数据安全管理条例(征求意见稿)》将公共数据定义为"国家机关和法律、行政法规授权的具有管理公共事务职能的组织履行公共管理职责或者提供公共服务过程中收集、产生的各类数据,以及其他组织在提供公共服务中收集、产生的涉及公共利益的各类数据"。本节在国家政策与各地方立法和规范文件的基础

---

① 《促进大数据发展行动纲要》(国发〔2015〕50 号)提出,要在依法加强安全保障和隐私保护的前提下,稳步推动公共数据资源开放。《中华人民共和国数据安全法》(以下简称《数据安全法》)第四十一条规定:"国家机关应当遵循公正、公平、便民的原则,按照规定及时、准确地公开政务数据。依法不予公开的除外。"以上官方文件、法律中均提及公共数据、政务数据等概念,却未明晰其内涵。在《中共中央 国务院关于构建数据基础制度更好发挥数据要素作用的意见》(以下简称"数据二十条")中,亦无对"公共数据"准确的概念界定,只是阐述到:"各级党政机关、企事业单位依法履职或提供公共服务过程中产生的公共数据"。

上进行研究，对公共数据定义包含的公共数据的控制主体、获取公共数据的特定情形、获取公共数据的行为方式等要素进行分析，形成公共数据相对科学的定义。

（一）政策法规对公共数据定义的界定

政策法规对公共数据定义的界定见表 1-1。

表 1-1 政策法规对公共数据定义的界定

政策法规名称	定义原文	控制主体	情形	行为
《数据领域常用名词解释（第一批）》	各级党政机关、企事业单位依法履职或提供公共服务过程中产生的数据	各级党政机关、企事业单位	依法履职或提供公共服务过程中	产生
《关于加快公共数据资源开发利用的意见》	各级党政机关、企事业单位依法履职或提供公共服务过程中产生的数据	各级党政机关、企事业单位	依法履职或提供公共服务过程中	产生
《网络数据安全管理条例（征求意见稿）》	国家机关和法律、行政法规授权的具有管理公共事务职能的组织履行公共管理职责或者提供公共服务过程中收集、产生的各类数据，以及其他组织在提供公共服务中收集、产生的涉及公共利益的各类数据	国家机关和法律、行政法规授权的具有管理公共事务职能的组织	履行公共管理职责或者提供公共服务过程中	收集、产生
		其他组织	提供公共服务中涉及公共利益	收集、产生
《吉林省大数据条例》	行政机关、公共企事业单位在依法履行职责或者提供公共服务过程中，采集或者产生的各类数据	行政机关、公共企事业单位	依法履行职责或者提供公共服务过程中	采集、产生
《浙江省公共数据和电子政务管理办法》	各级行政机关以及具有公共管理和服务职能的事业单位（以下统称公共管理和服务机构），在依法履行职责过程中获得的各类数据资源	各级行政机关及具有公共管理和服务职能的事业单位	依法履行职责过程中	获得

(续)

政策法规名称	定义原文	控制主体	情形	行为
《江苏省数据条例》	本省国家机关、法律法规授权的具有管理公共事务职能的组织和教育、医疗、供水、供电、供气、供热、交通运输、文化旅游、体育、环境保护等公共企事业单位（以下统称公共管理和服务机构）依法履行职责或者提供公共服务过程中收集、产生的数据，以及中央国家机关派驻本省的机关或者派出机构根据本省应用需求提供的数据	本省国家机关、法律法规授权的具有管理公共事务职能的组织和教育、医疗、供水、供电、供气、供热、交通运输、文化旅游、体育、环境保护等公共企事业单位	依法履行职责或者提供公共服务过程中	收集、产生
		中央国家机关派驻本省的机关或者派出机构	本省应用需求	提供
《成都市数据条例》	国家机关和法律、法规授权的具有管理公共事务职能的组织（以下称政务部门）为履行法定职责收集、产生的数据，以及医疗、教育、供水、供电、供气、通信、文化旅游、体育、交通运输、环境保护等企业事业单位（以下称公共服务组织）在提供公共服务过程中收集、产生的涉及公共利益的数据	国家机关和法律、法规授权的具有管理公共事务职能的组织	为履行法定职责	收集、产生
		医疗、教育、供水、供电、供气、通信、文化旅游、体育、交通运输、环境保护等企业事业单位	提供公共服务过程中涉及公共利益	收集、产生
《苏州市数据条例》	本市国家机关，法律、法规授权的具有管理公共事务职能的组织，以及其他提供公共服务的组织（以下统称公共管理和服务机构）在履行法定职责、提供公共服务过程中产生、收集的数据	本市国家机关，法律、法规授权的具有管理公共事务职能的组织，以及其他提供公共服务的组织	履行法定职责、提供公共服务过程中	产生、收集

3

（续）

政策法规名称	定义原文	控制主体	情形	行为
《四川省数据条例》	国家机关和法律、法规授权的具有管理公共事务职能的组织（以下统称政务部门）为履行法定职责收集、产生的政务数据，以及医疗、教育、供水、供电、供气、通信、文化旅游、体育、交通运输、环境保护等公共企业事业单位（以下统称公共服务组织）在提供公共服务过程中收集、产生的涉及公共利益的公共服务数据	国家机关和法律、法规授权的具有管理公共事务职能的组织	为履行法定职责	收集、产生
		医疗、教育、供水、供电、供气、通信、文化旅游、体育、交通运输、环境保护等公共企业事业单位	在提供公共服务过程中涉及公共利益	收集、产生
《北京市数字经济促进条例》	公共机构在履行职责和提供公共服务过程中处理的各类数据	本市各级国家机关、经依法授权具有管理公共事务职能的组织	履行职责和提供公共服务过程中	处理
《辽宁省大数据发展条例》	公共管理和服务机构在依法履行职责和提供公共服务过程中获取的数据资源，以及法律、法规规定纳入公共数据管理的其他数据资源	公共管理和服务机构	依法履行职责和提供公共服务过程中	获取
《黑龙江省促进大数据发展应用条例》	国家机关和法律、法规授权的具有管理公共事务职能的组织以及供水、供电、供气、供热、通讯、公共交通等公共服务运营单位（以下统称公共管理和服务机构）在依法履职或者提供公共管理和服务过程中收集、产生的，以一定形式记录、保存的各类数据及其衍生数据，包含政务、公益事业单位数据和公用企业数据	国家机关和法律、法规授权的具有管理公共事务职能的组织以及供水、供电、供气、供热、通讯、公共交通等公共服务运营单位	依法履职或者提供公共管理和服务过程中	收集、产生，以一定形式记录、保存

(续)

政策法规名称	定义原文	控制主体	情形	行为
《浙江省公共数据条例》	本省国家机关、法律法规规章授权的具有管理公共事务职能的组织以及供水、供电、供气、公共交通等公共服务运营单位（以下统称公共管理和服务机构），在依法履行职责或者提供公共服务过程中收集、产生的数据	本省国家机关、法律法规规章授权的具有管理公共事务职能的组织以及供水、供电、供气、公共交通等公共服务运营单位	依法履行职责或者提供公共服务过程中	收集、产生
	根据本省应用需求，税务、海关、金融监督管理等国家有关部门派驻浙江管理机构提供的数据，属于本条例所称公共数据	税务、海关、金融监督管理等国家有关部门派驻浙江管理机构		提供
《深圳经济特区数据条例》	公共管理和服务机构在依法履行公共管理职责或者提供公共服务过程中产生、处理的数据	公共管理和服务机构	依法履行公共管理职责或者提供公共服务过程中	产生、处理
《广州市数字经济促进条例》	公共管理和服务机构在依法履行职责和提供公共服务过程中获取或制作的数据资源，以及法律、法规规定纳入公共数据管理的其他数据资源	公共管理和服务机构	依法履行职责和提供公共服务过程中	获取、制作
《福建省大数据发展条例》	公共管理和服务机构在依法履职或者提供公共管理和服务过程中收集、产生的，以一定形式记录、保存的各类数据及其衍生数据，包含政务、公益事业单位数据和公用企业数据	公共管理和服务机构	依法履职或者提供公共管理和服务过程中	收集、产生，以一定形式记录、保存

(续)

政策法规名称	定义原文	控制主体	情形	行为
《上海市数据条例》	本市国家机关、事业单位，经依法授权具有管理公共事务职能的组织，以及供水、供电、供气、公共交通等提供公共服务的组织（以下统称公共管理和服务机构），在履行公共管理和服务职责过程中收集和产生的数据	本市国家机关、事业单位，经依法授权具有管理公共事务职能的组织，以及供水、供电、供气、公共交通等提供公共服务的组织	履行公共管理和服务职责过程中	收集、产生
《安徽省大数据发展条例》	各级人民政府和有关部门，法律、法规授权履行公共事务管理职能的组织，财政性资金保障的其他机关和单位为履行职责制作或者获取的政务数据，以及与人民群众利益密切联系的教育、卫生健康、供水、供电、供气、供热、环境保护、公共交通等领域公用企事业单位制作或者收集的公用数据	各级人民政府和有关部门，法律、法规授权履行公共事务管理职能的组织，财政性资金保障的其他机关和单位	为履行职责	制作、获取
		与人民群众利益密切联系的教育、卫生健康、供水、供电、供气、供热、环境保护、公共交通等领域公用企事业单位		制作、收集
《浙江省数字经济促进条例》	国家机关、法律法规规章授权的具有管理公共事务职能的组织（以下统称公共管理和服务机构）在依法履行职责和提供公共服务过程中获取的数据资源，以及法律、法规规定纳入公共数据管理的其他数据资源	国家机关、法律法规规章授权的具有管理公共事务职能的组织	依法履行职责和提供公共服务过程中	获取
《贵州省大数据发展应用促进条例》	公共机构、公共服务企业为履行职责收集、制作、使用的数据	公共机构、公共服务企业	为履行职责	收集、制作、使用

经梳理发现，现有政策法规中"公共数据"的概念要素包括控制主体、情形和行为三个要素。界定方式包括以下两种：

一种是从主体出发进行界定。只要是相应主体在依法履职或者提供公共管理和服务过程中收集、生产的数据就是公共数据，如《数据领域常用名词解释（第一批）》《关于加快公共数据资源开发利用的意见》《浙江省公共数据和电子政务管理办法》中的定义。主体包括各级党政机关，企事业单位，以及法律、法规授权的具有管理公共事务职能的组织。

另一种是从内容出发进行界定。对主体没有限定而是对数据记载的内容提出要求，提供公共服务过程中收集、产生的数据应与公共利益有关，如《网络数据安全管理条例（征求意见稿）》规定"其他组织在提供公共服务中收集、产生的涉及公共利益的各类数据"。此种界定不会单独出现，而是作为主体界定的补充。主体界定大多将公共数据的控制主体限定为公共部门，包括公共管理部门和公共服务部门。内容界定扩大了公共数据控制主体的范围。按照相关规定，法人组织提供公共服务过程中收集、产生的数据如果涉及公共利益也属于公共数据。与主体界定相比，内容界定扩大了公共数据的范围。

（二）公共数据的控制主体

1. 党政机关

"数据二十条"作为我国数据基础制度建设的指导性文件，提到"对各级党政机关、企事业单位依法履职或提供公共服务过程中产生的公共数据，加强汇聚共享和开放开发，强化统筹授权使用和管理"。如前文所述，《数据领域常用名词解释（第一批）》将公共数据定义为"各级党政机关、企事业单位依法履职或提供公共服务过程中产生的数据"。国家发展改革委于2024年10月12日发布的《公共数据资源登记管理暂行办法（公开征求意见稿）》将"公共数据资源"定义为"各级党政机关、企事业单位依法履职或提供公共服务过程中产生的具有利用价值的数据集合"。由此可知,"各级党政机关、企事业单位"是可能产生公共数据的主体。通过检索"党政机关"可以看到,其出现的最高位阶的文件仅有全国人大常委会批准的决议㊀,而对于此类决议的性质是否是法律目前仍存在争议㊁。因此,"党政机关"仅仅是党的机关和行政机关(政府机关)的合称,并非严谨的法律用语。

党的机关,从外延上讲,包括党的全国代表大会、中央委员会、中央政治局、中央政治局常务委员会、中央纪律检查委员会,以及地方各级机构。党的十九届三中全会强调要优化党中央决策议事协调机构,强化党的组织在同级组织中的领导地位,更好发挥党的职能部门作用,统筹设置党政机构,推进党的纪律检查体制和国家监察体制改革㊂。党的机构和行政机构的关系,不能简单说成党政合一或者分开,而是要具体问题具体分析,不断改进和完善党的领导方式和执政方式。在党的执政纳入法治轨道、强调依法执政的背景下,党的机关对涉及公共数据的处理行为当然地纳入公共数据相关法律的规制范畴。但是,从立法的严谨度考虑,部分重要机构具有"党政合一"的双重属性,将行政机关的公共数据相关行为纳入规制范畴,亦等同于将党的机构的相关行为纳入规制范畴。因此,为维持立法语言的规范性,可以统一为行政机关。依照"数据二十条",行政机关是公共数据相关行为的主体。

㊀ 例如,《第五届全国人民代表大会常务委员会关于批准〈国务院关于老干部离职休养的暂行规定〉的决议》第十一条规定:"本规定自颁发之月起实行,适用于党政机关、人民团体和全民所有制企业、事业单位的干部,以及因工作需要由组织委派到集体所有制企业、事业单位工作的国家干部。"

㊁ 刘松山. 全国人大及其常委会决议与决定的应然界分[J]. 法学, 2021(2): 30-55. 该文指出,一个决议、决定,只有同时具备以下两个条件,其性质才是法,属于法的渊源之一:①依法作出或者发布;②具有法律约束力或者规范性。然而,对这两个条件的判定,均存在模糊地带。

㊂ 张克. 习近平总书记关于深化党和国家机构改革重要论述探析[J]. 中国井冈山干部学院学报, 2023, 16(6): 16-24.

2. 政府部门

《天津市公共数据授权运营试点管理暂行办法》《江苏省公共数据管理办法》《贵州省政务数据资源管理办法》等规范文件中公共数据占有的主体之一都是政府部门①。在我国，因为具有行政职能的机关是人民政府及其各部门，所以前述地方性文件对公共数据控制主体的表述与"数据二十条"是一致的。

---

① 《天津市公共数据授权运营试点管理暂行办法》（2024年1月）规定，公共数据是指本市各级政务部门、企事业单位依法履职或提供公共服务过程中产生的数据。

《江苏省公共数据管理办法》（2021年12月18日）规定，本办法所称公共数据，是指本省各级行政机关、法律法规授权的具有管理公共事务职能的组织、公共企事业单位（以下统称公共管理和服务机构）为履行法定职责、提供公共服务收集、产生的，以电子或者其他方式对具有公共使用价值的信息的记录。

《贵州省政务数据资源管理办法》（2023年6月8日）规定，本办法所称政务数据资源，是指各级政府部门在履职过程中收集、生成、存储、管理的各类数据资源，包括政府部门直接或通过第三方依法采集、依法授权管理的和因履职需要依托政务信息系统形成的数据资源等。本办法所称政府部门，是指政府部门和法律法规授权具有管理公共事务职能的组织。

《山东省电子政务和政务数据管理办法》（2019年12月25日）规定，本办法所称政务数据，是指各级行政机关在依法履行职责过程中制作或者获取的，以一定形式记录、保存的文件、资料、图表等各类数据，包括行政机关直接或者通过第三方依法采集的、依法经授权管理的和因履行职责需要依托政务信息系统形成的数据等。

《海南省公共信息资源管理办法》（2018年5月25日）规定，本办法所称公共信息资源，是指政务部门和公共企事业单位（以下简称公共机构）在依法履职或生产经营活动中制作或获取的，以一定形式记录、保存的非涉密文件、数据、图像、音频、视频等各类信息资源及其次生信息资源。

《江西省公共数据管理办法》（2022年1月12日）规定，本办法所称的公共数据，是指各级行政机关以及具有公共管理和服务职能的事业单位（以下统称公共管理和服务机构）在依法履行职责和提供公共服务过程中产生或者获取的任何以电子或者其他方式对信息的记录。

《安徽省政务数据资源管理办法》（2020年12月30日）规定，本办法所称政务数据，是指政府部门及法律、法规授权具有行政职能的组织（以下称政务部门）在履行职责过程中制作或者获取的，以电子或者非电子形式记录、保存的文字、数字、图表、图像、音频、视频等，包括政务部门直接或者通过第三方依法采集的、依法授权管理的和因履行职责需要依托政务信息系统形成的数据等。

《内蒙古自治区政务数据资源管理办法》（2021年9月11日）规定，本办法所称政务数据资源，是指各级行政机关以及履行公共管理和服务职能的事业单位（以下统称政务部门）在履行职责过程中制作或者获取的，以一定形式记录、保存的文字、数字、图表、图像、音频、视频、电子证照、电子档案等各类结构化、半结构化和非结构化数据资源，包括政务部门直接或通过第三方依法采集的、依法授权管理的和因履行职责需要依托政务信息系统形成的数据资源等。

3. 国家机关

《浙江省公共数据条例》《上海市数据条例》《北京市公共数据专区授权运营管理办法（试行）》《四川省数据条例》等地方规范文件中公共数据的占有主体是"国家机关"㊀。"国家机关"有更大的外延，不仅包括行政机关，还包括司法机关、立法机关㊁。司法机关，例如人民法院在审理案件中产生的数据是不是公共数据？再如审理的医疗侵权纠纷案件的数量、侵权的原因等是不是公共数据？这些对医疗领域的发展和法律伦理的发展均具有重要意义。地方性文件的这一差异化规定，究其原因，可能有

㊀ 《湖北省政务数据资源应用与管理办法》（2021年1月25日）规定，本办法所称的政务数据资源，是指政务部门在依法履行职责过程中制作或者获取的，以一定形式记录、保存的各类数据，包括直接或者通过第三方依法采集、管理和因履行职责需要依托政务信息系统形成的数据。本办法所称政务部门，是指行政机关以及法律法规授权具有公共管理和服务职能的组织。

《云南省公共数据管理办法（试行）》（2023年12月13日）规定，公共数据，是指本省各级行政机关和经法律、法规授权的具有管理公共事务职能的组织，以及供水、供电、供气等公共服务运营单位（以下统称公共机构），在依法履行职责或者提供公共服务过程中收集、产生的数据。

㊁ 《浙江省公共数据条例》（2022年1月21日）规定，本条例所称公共数据，是指本省国家机关、法律法规规章授权的具有管理公共事务职能的组织以及供水、供电、供气、公共交通等公共服务运营单位（以下统称公共管理和服务机构），在依法履行职责或者提供公共服务过程中收集、产生的数据。

《上海市数据条例》（2021年11月25日）规定，公共数据，是指本市国家机关、事业单位，经依法授权具有管理公共事务职能的组织，以及供水、供电、供气、公共交通等提供公共服务的组织（以下统称公共管理和服务机构），在履行公共管理和服务职责过程中收集和产生的数据。

《北京市公共数据专区授权运营管理办法（试行）》（2023年12月5日）规定，本办法所称公共数据是指本市各级国家机关、经依法授权具有管理公共事务职能的组织在履行职责和提供公共服务过程中处理的各类数据。

《四川省数据条例》（2022年12月2日）规定，本条例所称公共数据，是指国家机关和法律、法规授权的具有管理公共事务职能的组织（以下统称政务部门）为履行法定职责收集、产生的政务数据，以及医疗、教育、供水、供电、供气、通信、文化旅游、体育、交通运输、环境保护等公共企业事业单位（以下统称公共服务组织）在提供公共服务过程中收集、产生的涉及公共利益的公共服务数据。

㊁ 《浙江省公共数据条例》（2022年1月21日）规定，根据本省应用需求，税务、海关、金融监督管理等国家有关部门派驻浙江管理机构提供的数据，也属于本条例所称的公共数据。

二：一是很多地方性文件都是由地方政府发布的，地方政府并无权限涉猎司法和立法领域；二是部分地方使用的并非"公共数据"概念，而是"政务数据"概念，因此直接对应以行政机关为主的公共服务部门产生的数据。对于第一点，北京市经济和信息化局于2023年12月5日印发的《北京市公共数据专区授权运营管理办法（试行）》规定公共数据的占有主体之一是"各级国家机关"。对于第二点，重庆市人大常委会于2022年3月30日通过的《重庆市数据条例》规定："政务数据，是指国家机关和法律、法规授权的具有管理公共事务职能的组织（以下称政务部门）为履行法定职责收集、制作的数据。"这里虽然被定义的概念是"政务数据"，其内涵中规定的主体之一却是"国家机关"。因此，差异化定义背后的原因较难分析。

本书认为，基于公共数据的现实状况，从公共数据全国性立法角度考虑，宜将公共数据的占有主体之一界定为国家机关。

4. 公共管理和服务机构

公共管理和服务机构作为公共数据的占有主体，在浙江省、北京市、深圳市和重庆市等地的多份地方文件中均有表述，但其含义各不相同，出现了使用混乱的问题。

（1）内涵的广义与狭义之分

公共管理和服务机构的广义内涵是包含以行政机关为代表的国家机关在内的一切涉及公共性事务管理和服务的主体。广东省的官方文件将公共数据的占有主体统称为"公共管理和服务机构"，其表述为，"公共数据，是指公共管理和服务机构依法履行职责、提供公共服务过程中制作或者获取的，以电子或者非电子形式对信息的记录。"㊀《深圳经济特区数据条例》将公共数据的占有主体统称为"公共管理和服务机构"，将公共数据定义为："公共数据，是指公共管理和服务机构在依法履行公共管理职责或者提供公共服务过程中产生、处理的数据。"同样用法的表述在《上海

㊀ 参见《广东省公共数据管理办法》（2021年10月18日）。

市公共数据共享实施办法（试行）》中也有体现⊖。从"行政"一词的含义上，行政根源于人类事务的公共性，其核心是执行和管理，公共行政是国家通过一定的组织为实现国家或社会职能而进行的公共管理活动及其过程。因此，国家机关干预社会公共事务，是公共管理和服务的一种主要形式，而非完全等同。公共管理和服务是比行政更大的概念，公共管理和服务机构是比国家机关（尤其是行政机关）更大的概念。

公共管理和服务机构狭义上的内涵，是将国家机关这一主体排除之外的其他进行公共管理和服务的组织。例如，《浙江省公共数据条例》规定，公共管理和服务机构是"法律法规规章授权的具有管理公共事务职能的组织以及供水、供电、供气、公共交通等公共服务运营单位"⊜。在做此区分的基础上，公共数据从外延上划分为政务数据和公共服务数据。例如，《四川省数据条例》规定："本条例所称公共数据，是指国家机关和法律、法规授权的具有管理公共事务职能的组织（以下统称政务部门）为履行法定职责收集、产生的政务数据，以及医疗、教育、供水、供电、供气、通信、文化旅游、体育、交通运输、环境保护等公共企业事业单位（以下统称公共服务组织）在提供公共服务过程中收集、产生的涉及公共利益的公共服务数据。"⊝

⊖ 《上海市公共数据共享实施办法（试行）》（2023年3月2日）规定，本实施办法所称的公共数据，是指公共管理和服务机构在依法履行公共管理和服务职责过程中收集和产生的数据，以及依法委托第三方收集和产生的数据。

⊜ 参见《浙江省公共数据条例》（2022年1月21日）。

⊝ 《四川省数据条例》（2022年12月2日）将公共数据的外延进一步划分为政务数据和公共服务数据。

无独有偶，《重庆市数据条例》（2022年3月30日）规定，政务数据，是指国家机关和法律、法规授权的具有管理公共事务职能的组织（以下称政务部门）为履行法定职责收集、制作的数据。公共服务数据，是指医疗、教育、供水、供电、供气、通信、文旅、体育、环境保护、交通运输等公共企业事业单位（以下称公共服务组织）在提供公共服务过程中收集、制作的涉及公共利益的数据。

《新疆维吾尔自治区公共数据管理办法（试行）》（2023年2月17日）规定，公共数据，包括政务数据和公共服务数据。政务数据，是指国家机关和法律、法规授权的具有管理公共事务职能的组织（以下称政务部门）为履行法定职责收集、产生的数据。公共服务数据，是指医疗、教育、供水、供电、供气、通信、交通、文旅、体育等公共企业事业单位（以下称公共服务部门）在提供公共服务过程中收集、产生的涉及公共利益的数据。

如前所述，公共管理和服务机构的内涵有广义和狭义之分。本书认为，从立法技术的角度宜采取狭义的内涵，因为国家机关作为公共管理和服务的主要机构，应当被作为重要的规制对象予以区分和列明。

（2）狭义的"公共管理和服务机构"内涵

从"公共管理和服务机构"的外延中分离出来，并不构成对这一概念理解上的全貌。地方性官方文件中还有以下两点分歧：一是公共管理和服务机构获得特定权力的方式是经国家机关授权还是委托；二是可以作出授权或委托的文件的法律性质如何。《浙江省公共数据条例》明确了公共数据的相关主体是国家机关、法律法规规章授权的具有管理公共事务职能的组织等○。《上海市公共数据共享实施办法（试行）》规定，公共数据包含相关主体依法委托第三方收集和产生的数据○。北京市出台的相关文件中则回避了作出授权或委托的文件的法律性质，采用了"依法授权"模糊性用语○。从立法目的考虑，对公共数据立法是为了规范相关主体涉公共数据行为，以实现在保护个人隐私、商业秘密、国家秘密的前提下促进数据经济价值的发挥的目标。因此，对这里的"相关机构"宜采取广泛的界定，即将文件性质扩大到法律法规规章，其管理和服务公共的来源既包括经授权的，也包括受委托的。

5. 其他组织

总览现阶段各地方公共数据的政策法规，除了在前述两个主要主体使

○ 《浙江省公共数据条例》（2022年1月21日）规定，本条例所称公共数据，是指本省国家机关、法律法规规章授权的具有管理公共事务职能的组织以及供水、供电、供气、公共交通等公共服务运营单位（以下统称公共管理和服务机构），在依法履行职责或者提供公共服务过程中收集、产生的数据。

○ 《上海市公共数据共享实施办法（试行）》（2023年3月2日）规定，公共数据，是指公共管理和服务机构在依法履行公共管理和服务职责过程中收集和产生的数据，以及依法委托第三方收集和产生的数据。

○ 《北京市公共数据专区授权运营管理办法（试行）》（2023年12月5日）规定，公共数据是指本市各级国家机关、经依法授权具有管理公共事务职能的组织在履行职责和提供公共服务过程中处理的各类数据。

用和界定上有分歧，还存在其他主体。例如，多个地方文件中还将企事业单位、社会团体、人民团体等纳入公共数据的占有主体范围①。本文认为，若前述主体涉及公共管理和服务，可将其解释到公共管理和服务机构的概念中，过于细致的列举反而会引发列举不完全的问题。再如，立法语言过于模糊化。以《广西政务数据资源调度管理办法》为例，该文件规定政务数据的相关主体为"各地各部门各单位"②。

法人在政策法规中并未被明确列为公共数据的控制主体，相反在部分文件中法人控制的数据被列为非公共数据。《福建省大数据发展条例》规定："非公共数据，是指公共管理和服务机构以外的公民、法人或者其他组织开展活动所产生、获取或者加工处理的各类数据。"《黑龙江省促进大数据发展应用条例》规定："本条例所称非公共数据，是指公共管理和服务机构以外的自然人、法人和非法人组织依法开展活动所产生、获取或者加工处理的各类数据。"相关立法将"法人"排除在公共数据控制主体之外，其科学性存疑。地方立法将"公共数据"和"非公共数据"作为一组对立概念，即只要无法纳入"公共数据"的范畴就属于"非公共数据"，相应地在立法技术上采取主体界定的方式，先划清公共数据控制主

---

① 国家数据局《数据领域常用名词解释（第一批）》（2024年12月30日）规定，公共数据是各级党政机关、企事业单位依法履职或提供公共服务过程中产生的数据。
《福建省政务数据管理办法》（2016年10月15日）规定，政务数据是指国家机关、事业单位、社会团体或者其他依法经授权、受委托的具有公共管理职能的组织和公共服务企业（以下简称数据生产应用单位）在履行职责过程中采集和获取的或者通过特许经营、购买服务等方式开展信息化建设和应用所产生的数据。
《山东省大数据发展促进条例》（2021年9月30日）规定，公共数据提供单位是"国家机关、法律法规授权的具有管理公共事务职能的组织、人民团体以及其他具有公共服务职能的企业事业单位等"。

② 《广西政务数据资源调度管理办法》（2020年4月7日）规定，本办法所称政务数据，是指各地各部门各单位在依法履职或生产经营活动中制作或获取的，以一定形式记录、保存的文件、资料、图表、图像、音频、视频、电子证照、电子档案和数据等各类非涉密数据资源及其次生数据资源，包括直接或通过第三方依法采集的、依法授权管理的和因履行职责需要依托信息系统形成的非涉密数据资源等。

体的范围，其余则是非公共数据控制主体，而未进一步分析法人等私主体控制的数据也有可能是公共数据。《江西省数据应用条例》规定："本条例所称非公共数据，是指自然人、法人和非法人组织依法开展活动所收集、产生的，除前款公共数据以外的各类数据。"该规定表明，法人收集、产生的数据也有可能是公共数据。再结合《网络数据安全管理条例（征求意见稿）》的规定，若法人收集、产生的数据涉及公共利益，则属于公共数据。因此，在特定情况下，法人也是公共数据的控制主体。

综上所述，从立法目的、立法语言、立法技术的角度考虑，公共数据的主体应当为国家机关、依法依规经授权或委托的公共管理和服务机构以及其他组织，其他组织对数据有内容限定，要求数据涉及公共利益。

（三）获取公共数据的特定情形

要定义公共数据，还要回答"公共数据主体在何种情形收集、产生的数据属于公共数据"这一问题。对该问题的回答，各地政策法规并无差异，一致将情形限定为"依法履职或提供公共服务"[一]。《云南省公共数据管理办法（试行）》明确规定："公共服务运营单位实施公共服务以外的数据处理活动，不适用本办法。"[二]

（四）获取公共数据的行为方式

政策法规中界定"公共数据"的另一核心要素是获取数据的行为。"数据二十条"界定了获取公共数据的行为，用词是"产生"。《数据领域常用名词解释（第一批）》沿袭了"数据二十条"的用词，也是"产生"。国家发展改革委发布的《公共数据资源登记管理暂行办法（公

[一] 参见《浙江省公共数据条例》（2022年1月21日）、《深圳经济特区数据条例》（2021年7月6日）、《上海市数据条例》（2021年11月25日）、《北京市公共数据专区授权运营管理办法（试行）》（2023年12月5日）等。

[二] 参见《云南省公共数据管理办法（试行）》（2023年12月13日）。

开征求意见稿）》亦沿袭了这一用词。但不同地区政策法规对此的表述存在差异。例如，浙江省界定公共数据所涉及的行为是"收集、产生"①，《深圳经济特区数据条例》的用词是"产生、处理"②，广东省相关文件的用词是"制作或者获取"③，贵州省官方文件的用词是"收集、生成、存储、管理"④。所谓"产生""生成"，从语义上，显然都包含从无到有的过程，这个过程既可以是创造性地汇编，也可以是附加数据主体地创造成果。通过分析中央及各地方文件不难看出，对公共数据界定的两个核心过程是：直接原始收集、获取公共数据，以及对获取的数据进行处理进而产生新的数据。

"产生""生产"与"生成"虽然都可以用来描述事物状态的变化，具有相似性，但应用场景各有不同。"产生"通常用于描述自然或者原始地由某些事件、活动或系统触发生成的情境，不涉及明显的人为干预，而是通过自然或自动化的方式产生，而公共数据在从无到有的过程中涉及大量人的行为，因此"产生"不适宜作为公共数据概念要素中的行为方式。"生产"侧重于描述产业化或商业化的过程，如将数据作为生产要素转化为具有价值的产品或者服务，是一种市场化的过程。公共数据概念中的行

---

① 参见《浙江省公共数据条例》（2022年1月21日）。该条例第三条规定："本条例所称公共数据，是指本省国家机关、法律法规规章授权的具有管理公共事务职能的组织以及供水、供电、供气、公共交通等公共服务运营单位（以下统称公共管理和服务机构），在依法履行职责或者提供公共服务过程中收集、产生的数据。"其他对行为要素作相同规定的，如《上海市数据条例》（2021年11月25日）、《江苏省公共数据管理办法》（2021年12月18日）、《山东省大数据发展促进条例》（2021年9月30日）等。

② 参见《深圳经济特区数据条例》（2021年7月6日）。该条例规定："公共数据，是指公共管理和服务机构在依法履行公共管理职责或者提供公共服务过程中产生、处理的数据。"

③ 参见《广东省公共数据管理办法》（2021年10月18日）。该办法规定："公共数据，是指公共管理和服务机构依法履行职责、提供公共服务过程中制作或者获取的，以电子或者非电子形式对信息的记录。"

④ 参见《贵州省政务数据资源管理办法》（2023年6月8日）。该办法规定："本办法所称政务数据资源，是指各级政府部门在履职过程中收集、生成、存储、管理的各类数据资源，包括政府部门直接或通过第三方依法采集、依法授权管理的和因履职需要依托政务信息系统形成的数据资源等。"

为要素强调的是公共数据从无到有,而非数据的市场化运用,因此"生产"也不适宜作为公共数据概念要素中的行为方式。"生成"通常指通过一定的操作或加工获得事物。数据是对信息的记录,是信息电子化的形式,即公共数据的获得涉及对信息的操作和加工,因此"生成"一词符合公共数据从无到有产生的过程,具有科学性。

本书认为,若要用获取行为这一要素界定公共数据,分别用"收集"和"生成"两个词语即可概括公共数据的两个核心过程。

二、公共数据概念的历史演变

我国现行政策法规中常使用"政务数据""政府数据""公共数据"等概念划定政府开放数据的对象范围,不同的概念因应不同的经济社会发展需要。下面将对三者概念的产生及其嬗变进行梳理,从历史发展趋势中探究"公共数据"的规范含义。

(一)从"政务/政府信息"到"政务/政府数据"

随着大数据技术的产生和发展,信息和数据的界分逐渐清晰。根据《数据安全法》第三条,数据是用电子或非电子形式对信息的记录。由此,信息与数据是不同的:信息是被数据记录的内容,人能够看懂,而机器看不懂和处理不了;数据是人看不懂,而机器能够看懂并对其进行处理得到新的信息。因此,数据是为了能够对其记录的内容进行处理而得到新的信息的处理工具。综上分析,政府信息是政府数据记录的内容,政府数据的主要功能是作为大数据技术处理的对象而得到新的信息;政务数据价值的挖掘与利用成为数字政府社会治理的新理念、新方式。政策法规中"政务/政府数据"的概念就是在此背景下从"政务/政府信息"的概念演变而来。当前,我国已逐步建立起以"政务/政府数据"

为核心概念的数据共享开放制度体系。例如,《贵阳市政府数据共享开放条例》中的"政府数据"与《中华人民共和国政府信息公开条例》(以下简称《政府信息公开条例》)中的"政府信息"相比,两者定义除种类范畴不同,其余要素基本相同。值得说明的是,虽然政策文件中的"政务信息"与"政府信息"的概念内涵和外延基本相同,但立法者常将二者区别对待。前者概念常被用于讨论政务信息共享,如《政务信息资源共享管理暂行办法》《昆明市政务信息资源共享管理办法》中使用了"政务信息"的概念。后者概念常被用于政府信息公开的场景,如在《政府信息公开条例》《上海市政府信息公开规定》《广州市政府信息公开规定》中使用了"政府信息"的概念。立法者在使用"政务数据"和"政府数据"的概念时,经常将二者作为相同概念混同使用,均理解为政府制作或获取的数据,如《中山市政务数据管理办法》《贵阳市政府数据共享开放条例》中分别使用了"政务数据""政府数据"的概念讨论数据开放共享。

(二) 从"政务/政府数据"到"公共数据"

政策法规中"公共数据"概念的产生并非一蹴而就,而是发端于"政务/政府数据"。随着数据资源的活力与价值进一步展现,在社会对数据资源需求强烈的驱动下,数字政府致力于最大限度开放数据资源,释放数据红利。行政主体及法律授权组织在职权范围内产生的数据已无法满足社会需求,政府开放数据的范围呈现扩大趋势,扩展到公共部门管理的数据资源,超出原有"政务/政府数据"的概念外延。2015年8月31日,国务院印发的《促进大数据发展行动纲要》首次提出"公共数据资源开放"。此后,"公共数据"的概念逐渐受到立法者青睐,如《浙江省公共数据和电子政务管理办法》《深圳经济特区数据条例》《北京市公共数据管理办法》《上海市公共数据开放暂行办法》中均使用了"公共数据"的概念。有学者提出,数据立法中使用"公共数据"的概念是立法理念进步的表现[一]。从立法实践角度，相较"政务/政府数据"的概念，"公共数据"的概念具备开放性和包容性。在法律规范中使用"公共数据"的概念可以使立法更具未来涵摄性，更有利于划定政府开放数据的对象，从而推动政府拓宽开放数据资源的范围。因此，"公共数据"将成为政府开放数据立法中的主流概念。

（三）域外政策法规对我国公共数据概念的影响

域外政策法规对我国上述数据概念的演化有一定程度的影响。域外政策法规经历了从政府信息（Government Information）到政府数据（Government Data）再到公共数据（Public Data）的概念变化。美国1966年通过的《信息自由法》（Freedom of Information Act，FOIA）、英国2000年通过的《信息自由法》（Freedom of Information Act 2000）、日本1999年颁布的《行政信息公开法》中都使用了"政府信息"的概念。随着大数据时代的到来，美国2018年通过的《开放政府数据法》（OPEN Government Data Act）、英国2017年生效的《数字经济法》（Digital Economy Act，DEA）、日本2016年实施的《官民数据活用推进基本法》都开始使用"政府数据"的概念，政府对外开放的对象实现从信息到数据的形式转变。随着社会对公共数据资源需求的不断增加，日本2017年通过的《开放数据基本指南》、欧盟委员会2020年出台的《欧洲数据战略》（A European Strategy for Data）、美国、墨西哥、加拿大三国签署的于2020年生效的《美国-墨西哥-加拿大协议》（United States-Mexico-Canada Agreement，USMCA）中使用了"公共数据"的概念；澳大利亚2019年发布的《数据共享与公开立法改革讨论文件》（Data Sharing and Release Legislative Reforms Discussion Paper）中使用了"公共部门数据"（Public Sector Data）的概念，扩大了政府开放数据的范围。

[一] 郑春燕，唐俊麒. 论公共数据的规范含义 [J]. 法治研究，2021，138 (6)：67-79.

目前，我国正处于第二阶段，由"政务/政府数据"向"公共数据"概念过渡。在不同地方的政策法规中，"政务数据""政府数据""公共数据"三者概念共存，并非所有地方立法者都采用"公共数据"的概念。部分地方立法者为确保本地区制度体系的稳定性，仍使用"政务/政府数据"的概念，体现了立法保守的面向。但因应政府扩大开放数据范围的需要，不同地方立法者采用了不同的立法技术。一些地方立法者采用"参照适用"的方式，将公共企事业单位管理的数据视同"政务/政府数据"，纳入应开放的范围。例如，《湖北省政务数据资源应用与管理办法》规定，水务、电力、燃气等公用事业运营单位涉及公共属性的数据参照适用该办法，相应数据也应依法进行共享与开放。还有一些地方立法者直接对"政务/政府数据"进行扩大解释，赋予二者概念更为广阔的外延。例如，《福建省政务数据管理办法》中"政务数据"的概念外延涵盖"国家机关、事业单位、社会团体或者其他依法经授权、受委托的具有公共管理职能的组织和公共服务企业"在履行职责过程中采集和获取的数据。

"公共数据"作为规范性概念，需要予以统一。概念混乱不利于制度体系的系统性、协同性和适用性，进而降低公共数据开放的质量。因此，有必要对"政务数据""政府数据""公共数据"进行概念取舍，选取"公共数据"的概念，并统一其规范含义。同时，应避免通过文义解释的方式机械地阐释公共数据的概念，而应结合立法理论和实践予以界定。理论界认为公共数据具有公共属性，蕴含社会价值、经济价值、政治价值，是公共部门在依法履行行政职权和公共管理服务职能过程中所控制的数据。在立法实践中，"政务/政府数据"的先前成熟概念可以作为界定公共数据概念的参考依据。

三、立法技术选择

定义的立法技术，存在"用途"和"归属"两种选择。例如，《G8

开放数据宪章》将开放的公共数据界定为"具备必要的技术和法律特性，从而能被任何人、在任何时间和地点进行自由利用、再利用和分发的电子数据"，其侧重点在于"开放性"和"公共性"，此为关注公共数据的用途与特征的定义方法。北京市的地方性文件中也有类似的定义："本办法所称公共数据，是指具有公共使用价值的，不涉及国家秘密、商业秘密和个人隐私的，依托计算机信息系统记录和保存的各类数据。"⊖

然而，通览全国各地政策法规，主流的选择仍然是体现公共数据"归属"，呈现通过占有主体、获取数据的行为、目的等进行界定的特点。此种以制作或采集主体为标准廓定公共数据资源范畴的做法优点有二：一是符合我国一贯的立法方式，内在地承袭了《中华人民共和国物权法》（以下简称《物权法》）在界定公共财产范围方面所采纳的"归属标准"；二是归属作为后续开放、使用、授权的前提，在定义中予以明确，有利于后续对公共数据的利用。然而，此种界定模式亦有其流弊：未能准确把握公共数据资源的本质特征，明显有欠周延，更存在漠视使用者利益和强化所有人专断的潜在风险。对此，有学者指出，公共数据范畴的界定应相应地采取契合其在使用方面之特征的"用途标准"。公共数据资源使用规则的构造需要确保公众能够平等享有对此种新型资源的使用权，其范畴的锚定应将"应由社会公众基于公用目的而共同使用"作为核心，打破归属标准以主体身份的特殊性确定公共数据资源范畴的僵硬做法，将注意力转移至对使用人使用利益的有效保障上⊖。

四、总结

综上所述，为了释放数据的价值，加大数据要素市场培育的数据供给，增强政府对数据要素市场培育的调控，从全国统一立法的角度，应将公

⊖ 参见《北京市公共数据管理办法》（2021年1月28日）第二条。
⊖ 齐英程. 作为公物的公共数据资源之使用规则构建[J]. 行政法学研究，2021（5）：138-147.

共数据定义为:"公共数据是国家机关、经法律法规规章授权或委托的公共管理和服务机构,在依法履职或提供公共服务的过程中收集、生成的数据,以及其他组织在提供公共服务过程中收集、生成的涉及公共利益的数据。"

第二节　公共数据的性质与特征

一、公共数据的性质

(一) 公共数据是数据

首先,从性质上,公共数据属于数据的一种。正如上文所述,公共数据是国家机关、经法律法规规章授权或委托的公共管理和服务机构在依法履职或提供公共服务的过程中收集、生成并以一定形式加以记录的数据。因此,公共数据的性质定位为数据。

其次,公共数据是无形财产,具有财产性质。一是公共数据是事实层面的财产,具有商品的使用价值和交换价值。公共数据具有无形性、非竞争性的客观属性,能够被无限复制和使用,具有重要的经济价值。二是公共数据是资源,是重要的生产要素。2020年4月,中共中央、国务院印发的《关于构建更加完善的要素市场化配置体制机制的意见》将数据列为新型生产要素,与土地、劳动力、资本、技术等传统要素并列。数据作为数字时代的新型生产要素,对人类的经济社会生活产生着日益广泛的深刻影响。公共数据是数据的一种,因此公共数据同样是资源和生产要素。完善公共数据开发利用的法律法规,有助于专业化的市场主体和社会组织对公共数据资源进行增值性、创新性开发利用,以满足企业和个人创新发展、追求自身价值最大化的需要,同时有助于加速数字科技的创新,促进数字产业的发展,由此充分发挥公共数据的财产价值。

最后，公共数据作为数据的下位概念，具有数据的一般属性，即无形性、可控性、非竞争性、可排他性、非消耗性。就无形性而言，无形财产概念具有很强的包容性，任何具有潜在经济利益的事物都可能成为无形财产权的客体。有学者提出，面向知识革命时代、服务市场经济的现代财产权体系，应是一个开放的制度体系、多元的权利范畴[一]。公共数据不存在物理上的有形状态，显然应当被纳入无形财产，在法律上确认其无形财产的属性。就可控性而言，可控性是主体控制客体并排除他人使用的属性。在数据应用实践中，掌握数据的主体可以通过技术手段实现隔离，数据源主体也可以在一定范围内通过不授权避免其数据被传播或使用。就非竞争性而言，公共数据的复制成本低（边际生产成本为零或接近零），且同一公共数据可同时存在于多个位置，几乎可以无限共享。就可排他性而言，一方面，客观上，公共数据可以通过技术手段隔绝他人的使用和接触；另一方面，法律上，通过明确公共数据相关的权益，亦可排除权利人以外的主体的非法利用。就非消耗性而言，区别于土地、劳动力、资本等传统要素，公共数据在形态上是不损耗的，不会像传统资产（如机器、建筑物或自然资源）那样自然衰减或耗尽。

（二）公共数据属于国有资产

从法律归属定性上，我国公共数据应归属国家。

首先，公共数据涉及国家利益，是重要的资源和生产资料，将公共数据权归为国有充分体现公共数据特征。根据《数据安全法》第三条对数据的定义："本法所称数据，是指任何以电子或者其他方式对信息的记录"[二]，数据可以分为两层：一层是记录层，电子或非电子方式；另一层是信息层，被记录的内容。数据客体归属国家，但对其处理应由其所承载的内容决定。因

[一] 何勤华. 民法典编纂论（第三卷）[M]. 北京：商务印书馆，2016：216.
[二] 参见《数据安全法》第三条.

此，即使公共数据归国家所有，也不影响其所承载内容涉及的主体权益。

其次，法经济学认为，法律现象以一定的经济关系为基础，任何法律规范都有其经济根源，法律制度、法律活动的根本目的是有效地利用自然资源、最大限度地增加社会财富，或者说是以法律手段促进资源配置效率的提高。将公共数据归属国家，政府可以很好地利用数据治理社会，并在很大程度上保护公共数据安全，包括公共数据承载的个人隐私、财产利益、人身安全和商业秘密等，实现社会稳定、国家安全。

再次，在明确公共数据国有资产性质的基础上，可以通过构建公共数据共享、开放、融合、授权等制度促进公共数据流通，调动社会主体对研发公共数据开发利用技术的积极性，释放公共数据对经济发展的效用，发挥市场机制对数据有效应用的激励作用。

最后，依据国家相关规定，公共数据权归国有。

国有数据资产的范围是政府部门、行政单位、事业单位的数据能够资产化的部分，其内涵和外延区别于企业所有的国有企业数据资产。对国有数据资产范围进行确定和论述，需要从"国有资产"和"国家所有"的概念入手，并在此基础上厘清国家所有的数据和国有企业所有的数据之间的关系。

在现行法律规定中，"国有资产"有两种类型。《国有资产产权界定和产权纠纷处理暂行办法》第二条规定，国有资产系指国家依法取得和认定的，或者国家以各种形式对企业投资和投资收益、国家向行政事业单位拨款等形成的资产。由此可见，"国有资产"可以被分为两类：一类是国家依法取得和认定或者以各种形式对企业投资收益形成的资产，也规定于《中华人民共和国企业国有资产法》中："本法所称企业国有资产（以下称国有资产），是指国家对企业各种形式的出资所形成的权益"。另一类是国家向行政事业单位拨款等形成的资产，如《行政单位国有资产管理暂行办法》第三条规定："本办法所称的行政单位国有资产，是指由各级行政单位占有、使用的，依法确认为国家所有，能以货币计量的各种经济资源的总称，即行政单位的国有（公共）财产"；《事业单位国有资产管理暂行办法》第三条规定："本办法所称的事业单位国有资产，是指事业单位占有、使用的，依法确认为国家所有，能以货币计量的各种经济资源的总称，即事业单位的国有（公共）财产"；《行政事业性国有资产管理条例》第三条规定："行政事业性国有资产属于国家所有，实行政府分级监管、各部门及其所属单位直接支配的管理体制"。对于"国家所有"的概念规定在《中华人民共和国民法典》（以下简称《民法典》）第二百四十六条："法律规定属于国家所有的财产，属于国家所有即全民所有。国有财产由国务院代表国家行使所有权。法律另有规定的，依照其规定。"由此可见，法律中的"国家所有"描述的是一种民法上的所有权关系。在明确"国有资产"和"国家所有"概念的基础上，对国家所有的数据和国有企业所有的数据进行区分。国有企业所有的数据资产不是国有数据资产，国有数据资产的范围是国有数据资产的范围是政府部门、行政单位、事业单位的数据能够资产化的部分。根据《数据安全法》的规定，"数据"的定义是"任何以电子或者其他方式对信息的记录"。同样，根据《数据安全法》的规定，数据处理包括数据的收集、存储、使用、加工、传输、提供、公开等。国有企业数据是国有企业开展经营活动过程中，合法制作或获取的，通过自动化等手段记录的各类数据及其衍生数据。国有企业数据是国有企业占有的数据，这里的占有并不是物权法意义上的占有，而是对于数据的掌握、控制这一事实状态，甚至于数据权所包含的控制数据的权能。国有企业在经营活动中收集、产生了大量数据，这些数据处于国有企业的控制下，构成了国有企业数据。国有企业所有的数据是企业的资产，而国有企业的资产不是国家的资产，因为国家是国有企业的股东，享有的是股权所带来的收益权，政府部门的数据才是国家的资产。基于上述概念分析，如果将国有企业解释为"国家所有的企业"，那么所有取得法人主体资格的公司制企业都不可能是国有企业,因为公司法人在所有权法律关系中只能是主体而不能是客体,国家与公司之间没有所有权法律关系,而公司财产的所有权人是公司,国家与公司财产之间也没有所有权法律关系。国有企业不宜理解为"国家所有的企业",国有数据资产在概念理解上应区别于国有企业数据资产。

综上所述,国有数据资产也就是国家所有的数据资产,是由国家依法取得、确认或产生的数据能够资产化的部分,也就是政府部门、行政单位、事业单位的数据能够资产化的部分。2016年,《福建省政务数据管理办法》中就已开创性地确立了政务数据的资产性质,规定"政务数据资源属于国家所有,纳入国有资产管理"。这些数据通常涉及政府职能、公共管理、社会服务等领域,包括但不限于政务公开数据、行政审批数据、税务数据、公安数据等。这些数据涉及社会经济生活的方方面面,对于政府决策和社会管理具有重要意义。行政单位数据主要涉及人事管理、公共服务等方面的数据,如人事人才档案、公共资源分配信息等。事业单位数据包括科研成果、医疗记录、教育数据等,这些数据服务于社会发展和公共利益。国家所有的数据具有重要的法律地位和经济价值,是国家进行治理和服务的重要基础,需依法保护以防范数据流失或被滥用。

二、公共数据的特征

(一)公共数据数量大

行政机关等公共管理和服务机构在依法履行职责过程中沉淀了体量庞大、类型多样、综合性强的数据。在许多国家和地区,公共机构都是其最大的数据资源生成者和控制者,掌握着社会上超过80%的数据资源。维克托·迈尔·舍恩伯格指出,政府就像一艘漂浮在数据海洋上的巨轮，更是拥有了大量公共数据。要充分开发应用这些海量数据，就应当具备"开放共享"的思维方式[一]。由此可见，公共数据在客观上呈现数量巨大的特点。

（二）公共数据质量高

公共数据中蕴含着巨大的社会和经济价值，已得到广泛认可。公共数据不仅可以为政府自身所用，提升管理能力和水平，更有意义的是，数据和数据驱动的技术（如人工智能）还将作为数字经济发展的"原料"，为整个经济发展提供显著的推动力，释放其中蕴含的社会和经济价值。

第一，公共数据的处理（收集、生成）主体为国家机关、公共管理机构和公共服务机构，数据源于国家机关、公共管理机构和公共服务机构依法履行职责或提供公共服务的行为，一般都具有法律、法规等规定的处理数据的合法性基础和程序。

第二，公共数据承载的信息多样，包含国家、社会、个人层面，关乎政治、经济、文化等各个方面，以及医疗保健、教育、能源、交通、金融服务等各个行业的信息。

第三，公共数据具有较强的客观性和科学性。从收集和生成的过程来看，公共数据都表现出区别于社会数据的较高的客观性和科学性。

综上所述，公共数据本身具有质量高的特征，若能合理开发利用，必然有助于促进经济发展、改善民生服务、推进科学研究、提高政府效能和决策质量，发掘其价值上的无限可能。

[一] 夏义堃. 试论数据开放环境下的政府数据治理：概念框架与主要问题 [J]. 图书情报知识，2018（1）：103.

第三节　公共数据开发利用模式

一、公共数据共享

（一）公共数据共享的立法变迁

与公共数据的概念变迁一样，公共数据共享也经历了从政府数据共享到政务数据共享再到公共数据共享的演化。

其一，政府数据共享。我国最早对公共数据共享开放进行规定的地方性法规是《贵州省大数据发展应用促进条例》[一]，这也是我国最先对数据相关法律问题进行规定的综合性地方立法。该法规第三章第二十四至第三十条就公共数据共享开放进行了规定，第三十八条规定了"公共数据"的含义。随后，贵阳市制定了一部地方性法规——《贵阳市政府数据共享开放条例》，其中第二条规定了"政府数据"和"政府数据共享"的含义。该法规所称的"政府数据"是指行政机关（也就是狭义上的政府）在依法履行职责过程中制作或者获取的以一定形式记录、保存的各类数据资源，"政府数据共享"是指行政机关内部因履行职责需要"使用"或"提供"政府数据的行为，与《贵州省政府数据共享开放条例》规定的概念相似；其所规定的"政府数据共享"范围仅限于行政机关内部的数据共享，与《贵州省大数据发展应用促进条例》所规定的"公共数据共享"存在较大差异，其外延范围也明显小于其他地方性法规规定的"政务数据共享""公共数据共享"。

其二，政务数据共享。我国最早对政务数据共享开放进行规定的地方

[一] 2016年1月15日公布，2016年3月1日施行。

性法规是《天津市促进大数据发展应用条例》（2018）。该法规第二章对政务数据进行了规定，其中第二节对数据共享进行了规定。从第八章附则第五十五条、第五十六条所指称的外延来看，"政务数据共享"的范围要大于"政府数据共享"的范围，但不包括"人民法院、人民检察院等国家机关的相关数据"。《海南省大数据开发应用条例》（2019）、《山西省大数据发展应用促进条例》（2020）等地方性法规也作了与之类似的规定。《沈阳市政务数据资源共享开放条例》（2020）、《山西省政务数据管理与应用办法》（2020）等地方性法规甚至直接以"政务数据"命名，并分别在第三条、第二十四条中规定"政务部门"是指承担行政职能的行政机关或党群工作机构以及法律、法规授权的具有公共管理和服务职能的组织，"政务数据共享"是指政务部门因依法履行职责需要使用其他政务部门的政务数据资源或者为其他政务部门提供政务数据资源的行为。2021年6月10日通过的《数据安全法》将地方性法规的立法经验上升为国家意志，其第五章规定了"政务数据安全与开放"。但从条文所指称的外延来看，《数据安全法》所称的"政务数据"，是指国家机关为履行法定职责所制作、获取的数据，理论上包含权力机关、行政机关、监察机关、审判机关、检察机关等国家机关制作、获取的数据，与地方性法规所称的"政务数据"存在交叉重叠的地方，外延并不完全相同。

其三，公共数据共享。随着中央和地方立法经验的积累和立法技术的成熟，公共数据共享的含义愈加清晰，其与政务数据共享、政府数据共享之间的关系愈加明确。比较典型的有：2022年1月1日施行的《深圳经济特区数据条例》提出了"公共数据共享"。2022年7月1日施行的《重庆市数据条例》第三条规定公共数据包括政务数据和公共服务数据两大类，前者指国家机关和法律、法规授权的具有管理公共事务职能的组织（统称政务部门）为履行法定职责收集、制作的数据，后者指医疗、教育、供水、供电、供气、通信、文旅、体育、环境保护、交通运输等公共企业事业单位（统称公共服务组织）在提供公共服务过程中收集、制作的涉及公共利益的数据；公共数据共享指政务部门、公共服务组织因履行法定职责或者提供公共服务需要，依法获取其他政务部门、公共服务组织公共数据的行为。《上海市数据条例》《浙江省公共数据条例》等地方性法规作了与之类似的规定。

从这些地方性法规的规定来看，公共数据共享的外延范围大于政务数据共享，公共数据不仅包含行政主体的政务数据，还包含权力机关、监察机关、审判机关、检察机关等国家机关的政务数据及公共服务数据。而政务数据共享的外延范围大于政府数据共享，不仅包括行政机关（狭义上的政府）的数据，还包括法律法规授权的具有公共管理和服务职能的组织的数据。

（二）公共数据共享的制度目标

公共数据共享的意义深远。一方面，公共数据共享能够促进公共服务质量、效率的提升，有利于实现廉洁政府、促进部门间协同、实现精准快捷服务和便民服务；另一方面，公共数据共享是开发利用数据价值、促进数据增值之所需，在公共服务领域，率先在公共安全、交通服务、人力社保服务、医疗服务、养老服务等方面尝试数据共享，通过深度挖掘数据提高服务绩效、实现数据增值。例如，在交通服务中，通过部门合作、政企合作，实现数据共享，缓解交通拥堵，引导市民出行，方便群众，实现多赢[一]。

因此，要促进公共数据共享沿着设想的方案进行进而发挥其积极作用，必须要明确其目标。有学者从行政法的角度，通过分析新行政法与旧行政法的区别，指出公共数据共享的目标有三：多元共治、增进社会整体福祉、实现实质法治[二]。

[一] 邓念国. 体制障碍抑或激励缺失：公共服务大数据共享的阻滞因素及其消解 [J]. 理论与改革, 2017 (4): 117-126.

[二] 郭文涛. 公共数据共享的新行政法基础 [J]. 北方法学, 2023, 17 (6): 98-110.

首先,新行政法从行政管理到合作治理的转向,为公共数据共享的目标提供了学理上的依据。多元共治语境下的数字政府建设,不仅需要政府与企业合作,还需要公共管理与服务机构合作。在数字时代,公共治理的权力走向多中心化,信息的生产和传播呈现多元化特征,不仅政府部门会收集、制作数据,政务部门、公共服务组织也会收集、制作数据。

其次,新行政法从合法性到最佳性的转向,也为公共数据共享的目标提供了学理上的依据。中央和地方制定法律法规,规范公共管理和服务机构之间的数据共享,其目标不是确保公共数据共享这一内部行政过程的合法性,也不是确保公共管理和服务机构生产公共产品、提供公共服务这一外部行政行为的合法性,而是提高履行法定职责的效率、降低公众的成本、增进社会整体福祉。

最后,新行政法更多关注实质法治,除了强调形式法治的要求,更加强调法律制度的价值内涵,要求法律制度具有公正的精神品德与价值内涵,要求法治之法新行政法除了强调行政合法性原则,还强调以比例原则为核心的行政合理性原则、以信赖保护为核心的诚信原则,以及程序正当原则、高效便民原则和权责一致原则,从而使形式法治逐步转化为实质法治。数字政府所提倡的公共数据共享,不是仅要求行政行为的形式合法性,而是在此基础上追求行政行为的民主正当性(实质合法性),满足高效便民的行政法基本原则。这鲜明地体现了新行政法从形式法治到实质法治的转向。

(三) 公共数据共享的规制重点

数据共享的实现需要解决公共数据记录的信息相关主体、公共数据的控制主体和公共数据共享主体之间的利益平衡关系,以及监管机构的职责。公共数据记录的信息相关主体对公共数据控制者的利用和共享情况缺乏必要的了解,公共数据控制者对公共数据共享者的数据技术及可能产生的效益信息匮乏，数据监管者对数据市场的数据共享情况缺少必要的监控渠道，这些都需要法律制度予以规制。

公共数据共享则要明确公共数据共享相关主体的权利义务及相应的法律责任。在立法中要重点解决三个主要冲突：一是公共数据记录的信息主体与公共数据共享之间的冲突；二是公共数据赋权与社会公共利益之间的冲突；三是公共数据共享与公共数据安全之间的冲突[1]。

二、公共数据开放

（一）公共数据开放的实践探索

公共数据开放指公共数据主体面向社会提供原始性、可机器读取、可再开发利用和促进数据技术创新、发展的数据公共服务。公共数据按照开放类型分为无条件开放公共数据、有条件开放公共数据和不予开放公共数据三类。无条件开放公共数据是有条件开放和不予开放以外的公共数据。有条件开放公共数据是可以部分提供或者需要按照特定条件提供给自然人、法人和非法人组织的公共数据。不予开放公共数据是涉及国家安全、商业秘密和个人隐私，或根据法律、法规等规定不得开放的公共数据。

关于公共数据开放，我国已经出现众多地方立法探索。2016年1月15日，贵州省人大常委会通过《贵州省大数据发展应用促进条例》。该条例以专章的形式对"公共数据开放共享"进行了详细规定，确立了公共数据开放负面清单制度，明确要求："除法律法规另有规定外，公共数据应当向社会开放；依法不能向社会开放的公共数据，目录应当向社会公布。"

2017年3月16日，浙江省政府出台了规章《浙江省公共数据和电子政务管理办法》。浙江立法对公共数据共享开放进行了区别化立法，在"管理和应用"一章中分别对公共数据共享和公共数据开放进行了具体制

---

[1] 闫夏秋. 长三角区域数据共享的法律审视与治理路径 [J]. 法治现代化研究, 2021 (4): 51-60.

度安排。相对于贵州立法而言，浙江立法对公共数据开放的相关制度进行了进一步深化探索，主要包括公共数据开放的目录管理制度（第二十四、二十五条）和审核程序制度（第二十六条）等。

此后，上海、浙江两地启动了公共数据开放的专项立法，如《上海市公共数据开放暂行办法》（2019）、《浙江省公共数据开放与安全管理暂行办法》（2020）。《深圳经济特区数据条例》（2021）第四十五条界定了"公共数据开放"："本条例所称公共数据开放，是指公共管理和服务机构通过公共数据开放平台向社会提供可机器读取的公共数据的活动。"

2021年6月，全国人大常委会通过了《数据安全法》。该法是我国数据领域的第一部专项立法，也是包括公共数据在内的数据要素的基础性法律。《数据安全法》第五章对政务数据开放进行了专门规范，实质上也是对公共数据开放制度的法律确认。虽然该法并未对"政务数据"的内涵和外延加以明确，但是从第五章第三十八条至四十二条的规定而言，政务数据的主体一般是国家机关；但第五章第四十三条也明确规定："法律、法规授权的具有管理公共事务职能的组织为履行法定职责开展数据处理活动，适用本章规定。"就具体制度内容而言，《数据安全法》涉及公共数据开放的相关内容基本是对此前地方立法既有的共识性制度的法律确认。通过对公共数据开放的地方立法进行梳理可以发现，相关开放立法普遍注重数据安全保障问题。除了数据开放目录和平台等制度，公共数据开放地方立法探索中具有争议的数据利用规则并未在《数据安全法》中有进一步的确认。

总的来说，虽然有一定的地方立法对公共数据开放进行了探索，但仍体现出两方面的局限性：一方面，这些立法具有与前文所述"公共数据概念"共通的问题，即尚未厘定相关概念和性质；另一方面，公共数据开放领域的目标尚不明确、规制重点尚未全面覆盖，这一局限性将在后文阐明。

(二) 公共数据开放的制度目标

思考公共数据开放政策的指向和目标，即需要在多大程度上推动公共数据入市，如何使之成为普惠公共品便利各类市场要素的流动，作出不同选择的动力和后果如何[1]。公共数据开放的目标，归根到底，是要在商业化利用中实现公共价值。

公共数据按照生成对象分为三类，即与物有关、与人有关、与事有关。与物有关的公共数据包括气象数据、卫生数据、医疗卫生资源数据、公共体育运动设施数据、商品销售量等；与人有关的公共数据主要是围绕自然人、法人和非法人组织的生产生活行为所生成的数据，如用水量、用电量、用气量、公共交通日客流量等；与事有关的公共数据则是把人与物进行链接用于解决事件问题，如工商登记信息、行政罚款信息、信用记录、企业缴税记录等。任何一种类型的公共数据单独或者结合应用均可在特定应用场景下产生经济价值。

第一类与物有关的公共数据，与国家自然资源极为类似，与特定的个体身份并无直接关联。而与人有关、与事有关的第二类、第三类公共数据具有一定的特殊性。一方面，公共部门对其管理和服务过程中采集和产生的数据享有财产权利，这是公共管理服务数字化转型的必然结果；另一方面，这些公共数据由若干个具有个体属性的单条数据所组成，个体作为数据主体对其享有特定的权益，如自然人隐私、企业商业秘密受到保护。虽然第二类、第三类公共数据经过匿名化处理后可以向社会开放，但不能忽视商业利用主体应用公共数据可以为特定身份的个体提供产品和服务的可能性和实践经验。从社会弱势群体保护的角度来看，第二类、第三类公共数据更能体现公共价值要求。例如，将有关中小企业的公共数据向商业银

---

[1] 胡凌. 公共数据开放的法律秩序：功能与结构的理论视角 [J]. 行政法学研究，2023 (4)：37-50.

行开放后，商业银行既可以根据匿名化的大数据设计适合中小企业需求的创新型金融产品和服务，亦可以运用大数据技术对实名个体的中小企业金融服务需求的时机及数量、支付意愿及信用风险进行精准预测。

综合来看，公共数据开放是一个包括不同阶段连续、多元主体共同参与的动态过程，其目的是公私部门合力为社会公众释放普惠性的公共数据价值。

（三）公共数据开放的规制重点

从公共数据的内部技术化治理层面上审视公共数据开放的治理，在可用性、可追溯性和公平性三个方面存在局限性[①]。

其一，开放公共数据的可用性问题。公共数据开放的一般范围，可开放获取公共数据的可读取程度，以及公共数据获取的技术形式和使用方法等问题，直接影响开放公共数据是否能够以相对便利的方式获得。经开放提供的公共数据，能够符合开放服务需求者对数据质量的合理预期。这里涉及公共服务保障机制的细节问题，特别是与信息化相关的制度细节如何得到改善的问题。公共数据资源开放目录的确定及动态更新，开放公共数据的获取或者接入的申请方式及其时限等具体制度都需要在开放治理的框架中加以协调。还有更加具体的问题，如在我国政府及公共机构推进信息化的过程中，大量建立在传统工业领域专业化软件基础上设计的业务系统在人机交互的便利性方面存在明显短板。而公共性信息化系统很难做到完全的市场化竞争，也不太可能对已经完成建设的系统进行任意替换。那么，将具体公共数据开放活动中具体过程的运作情况反馈到已有公共数据开放系统的运行机制中，仅依赖数据行政主管机关的自主行动是不够的。因此，在智能化应用运行的视角下，开放公共数据的可用性是同时关涉制度衔接、机构协调和公众互动等多层次的动态治理过程。

其二，开放公共数据的可追溯性问题。公共数据开放的对象以社会主

---

① 徐珉川. 论公共数据开放的可信治理[J]. 比较法研究, 2021 (6): 143-156.

体为主，这决定了开放条件下的公共数据利用有着更高的复杂性。在公共数据内部数据治理目标的视野中，不论是行政机关履职，还是公共机构提供公共服务，对公共数据资源的利用均源于行政法律规范的强制性或授权性规则。而公共数据的开放性利用，则是智能技术在社会开放场景中对公共数据价值的深度挖掘。当然，开放利用公共数据在数据使用的合目的性和合法权益保障上存在更多系统性风险：一方面是在公共数据开放的申请环节需要对社会主体利用开放公共数据的行为进行合法性控制；另一方面是市场化运营的智能应用利用公共数据进行智能化决策，其引发的法律效果和责任会同时传递到开放的公共数据本身。这首先涉及公共数据行政主管机关提供公共服务的职能及其权限问题，其次是在完整智能化实践中应有的数据责任分配问题。但不论是对公共数据开放范围和权限的规制，还是以规范性调整为基础的法律责任划分，都呈现为技术与制度深度融合的综合调整机制。因此，公共数据开放可用性的完整保障机制，即是对公共数据资源上不同社会关系调整的规范性制度变革。

其三，开放公共数据的公平性问题。公共数据的整个开放利用过程中，在明确政府的治理责任之外，还要完善商业化利用的机会公平规则、政府与商业利用主体、授权运营机构之间的公私协力规则。

有学者提出，商业化利用的公平性应当主要包含三个方面：一是公共数据应当对所有市场主体开放；二是有条件开放的公共数据不应采取排他性或者独家授权的方式向市场主体开放；三是向市场主体开放公共数据时是否收费既不影响商业利用主体的权利，亦不降低政府部门的全生命周期管理责任[一]。

在公共数据直接向商业利用主体开放模式中，政府部门与商业利用主体之间建立的是公私合作关系，并以行政协议的方式给予确认。在上海大

[一] 孟飞. 公共数据开放利用的逻辑与规则 [J]. 上海政法学院学报（法治论丛），2023, 38 (5)：75-90.

数据普惠金融应用中，《上海市公共数据开放普惠金融应用数据利用协议》即典型的行政协议，而非民事合同。换言之，数据利用协议通过为商业利用主体提供公共数据而实现特定的公共目标。在公共数据商业化利用的初期探索阶段，直接开放模式得到了广泛应用，并通过立法对数据产品和服务的保护为商业利用主体提供经济激励。

三、公共数据授权运营

（一）公共数据授权运营的实践探索

公共数据授权运营是政府和公共部门在实现公共数据的安全可控、可用的前提下，依照法律、行政法规规定，委托符合一定条件的市场主体对公共数据进行使用、加工和创新等，从而形成创新数据、数据产品与服务，释放公共数据的经济价值和社会价值、实现公共数据主动供给和要素市场培育调控职能的方式。

2021年，《中华人民共和国国民经济和社会发展第十四个五年规划和2035年远景目标纲要》（以下简称《"十四五"规划纲要》）首次提出公共数据授权运营试点，强调在保障数据安全、国家秘密、隐私的前提下，授权市场主体开发与民生相关的公共数据资源。在随后出台的地方性法规政策中，浙江省、东营市、苏州市相继对公共数据授权运营的行为方式提出明确要求，强调数据授权运营单位通过平台对公共数据进行加工、形成数据产品并向市场提供，获取合理收益。其中，《浙江省公共数据条例》提出数据授权运营单位在确保数据安全的前提下，可以开发具有市场价值的数据产品，进一步促进了公共数据的市场化利用。2023年后，《长沙市政务数据运营暂行管理办法》和《长春市公共数据授权运营管理办法》等地方性政策法规，进一步深化了运营主体的责任和数据产品的开发与服务提供，明确了运营主体根据"谁投入，谁受益"的原则进行合理收益分配，尤其是对政府数据资源的有偿使用和收益纳入财政收入方面进行了详细规定。这一阶段，逐步建立了明确的利益分配机制，确保了政府、运营单位与用户之间的合理利益平衡。温州市和丽水市等地的政策法规中，探索了成本分摊、利润分成、股权参股等多种利益分配模式，鼓励跨界合作，公共数据授权运营的收益分配机制进一步多元化，推动公共数据资源智能化、市场化运营，与此同时加强政府对公共数据授权运营的监管及数据产品定价合理化。2025年1月，国家发展改革委、国家数据局印发《公共数据资源授权运营实施规范（试行）》，弥补了公共数据授权运营顶层设计的缺位。《公共数据资源授权运营实施规范（试行）》强调，公共数据资源授权运营应遵循依法合规、公平公正、公益优先、合理收益、安全可控的原则。开展授权运营活动，不得滥用行政权力或市场支配地位排除、限制竞争，不得利用数据和算法、技术、资本优势等从事垄断行为。

公共数据授权运营的立法变迁经历了从试点探索到地方性法规实施再到多元化收益分配机制的完善，逐步形成了覆盖数据安全、市场化运营与收益分配的法律框架。

（二）公共数据授权运营的制度目标

公共数据授权运营是公共机构主动挖掘公共数据价值和数据要素市场培育的供给与调控方式。目前对"运营目的"有以下四种观点：一是以公共数据开发利用为目的；二是以实现安全可控为前提，释放政府数据经济价值；三是政府授权一定主体通过市场化方式运营政府数据，促成外部主体的使用⊖；四是对公共数据有条件开放的补充。

本书认为，公共数据授权运营应当兼顾开发利用与安全保障的目标，以安全保障为价值取向，在确保安全、可控的基础上有序推进公共数据授

⊖ 张会平，顾勤. 政府数据流动：方式、实践困境与协同治理[J]. 治理研究，2022，38（3）：59-69，126.

权运营，释放公共数据价值。授权运营应当以维护公共利益为导向，《公共数据资源授权运营实施规范（试行）》强调公共数据授权运营遵循公益优先原则，《关于加快公共数据资源开发利用的意见》强调公共数据资源的公共属性和维护公共利益的重要性，指出用于公共治理、公益事业的公共数据产品和服务有条件无偿使用。就制度定位而言，公共数据授权运营在一定程度上弥补了公共数据开放的不足，但二者的价值取向不同，发挥的作用也各异。公共数据有条件开放是发挥公共数据要素市场培育作用的被动供给方式，由公共数据的需求者提出申请，并经公共数据主管部门审核批准；而公共数据授权是实现公共机构主动开发利用公共数据价值和实现公共数据对数据要素市场培育的调控作用的方式。应当合理界定用于开放和授权运营的公共数据资源的范围，防止相关部门受利益驱使挤压公共数据开放的空间，保障两制度合理并行。

（三）公共数据授权运营的规制重点

公共数据的权属不明、授权运营法律属性及定位争议等问题都加筑了公共数据授权运营制度构建的障碍。因此，公共数据授权运营制度规制的前置性重点在于，厘清公共数据权属与授权运营的关系，探究权属不清是否构成其后授权运营的障碍，即明确公共数据授权运营制度构建的基础究竟为何。此外，授权运营制度本身也仍需探索、完善。地方立法对授权运营制度的规定较为抽象，很少涉及具体内容，致使授权运营现有框架较为简易，制度构建不足的背后实质上是授权运营的法律属性及定位争议。就法律属性而言，学界尚存在授权运营制度究竟是行政许可还是行政协议之争。而定位争议从根本上来源于公共数据类型划分与开放制度的混淆，如授权运营与传统的公共数据开放模式的关系究竟为何[一]。

[一] 高灵欣，韩冰西. 公共数据类型化开放视域下授权运营制度的立法构建 [C]. 《上海法学研究》集刊 2023 年第 6 卷——2023 年世界人工智能大会青年论坛论文集，2023：22-32.

解决公共数据授权制度的前置性问题后，其制度设计的展开还有以下四个重点：一是由于公共数据本身即存在基于公共性程度的范围边界与类型划分问题，需明确哪些数据可作为公共数据用于授权运营。二是授权类型和方式。就授权主体角度而言，公共数据授权运营存在统一授权和分散授权两种方式；就授权内容而言，公共数据授权运营的实践探索存在概括授权和场景授权两种类型。如何根据我国数据应用的现实状况确定授权运营的类型和方式是制度设计的重点。三是授权运营对象的选择问题。应当建立体现竞争性、非歧视性的共同机制。四是建立合理的授权运营的收益分配规则，亦是公共数据授权运营的规制重点[一]。

四、公共数据融合

（一）公共数据融合的实践探索

公共数据融合指公共数据内部之间融汇和公共数据与非公共数据融汇的价值释放方式。公共数据与各方数据融合已经成为数据市场推进的重点工作之一。2024年3月25日，国家发展改革委党组成员、国家数据局局长刘烈宏出席中国发展高层论坛2024年年会，并以"释放数据要素价值 助力可持续发展"为题发表演讲，指出数字经济的蓬勃发展离不开发挥数据作为关键生产要素的作用，欢迎国内外企业积极参与中国数据要素市场建设，共享发展红利。下一步，国家数据局将围绕优化数据要素市场化配置，催生新产业、新模式、新动能，培育和发展新质生产力，重点推进五方面工作。其中一方面就是不断激发数据要素开发利用活力。深入实施"数据要素×"行动，挖掘并推广一批典型应用场景，积极推动公共数据资源管理和运营机制改革，以公共数据开发利用引领撬动各方数据的融合应用，大力推动企业数据的开发利用。

[一] 沈斌. 公共数据授权运营的功能定位、法律属性与制度展开[J]. 电子政务，2023（11）：42-53.

我国现已有公共数据内部之间的融合和公共数据与非公共数据融合的典型案例。

前者以日照市打通各公共事业服务单位之间的数据隔离为例。依托电子政务外网作为数据进出口通道，日照市在保证网络与数据安全的前提下建设公共数据汇聚平台，打破供水、供气、供热、电力、银行、不动产公共事业服务单位之间的业务壁垒和数据隔离，率先实现水表、电表、燃气表、热力表 4 表底层数据的贯通融合。通过地址信息建立水、电、气、热数据与不动产数据间的关联关系，将各领域系统中的用户档案以小区为单位逐一匹配。截至目前，日照市新小区匹配准确率达到 95%以上，老旧小区匹配准确率达到 80%以上，每周实现 30 个小区 10000 余户数据处理。

公共数据已经成为信息时代国家治理体系与治理能力的重要基础。福建大数据交易所致力于推动公共数据与社会数据融合应用，充分激活数据要素的社会效益与市场价值，为福建建设数字经济产业生态提供强大动能。

后者以 2023 年 1 月福建大数据交易所公共数据与社会数据融合业务案例为代表。福建大数据交易所承接中国建设银行福建分行（以下简称"福建分行"）"智慧快贷"数据需求，打破"数据壁垒"，创新打造公共数据社会数据一体化融合订单。福建分行在交易平台上发布需求，由平台评估需求，拆解指派订单，公共数据部分推送至开发服务平台申请"五险一金"等相关数据，社会数据部分由交易平台整合电力数据，开展数据模型开发后，实现"智慧快贷"的数据融合产品交付，极大缓解了小微企业"融资难、融资贵、融资慢"等痛点难点问题，极大提高了福建分行在审批阶段的工作效率。

（二）公共数据授权运营的制度目标

公共数据利用过程中各环节的目标，归根到底都是激发和充分利用公共数据的经济价值，实现公共数据供给和数据要素市场培育的调控作用，有力推动数据要素市场化发展，保障数字经济高质量发展。公共数据融合意在打破公共数据内部之间及公共数据与其他各种数据之间的壁垒，更大程度地促进数据融合发展。

首先，提升数据的利用效率。通过整合跨部门、跨领域的公共数据，数据融合能够有效打破"信息孤岛"，形成全面、系统的数据视角。这种整合不仅能消除数据冗余，还能增强数据之间的关联性，进而为政策制定者提供更为科学、准确的决策依据。这种基于数据的决策模式，能够更好地应对复杂的社会问题，提高公共服务的质量与效率。

其次，促进科学研究与创新。在大数据时代，许多社会问题往往需要以多学科的视角进行探讨。公共数据的融合为不同学科的研究者提供了共享的数据资源，促进了知识的传播和技术的交流。这种跨学科的合作不仅增加了研究的深度与广度，还催生了新的研究方法和理论框架，使得面对复杂社会挑战的能力得以提升。此外，公共数据融合也为企业的发展和创新创造了新的机遇。通过对融合数据的深入分析，企业和社会组织能够识别潜在市场机会，优化资源配置，推动新产品与服务的开发。

最后，在应对社会挑战与实现可持续发展方面具有重要意义。通过整合智能交通、气候变化、公共健康等领域的数据，各国和各地区政府能够更好地制定应对策略，实现资源的优化配置和环境的可持续发展。

（三）公共数据授权运营的规制重点

公共数据融合往往意味着跨层级、跨系统、跨部门的现实情境。在促进公共数据融合、激发其经济价值的同时，亦要加强数据安全管控和防护。公共数据融合的规制重点在于，对融合过程中公共数据记录的个人信息、商业秘密、国家秘密等各类数据的保护，加强数据安全管控和防护。具体措施包括但不限于：建立健全网络数据安全管理体系，针对涉及个人隐私数据、产业发展数据、经济运行数据等不同重要程度数据的企业进行分级分类管理，指导平台企业、基础云服务企业等采取与数据重要等级相匹配的、必要的安全防护措施；加快推进数据安全保护相关法律法规的制定，出台数据安全保护措施和实施细则，强化数据安全保护。尤其要明确各方主体的义务及责任，完善追责机制○。

○ 殷利梅.加速数据流通融合的思考与建议[J].中国国情国力，2021（12）：48-50.

第二章 公共数据共享

第一节 公共数据共享概述

数字中国是我国信息化发展的新阶段，数字政府是数字中国体系的有机组成部分[一]。2022年6月，国务院发布《国务院关于加强数字政府建设的指导意见》，就主动顺应经济社会数字化转型趋势，充分释放数字化发展红利，全面开创数字政府建设新局面作出部署。该意见强调深化数据高效共享，通过建立数据目录、健全对接机制、构建集约平台等措施，实现数据在政府与其他国家机关及中央与地方之间的互联互通和双向共享，提升数据共享统筹协调力度和服务管理水平。《关于加快公共数据资源开发利用的意见》提出的是"政务数据共享"，以及政务数据共享的具体实施规则："完善政务数据目录，实行统一管理，推动实现'一数一源'，不断提升政务数据质量和管理水平。推动主动共享与按需共享相结合，完善政务数据共享责任清单，做好资源发布工作。强化已有数据共享平台的支撑作用，围绕'高效办成一件事'，推进跨层级、跨地域、跨系统、跨部门、跨业务政务数据共享和业务协同，不断增强群众和企业的获得感。"

数据是形成新质生产力的重要生产要素，国家机关及公共管理和服务机构在依法履职或提供公共服务的过程中收集、生成公共数据，并分别存储、使用，囿于数据存储标准不统一、开发利用机制不完善、使用管理规范不健全等因素，削弱公共数据要素价值的同时也增加了行政成

[一] 王伟玲. 加快实施数字政府战略：现实困境与破解路径 [J]. 电子政务，2019 (12): 86.

本和社会负担。"公共数据共享"是打破桎梏的良方，公共数据在国家机关之间、公共管理和服务机构之间、国家机关与公共管理和服务机构之间自由流通，一部门可以使用其他部门收集、生成的公共数据，对于提升行政管理水平、节约行政管理成本、提高公共服务的质量和效率具有重要意义。

一、公共数据共享的概念

公共数据共享由公共数据和共享两部分组成。其中，公共数据是客体，共享是数据处理行为。近年来，立法实践和学界对公共数据共享的概念作出了相关界定。

（一）立法实践中对公共数据共享的确认

公共数据共享的立法实践起源于个别数据富集部门制定的政策文件，如科学技术部2000年出台的《国家科技计划项目管理暂行办法》[一]、中国地震局2003年发布的《地震科学数据共享管理办法》[二]、教育部2005年制定的《教育部科技基础资源数据平台建设管理办法》[三]。这些政策文件对于何为公共数据尚未形成科学认知，表述多为"数据资源共享"；对于"共享"的界定也仅停留在数据的汇集、管理层面，并未将共享与公共数据的其他处理行为进行区分，概念混同。最早在立法文件中明确使用"公共数据共享"一词的是贵州省人民代表大会2016年发布的《贵州省大数据发展

[一]《国家科技计划项目管理暂行办法》第三十五条："各类国家科技计划必须建立相互兼容的数据库，实现信息、数据资源共享。统计、调查和成果登记的科技指标应有一致的概念和内涵，指标及数据具有可比性。"

[二]《地震科学数据共享管理办法》第四条："地震科学数据共享是指共享地震科学数据的汇交及其管理，以及通过共享技术平台向各类用户提供服务的活动。"

[三]《教育部科技基础资源数据平台建设管理办法》第十七条："平台建设单位依法享有项目建设过程中研究和开发出来的新技术、新系统等成果的知识产权，在遵循我国有关知识产权保护的法律法规的基础上，实现资源、数据信息等的共享。"

应用促进条例》①。此后陆续出台的《吉林省促进大数据发展应用条例》《浙江省数字经济促进条例》《深圳经济特区数据条例》等地方性法规都采用此表述。2017年出台的《贵阳市政府数据共享开放条例》是最早对"共享"进行定义的地方性法规："本条例所称政府数据共享，是指行政机关因履行职责需要使用其他行政机关的政府数据或者为其他行政机关提供政府数据的行为"，但未采用"公共数据共享"的概念，而是表述为"政府数据共享"，且将主体限定为行政机关。浙江省2022年颁布的《浙江省公共数据条例》不仅在第四章专章规定了公共数据共享，也第一次在地方性立法中明确"公共数据共享"的概念："本条例所称公共数据共享，是指公共管理和服务机构因履行法定职责或者提供公共服务需要，依法使用其他公共管理和服务机构的数据，或者向其他公共管理和服务机构提供数据的行为"，将主体从行政机关扩展至一切公共管理和服务机构，并将共享的缘由细化为"因履行法定职责或者提供公共服务需要"。《关于加快公共数据资源开发利用的意见》中关于公共数据共享的表述为："统筹推进政务数据共享……推动主动共享与按需共享相结合，完善政务数据共享责任清单，做好资源发布工作……推进跨层级、跨地域、跨系统、跨部门、跨业务政务数据共享和业务协同。"为对公共数据共享形成更为科学的认知，以"公共数据共享""政务数据共享""政府数据共享"为关键词进行检索，梳理地方政策法规中相关的定义条款，详见表2-1。

表2-1 地方政策法规对公共数据共享的相关定义

政策法规名称	年份	表述	定义	主体	缘由	行为
《贵阳市政府数据共享开放条例》	2017年	政府数据共享	行政机关因履行职责需要使用其他行政机关的政府数据或者为其他行政机关提供政府数据的行为	行政机关	履行职责	使用、提供

---

① 《贵州省大数据发展应用促进条例》第二十四条："省人民政府按照统一标准、依法管理、主动提供、无偿服务、便捷高效、安全可靠的原则，制定全省公共数据共享开放措施，推动公共数据率先共享开放。"

(续)

政策法规名称	年份	表述	定义	主体	缘由	行为
《南京市政务数据管理暂行办法》	2019年	政务数据共享	政务部门因履行职责需要使用其他政务部门的政务数据，或者为其他政务部门提供政务数据的行为	政务部门	履行职责	使用、提供
《贵州省政府数据共享开放条例》	2020年	政府数据共享	行政机关因履行职责需要使用其他行政机关政府数据和为其他行政机关提供政府数据的行为	行政机关	履行职责	使用、提供
《中山市政务数据管理办法》	2020年	政务数据共享	政务部门之间因履行职责需要使用其他政务部门政务数据和为其他政务部门履行职责提供政务数据的行为	政务部门	履行职责	使用、提供
《湖北省政务数据资源应用与管理办法》	2021年	政务数据共享	政务部门因履行职责需要使用其他政务部门的政务数据和为其他政务部门提供政务数据的行为	政务部门	履行职责	使用、提供
《浙江省公共数据条例》	2022年	公共数据共享	公共管理和服务机构因履行法定职责或者提供公共服务需要，依法使用其他公共管理和服务机构的数据，或者向其他公共管理和服务机构提供数据的行为	公共管理和服务机构	履行法定职责或者提供公共服务需要	使用、提供
《重庆市数据条例》	2022年	公共数据共享	政务部门、公共服务组织因履行法定职责或者提供公共服务需要，依法获取其他政务部门、公共服务组织公共数据的行为	政务部门、公共服务组织	履行法定职责或者提供公共服务需要	获取
《广西壮族自治区大数据发展条例》	2022年	公共数据共享	政务部门、公共服务组织因履行法定职责或者提供公共服务需要，依法使用其他政务部门、公共服务组织的数据，或者向其他政务部门、公共服务组织提供数据的行为	政务部门、公共服务组织	履行法定职责或者提供公共服务需要	使用、提供

（续）

政策法规名称	年份	表述	定义	主体	缘由	行为
《四川省数据条例》	2022年	公共数据共享	政务部门和公共服务组织为履行法定职责或者提供公共服务需要，依法使用其他政务部门和公共服务组织的公共数据，以及为其他政务部门和公共服务组织提供公共数据的行为	政务部门、公共服务组织	履行法定职责或者提供公共服务	使用、提供
《江西省数据应用条例》	2023年	公共数据共享	因履行法定职责或者提供公共服务需要，政务部门、公共服务机构依法获取其他政务部门、公共服务机构公共数据或者提供公共数据的行为	政务部门、公共服务机构	履行法定职责或者提供公共服务	获取、提供
《成都市数据条例》	2024年	公共数据共享	政务部门和公共服务组织为履行法定职责或者提供公共服务需要，依法使用其他政务部门和公共服务组织的公共数据，以及为其他政务部门和公共服务组织提供公共数据的行为	政务部门、公共服务组织	履行法定职责或者提供公共服务	使用、提供
《关于加快公共数据资源开发利用的意见》	2024年	政务数据共享	统筹推进政务数据共享。完善政务数据目录，实行统一管理，推动实现"一数一源"，不断提升政务数据质量和管理水平。推动主动共享与按需共享相结合，完善政务数据共享责任清单，做好资源发布工作。强化已有数据共享平台的支撑作用，围绕"高效办成一件事"，推进跨层级、跨地域、跨系统、跨部门、跨业务政务数据共享和业务协同，不断增强群众和企业的获得感	/	/	/

通过以时间为顺序梳理地方立法中的定义条款发现，2022年之前出台的文件中表述多为"政务数据共享"或者"政府数据共享"，2022年之后出台的文件中表述多为"公共数据共享"。2022年，中共中央、国务院发布"数据二十条"，将数据分为公共数据、个人数据和企业数据，为地方立法提供了指引，这也是地方立法纷纷转而采用"公共数据"表述的原因之一。值得注意的是《关于加快公共数据资源开发利用的意见》采用的是"政务数据共享"的表述，政务数据相较于公共数据范围更窄，是公共数据的一部分。从优化公共数据资源配置，充分发挥数据要素放大、叠加、倍增效应角度出发，公共数据共享的表述更契合开发利用的目的。

对比定义条款中主体、缘由和行为三要素可以发现，缘由和行为两要素的内涵较为统一，前者为"履行法定职责或者提供公共服务"，后者为"获取、使用、提供"。但共享的主体范围存在较大区别，部分局限于行政机关，部分扩展至公共管理和服务机构。之所以存在此种差异，是因为对"公共数据"控制主体的认知不同。本书在第一章中已对公共数据控制主体进行界定，即国家机关、公共管理和服务机构以及其他组织，相应地，"公共数据共享"指在公共数据在国家机关、公共管理和服务机构以及其他组织之间共享，不涉及其他主体，这也是区分公共数据的共享行为和其他处理行为的关键。

（二）学界对公共数据共享的研究

与立法实践相似，学界对公共数据共享的研究也起源于部分数据富集型行业，如医药卫生[一]、农业科学[二]等领域，但那时未产生公共数据的认

[一] 樊秀娥、张英杰、王京萍等在《公共卫生科学数据共享发展策略研究》（2006）一文中提出，"公共卫生科学数据共享"旨在利用现代高科技手段，将多年来积淀的卫生研究信息进行科学化加工、处理及整合，有序管理、合理使用数据资源，以最小的资源建设付出获得最大的资源利用回报，为国家、社会和公众提供公共卫生科学数据共享服务。

[二] 赵胜钢在《国家农业科学数据共享平台体系结构研究》（2009）一文中提出，科学数据共享的含义通常是指，将群体（单位、部门、组织、项目、课题）及个人采集、加工整理、存储所建立的科学数据资源，在遵守有关约定的前提下提供给数据持有者以外的人群使用的行为。

知，而是用数据所处的行业指称，如"公共卫生科学数据""国家农业科学数据"。随着互联网、大数据等信息技术的发展，以及建设服务型政府、数字政府战略的推进，公共数据共享的研究逐步拓展至行政管理领域，不仅明确使用"公共数据"这一概念[一]，对于共享的主体范围也形成了统一认知[二]，将共享与开放等其他公共数据的处理行为相区分[三]。法学领域对于公共数据共享的研究伴随着数据法学的兴起及《中华人民共和国电子商务法》（以下简称《电子商务法》）[四]在国家层面立法确立而逐步推进。基于立法实践和其他学科的研究基础，在研究之初就形成了科学认知[五]并逐步达成共识，即公共数据共享是公共数据在国家机关、公共管理和服务机构以及其他组织之间流通的一种数据处理行为。

[一] 王运、李宇佳、严贝妮在《大数据环境下我国政府公共数据整合与开放研究——基于上海市政府的案例分析》（2016）一文中指出，大数据环境下我国政府对公共数据共享的认识不足，在建设中存在盲目跟风，或迫于政策法规要求，只追求数量建设、不考虑网站实际效率等问题。

[二] 徐晓林、明承瀚、陈涛在《数字政府环境下政务服务数据共享研究》（2018）一文中指出，在数字政府环境下，政务服务数据共享是指各政府职能部门以提高政务服务效率和质量为目的，充分利用现代化数据处理技术，将其在服务过程中收集、生成的业务数据按照规定可复用的方式进行记录、存储，通过一定的共享机制，实现部门间业务数据的按需共享，为进一步围绕公民实际需求，针对"某个完整业务"开展政府信息系统后台数据整合与业务协同打下基础。

[三] 郑磊在《开放不等于公开、共享和交易：政府数据开放与相近概念的界定与辨析》一文中指出，数据共享"是在政府内部进行的，而"数据开放"则是政府面向外部社会进行的。

[四] 《电子商务法》第六十九条："国家维护电子商务交易安全，保护电子商务用户信息，鼓励电子商务数据开发应用，保障电子商务数据依法有序自由流动。国家采取措施推动建立公共数据共享机制，促进电子商务经营者依法利用公共数据。"

[五] 马颜昕在《论公共数据的范围》（2024）一文中指出，公共数据共享是一种基于公共行政目的的需要，公共数据持有者在体制内的数据内部交换制度。徐伟在《公共数据权属：从宪法国家所有到民法国家所有权》（2024）一文中，将国家机关之间发生的数据使用行为称为公共数据共享，将公民与国家之间发生的数据使用行为称为公共数据开放。罗英在《个人信息在国家机关之间传输的类型化治理》（2023）一文中指出，从语义来看，"提供"与"使用"是具有双向性的互动行为，本身意味着公共数据因共享在国家机关之间发生流动。郭文涛在《公共数据共享的新行政法基础》（2023）一文中指出，公共数据共享是政务部门、公共服务组织之间行使公权力的一种行为。

（三）总结

无论是立法实践还是学界研究，对"公共数据共享"的界定都经历了从模糊到清晰、从分歧到共识的过程，最终形成科学认知。结合第一章对公共数据的定义，公共数据共享的定义如下："公共数据共享是指国家机关、经法律法规规章授权或委托的公共管理和服务机构和其他组织因履行法定职责或者提供公共服务需要，依法获取、使用其他国家机关、公共管理和服务机构以及其他组织控制的公共数据，或者向其他国家机关、公共管理和服务机构以及其他组织提供公共数据的行为。"其包含三个要素：①共享的主体范围是国家机关、公共管理和服务机构之间以及其他组织，即公共数据控制主体内部共享[⊖]；②共享的缘由是履行法定职责或者提供公共服务；③共享的方式是获取、使用或者提供。

二、公共数据共享与相关概念的区分

（一）公共数据共享与公共数据开放

公共数据共享与公共数据开放在性质上同为数据处理行为，但二者存在区别，我国地方立法实践中也对它们进行了明确区分，详见表2-2。

表2-2　地方立法实践中对公共数据共享与公共数据开放的区分

政策法规名称	概念	定义	主体	行为
《贵阳市政府数据共享开放条例》	政府数据开放	行政机关面向公民、法人和其他组织提供政府数据的行为	行政机关 公民、法人和其他组织	提供
	政府数据共享	行政机关因履行职责需要使用其他行政机关的政府数据或者为其他行政机关提供政府数据的行为	行政机关	使用、提供

⊖　"国家机关、公共管理和服务机构以及其他组织"是第一章中确定的公共数据控制主体，以下简称"公共数据控制主体"。

（续）

政策法规名称	概念	定义	主体	行为
《山西省政务数据管理与应用办法》	数据开放	政务服务实施机构向自然人、法人和非法人组织依法提供政务数据的活动	政务服务实施机构 自然人、法人和非法人组织	提供
	数据共享	政务服务实施机构因履行职责需要，使用其他部门政务数据和为其他部门提供政务数据的活动	政务服务实施机构	使用、提供
《广西壮族自治区大数据发展条例》	公共数据开放	政务部门、公共服务组织依法向其他自然人、法人和非法人组织提供公共数据的公共服务行为	政务部门、公共服务组织 自然人、法人和非法人组织	提供
	公共数据共享	政务部门、公共服务组织因履行法定职责或者提供公共服务需要，依法使用其他政务部门、公共服务组织的数据，或者向其他政务部门、公共服务组织提供数据的行为	政务部门、公共服务组织	使用、提供
《四川省数据条例》	公共数据开放	政务部门和公共服务组织向社会依法提供公共数据的行为	政务部门和公共服务组织 社会	提供
	公共数据共享	政务部门和公共服务组织为履行法定职责或者提供公共服务需要，依法使用其他政务部门和公共服务组织的公共数据，以及为其他政务部门和公共服务组织提供公共数据的行为	政务部门和公共服务组织	使用、提供
《浙江省公共数据条例》	公共数据开放	向自然人、法人或者非法人组织依法提供公共数据的公共服务行为	公共管理和服务机构 自然人、法人或者非法人组织	提供

(续)

政策法规名称	概念	定义	主体	行为
《浙江省公共数据条例》	公共数据共享	公共管理和服务机构因履行法定职责或者提供公共服务需要，依法使用其他公共管理和服务机构的数据，或者向其他公共管理和服务机构提供数据的行为	公共管理和服务机构	使用、提供
《重庆市数据条例》	公共数据开放	向自然人、法人或者非法人组织依法提供公共数据的公共服务行为	政务部门、公共服务组织 自然人、法人或者非法人组织	提供
《重庆市数据条例》	公共数据共享	政务部门、公共服务组织因履行法定职责或者提供公共服务需要，依法获取其他政务部门、公共服务组织公共数据的行为	政务部门、公共服务组织	获取
《江西省数据应用条例》	公共数据开放	向自然人、法人或者非法人组织依法提供公共数据的公共服务行为	政务部门、公共服务机构 自然人、法人或者非法人组织	提供
《江西省数据应用条例》	公共数据共享	因履行法定职责或者提供公共服务需要，政务部门、公共服务机构依法获取其他政务部门、公共服务机构公共数据或者提供公共数据的行为	政务部门、公共服务机构	获取、提供

对比发现，公共数据共享与公共数据开放最主要的区别在于数据处理过程中所涉及的主体和公共数据的流向。公共数据共享是公共数据在公共数据控制主体之间双向流动，在公共数据控制主体内部跨层级、跨地域、跨系统、跨部门、跨业务获取、提供和使用，公共数据控制主体都可为数据提供者、获取者和使用者。公共数据开放则是公共数据在公共数据控制主体和非公共数据控制主体之间单向流动，由公共数据控制主体向非公共数据控制主体提供公共数据，非公共数据控制主体是公共数据的获取者而

不是公共数据的提供者。

(二) 公共数据共享与公共数据融合

数据融合是一种数据处理技术,通过对来自同一目标的多源数据进行优化合成,获得比单一来源更精确、更完整的估计或判断。数据融合的方法普遍应用在日常生活中,综合多种数据可以对事物作出更精准的描述和判断[1]。公共数据融合则是将数据融合技术应用于公共数据,实现公共数据和非公共数据融合流通,增值应用。比较而言,公共数据共享与公共数据融合在主体、客体及目的侧重上都存在区别。公共数据共享的主体是公共数据控制者,客体仅限于公共数据,是发生在公共数据之内的处理行为,目的是在提升公共服务效率和质量的基础上开发公共数据的价值。公共数据融合的主体则拓展至公共数据控制者之外的其他主体,客体除了公共数据还包括非公共数据。公共数据融合是发生在公共数据和非公共数据之间的处理行为,与公共数据共享相比在目的上更侧重于释放和提升数据价值,实现数据增值。

(三) 公共数据共享与公共数据授权运营

公共数据是重要的生产资料和公共资源[2],在数据要素市场化配置的背景下,公共数据作为数据资源的重要组成部分,兼具"治理要素"与"生产要素"双重属性,蕴含巨大的公共效用和市场价值。无论是公共数据共享,还是公共数据授权运营,都是公共数据开发利用的方式之一,承载着挖掘数据价值、释放数据红利的功能[3],但二者也存在区别。首先是

---

[1] 陈小平,陈中悦,郑君媛,等. 无线传感器网络原理及应用[M]. 南京:东南大学出版社,2023:107.

[2] 赵加兵. 公共数据归属政府的合理性及法律意义[J]. 河南财经政法大学学报,2021,36(1):18.

[3] 时祖光. 公共数据授权运营的理论阐述与规则构建[J]. 科技与法律(中英文),2023(6):33.

主体不同。公共数据授权运营的主体相较于公共数据共享，不仅包括公共数据控制者，还包括符合一定条件的市场主体。前者是授权主体，在授权运营过程中提供公共数据；后者是被授权主体，对公共数据进行使用、加工和创新等，从而形成创新数据、数据产品与服务。其次是行为方式不同。公共数据共享是通过获取、使用、提供的方式对数据进行处理，而公共数据授权运营涉及的行为是授权、使用、加工和创新，与传统的数据处理行为有一定区别。最后是产出不同。公共数据共享仅涉及数据在公共数据控制者内部流动，一般不改变数据的格式和内容，而公共数据授权运营要求在保障安全性、提升可用性的基础之上进一步激发创新性，释放公共数据更深层次的价值，产出创新数据、数据产品和服务，会对参与融合的公共数据进行形式上和内容上的变动。

第二节 公共数据共享的性质

一、公共数据共享是一种数据处理行为

公共数据共享的行为方式包括三类：①公共数据控制者依法获取其他公共数据控制者的公共数据；②公共数据控制者依法使用其他公共数据控制者的公共数据；③公共数据控制者向其他公共数据控制者提供公共数据。比照《数据安全法》对于数据处理的规定[⊖]，公共数据共享的行为方式与数据处理行为的内容相契合，因此公共数据共享是一种数据处理行为，包括获取、使用、提供三种方式。这三种方式密切联系，获取和提供为一组行为。在公共数据共享的过程中，一方主体提供公共数据，另一方主体获取公共数据，获取公共数据是使用公共数据的前提和基础。

⊖ 《数据安全法》第三条第二款规定："数据处理，包括数据的收集、存储、使用、加工、传输、提供、公开等。"

获取公共数据与数据技术措施中的"数据获取"不同，后者又称为数据采集，指从真实世界中采集和记录信息，将信息数据化，形成原始数据㊀，特指信息数据化的过程。获取公共数据则是指公共数据控制者直接取得其他公共数据控制者在依法履职或提供公共服务的过程中收集、生成的数据，换言之，一方主体可以直接获得、接触另一方主体收集、生成的数据，无须重新采集。获取公共数据的途径是多样的，但需要受到目的与合法性的限制，包括但不限于建立公共数据共享平台或者公共数据库，向有关机关、机构开放访问权限；有关机关、机构之间在满足数据传输技术标准和法律规定的情形下直接进行公共数据的点对点传输。

提供公共数据是获取公共数据的对向行为，根据提供对象的范围，可以分为向特定的公共数据控制者提供公共数据、向不特定的公共数据控制者提供公共数据两类。

使用公共数据是在获取公共数据后对所获取的公共数据实施的行为，立法中针对基于共享而获取的公共数据的使用行为具有较多限制。《江门市公共数据共享和开放利用管理办法》第十七条规定："公共管理和服务机构及其工作人员使用共享数据时，不得超出申请时提出的业务场景范围，不得将通过共享获得的公共数据用于政府信息公开或者提供给其他单位和个人使用。"《浙江省保障"最多跑一次"改革规定》第三十九条第二款规定："行政机关应当确保共享获得的公共数据安全，不得用于与履行职责无关的活动，不得随意更改、编造共享获得的公共数据。"《浙江省公共数据条例》第二十六条规定："公共管理和服务机构通过共享获取的公共数据，应当用于本机构依法履行职责的需要，不得用于或者变相用于其他目的。"

二、公共数据共享可以释放数据要素价值

2023年12月，国家数据局等17部门联合印发《"数据要素×"三年

㊀ 阮敬，张贝贝，王艺丹. 大数据技术概论［M］. 北京：国家开放大学出版社，2023：36.

行动计划（2024—2026年）》，强调"促进数据多场景应用、多主体复用，培育基于数据要素的新产品和新服务，实现知识扩散、价值倍增，开辟经济增长新空间"，公共数据共享是数据复用的重要表现形式之一。

数据具有报酬递增、低成本复用的特点。报酬递增指在生产过程中，随着生产规模的扩大，生产效率和产量也会相应提高、增加的现象。就数据而言，在对数据进行分析、处理的过程中，利用的不是因果关系而是关联关系。因此，单一数据的价值十分有限，只有当数据存量达到一定规模时，通过关联分析才可以提取有价值的信息。数据的规模越大，可提取信息的数量越多、质量越高，即随着数据的增加，信息密度也会随之提升从而产生更高的经济效应。低成本复用指不同主体在不同场景下，可以不同的方式和较低的成本对客体进行重复利用。共享是数据复用的主要方式之一，数据作为新型生产要素，具有无形性、非消耗性等特点，可以接近零成本无限共享，极大程度降低了数据多主体复用的成本。推动公共数据共享，在国家机关、公共管理和服务机构之间实现公共数据跨部门、跨地域、跨层级复用，与数据的特征相契合，不仅可以打破"数据孤岛"、数据垄断，还可以降低国家机关、公共管理和服务机构获取公共数据的成本。有关机关和机构可以在拥有充足公共数据的基础上进行科学分析，掌握更多信息，为科学决策提供保障。这也是顺应数据要素市场化、资源化和价值化发展的必然趋势。

数据在被加工、使用之前必须经过生成和采集两个阶段，特定主体基于特定目的在特定场景下加工使用数据是利用，对相同的数据转换主体或者场景进行再次利用则是复用。对数据的分析是基于数据相互的关联性，数据在不同主体和不同场景下会有不同的关联性，从而可以分析出不同的信息。公共数据也是如此。以气象数据为例，气象部门可以依据此数据发布气象变化预测，农业部门可以利用此数据精准助农，公共卫生机构可以使用此数据实现更加精准的疾病预测和防控。不同公共数据控制者在不同场景下对公共数据进行差异化处理，推进公共数据多主体、多场景复用，可以最大限度发挥数据要素价值，真正做到"数"尽其用。

数据作为形成新质生产力的优质生产要素，区别于其他生产要素，具有报酬递增、低成本复用的特点，可以进行多主体复用。不同主体可采用不同的处理方式，使数据要素价值最大化。

三、公共数据共享的目的是维护公共利益

公共数据共享的目的是维护公共利益，即通过公共数据共享，降低行政管理和社会运行成本，提升公共服务供给质量和效率。公共数据属于公共资源，其产生的过程、记录的信息、归属的主体都与公共利益密切相关。公共数据产生于公共数据控制者依法履职或提供公共服务的过程，并由有关机关、机构、组织存储和使用。我国立法明确规定有关机关、机构履行职能、提供公共服务时要以维护公共利益为宗旨。《中华人民共和国宪法》第二十七条第二款规定："一切国家机关和国家工作人员必须依靠人民的支持，经常保持同人民的密切联系，倾听人民的意见和建议，接受人民的监督，努力为人民服务。"《中华人民共和国行政许可法》《中华人民共和国行政处罚法》《中华人民共和国行政强制法》都以维护公共利益和社会秩序为立法宗旨，在实施维护公共利益行为的过程中收集、生成的数据自然也与公共利益密切相关。此外，公共数据具有载体层和内容层的双层构造，内容层记载的信息包括经济、政治、文化、地理、人口等一切与国家发展、经济建设和人民生活有关的内容。公共数据是与公共利益有关的信息数据化的结果，通过对公共数据的处理可以分析出与公共利益有关的信息。但在政府数字化转型的过程中，由于缺乏顶层设计，公共数据在不同部门独立存储，口径不一、标准不同、格式多样等问题突出，公共数据彼此间相互独立，形成了"数据孤岛"，让基于数据共享的部门协同难以完成，进而强化了部门间的"职能孤岛"[一]。

[一] 张建锋. 数字政府2.0 数据智能助力治理现代化[M]. 北京：中信集团出版社，2019：71.

公共数据共享可以有效应对解决这一难题，公共数据是公共数据共享行为指向的对象，即行为的客体。公共数据与公共利益密切相关，因此针对公共数据实施的一切处理行为的合理性也要以能否维持甚至增进公共利益为衡量标准。换言之，公共数据共享需要以维护公共利益为目的。通过公共数据共享，打破"数据孤岛"，公共数据控制者可以省略烦琐的数据采集程序，直接获取、使用其他公共数据控制者收集、生成的公共数据。一方面，公共数据供给量增多，在满足有关机关、机构和组织履职数据需求的同时降低公共数据处理的成本，将有限的公共资源和宝贵的财政支出投入更需要的领域，促进社会资源合理配置；另一方面，公共数据记载了科学决策和高效行政所需的信息，通过公共数据共享不仅可以实现数据跨层级、跨地域、跨系统、跨部门、跨业务流通，也可以促进信息在不同层级、地域、系统、部门、业务之间共享，为科学行政、民主决策、高效服务提供基础保障，从而实现公共利益最大化。例如，多地政府推出的"最多跑一次"改革，旨在推动公共数据在政府各部门内部共享，通过数据交互打通服务流程，推动服务流程再造，让部门之间实现职能优化、协同高效。其本质上是解决从职能出发的"政府视角"与从服务和场景出发的"用户视角"不对称的问题，是提升治理现代化水平的具体体现和实现路径。

第三节 公共数据共享模式与法律关系

数字政府是建设网络强国、数字中国的基础性和先导性工程，是创新政府治理理念和方式、形成数字治理新格局、推进国家治理体系和治理能力现代化的重要举措[一]。公共数据是建设数字政府的基础和关键资源，随着数字政府建设工程的推进，各层级国家机关、公共管理和服务机构纷纷

[一] 王益民. 加强数字政府建设，全面提升政府履职能力 [EB/OL]. (2022-08-26) [2024-02-20]. https://www.gov.cn/xinwen/2022-08-26/content_5706940.htm.

响应，在实践中积极探索公共数据加工使用的多种模式，充分释放数据要素价值。在明确公共数据共享的内涵和性质的基础上，本节聚焦于公共数据共享的模式与法律关系，分析基于不同标准形成的公共数据共享模式，并选取目前立法实践中确立的公共数据共享模式分析法律关系。

一、公共数据共享的模式

（一）公共数据全国共享和公共数据地方共享

以公共数据共享的地域范围为标准，公共数据共享可以分为公共数据全国共享和公共数据地方共享。

公共数据全国共享指公共数据跨越行政区域界线在全国范围内共享。这种共享模式具有高度的统一性和协调性，能够实现公共数据的全国范围整合和高效利用。例如，国家人口基础信息库由公安部牵头，教育部、民政部、人力资源和社会保障部、卫生和计划生育委员会共建，以公民身份号码为唯一标识，覆盖全国人口，于2017年顺利搭建并投入使用，当时已存储包含三个数据项的有效人口信息13.99亿条，初步实现了对我国人口基础信息的统筹管理。国家人口基础信息库已面向地方政府电子政务服务大厅提供公民身份信息共享核查服务，并与国家数据共享交换平台对接，实现了人口基础信息对跨部门业务应用的支撑，为各级政府部门减少行政审批环节、解决企业群众反映强烈的"审批难办证难"问题创造了条件，为国家推进"放管服"改革提供了有力支持。此外，国家人口基础信息库还为全国信用信息共享平台提供了共享服务，对信用中国建设起到重要支撑作用。

公共数据地方共享指以行政区划（如省、市、县等）边界为限，公共数据在特定行政区域内流通共享。这种共享模式更侧重于满足地方国家机关以及公共管理和服务机构的需求，数据共享的范围相对较小，但更具有针对性和实用性。例如，江苏省"淮安市数据共享交换市县一体化平台"于 2023 年正式上线运行，构建了"1+8"平台体系，即 1 个市级主平台和 8 个县区分平台，为全市 70 个市直部门单位、361 个县区部门提供跨层级、跨地域、跨部门数据共享交换的统一支撑，进一步提升政府运行、政务服务、城市治理数字化水平。

（二）公共数据内网共享和公共数据外网共享

以公共数据共享的部门范围为标准，公共数据共享可以分为公共数据内网共享和公共数据外网共享。

公共数据内网共享又称为公共数据系统内共享，指特定的国家机关、公共管理和服务机构通过内部网络（如专网、局域网等）实现公共数据共享。这种共享模式限于同一系统内的各个部门，如审判数据在各级法院、检察院之间共享，税务数据在税务系统中共享，犯罪数据在公安系统中共享等，在确保安全性和保密性的同时促进内部的高效协同工作。例如，广东公安认真贯彻落实公安部大数据战略和广东省委、省政府"数字政府"改革建设部署，以大数据智能化建设应用为核心，深入实施"智慧新警务"建设，推动警务数据在公安系统内容流通，初步形成公安大数据智能化建设应用"全省一片云"，有效提升了全省公安机关维护国家安全和社会稳定的能力与水平。警务云大数据中心汇聚各类信息化资源呈数倍、数十倍的飞跃提升，直接服务 19 个警种和 21 个地市，有效支撑全警全域应用。

公共数据外网共享又称为公共数据跨系统共享，指在处于不同系统的各个国家机关、公共管理和服务机构之间，通过安全的网络连接（此处的"外网"特指机构之间的专用网络，而非面向全社会开放的互联网）实现公共数据的流通和共享。这种共享模式打破了部门或系统之间的界限，使得公共数据能够在更广泛的范围内被利用，从而提高了政府决策的科学性、准确性和效率，促进了公共服务的优化升级。例如，"金税四期"工程强调以数据为核心，通过大数据、云计算等先进技术实现税收管理的智能化和精细化，进一步推进税收数据在税务部门与其他政府部门、金融机构之间的共享和协同，形成税收共治的格局。再如，广东省公安厅、国家税务总局广东省税务局共同揭牌了全省首个"警税合成作战示范基地"，并签署了《警税合作备忘录》，实现了警税双方业务流程、制度规范、信息技术、数据要素、职责定位的一体化融合升级。通过数据共享和联合研判，税警双方能够实现对涉税犯罪的精准定性和处罚，从而维护税收秩序和公平正义。

（三）有条件共享、无条件共享和不予共享

有条件共享、无条件共享和不予共享是目前在我国立法实践中确认的三种公共数据共享模式，最早出现于 2016 年由国务院发布的《政务信息资源共享管理暂行办法》。该办法根据提供的政府信息的范围及获取政府信息的部门的范围将公共数据共享模式分为无条件共享、有条件共享、不予共享，同时对共享的具体程序作出规定，但共享的对象是信息资源而非公共数据。《贵阳市政府数据共享开放条例》是最先界定数据共享模式的地方性立法文件，将政府数据共享分为无条件共享、有条件共享。以时间为顺序，对部分重要立法文件中的规定进行梳理，详见表 2-3。

表 2-3 重要立法文件对政府数据共享的规定

政策法规名称	模式	内涵	程序
《政务信息资源共享管理暂行办法》	无条件共享	可提供给所有政务部门共享使用	在共享平台上直接获取
	有条件共享	可提供给相关政务部门共享使用或仅能够部分提供给所有政务部门共享使用	通过共享平台向提供部门提出申请，提供部门应在 10 个工作日内予以答复，对不予共享的，提供部门应说明理由
	不予共享	不宜提供给其他政务部门共享使用	协调解决

（续）

政策法规名称	模式	内涵	程序
《贵阳市政府数据共享开放条例》	无条件共享	提供给所有行政机关共享使用	在共享平台直接获取
	有条件共享	仅提供给相关行政机关或者部分行政机关共享使用	根据授权通过共享平台获取；或者通过共享平台向数据提供机关提出申请，由数据提供机关自申请之日起10日内答复，不同意的说明理由
《福建省大数据发展条例》	无条件共享	提供给公共管理和服务机构共享使用	—
	有条件共享	只能提供公共管理和服务机构依法履行职责的必要范围内共享使用	—
	暂不共享	应当有法律、行政法规或者国家政策作为依据	—
《河北省数字经济促进条例》	无条件共享	可以提供给所有公共管理服务机构共享使用	通过公共数据共享平台实现
	有条件共享	只能提供给部分公共管理服务机构共享使用或者仅部分内容能够提供给公共管理服务机构共享使用	通过公共数据共享平台实现
	不予共享	应当有法律、法规或者国家相关规定作为依据	—
《陕西省大数据条例》	无条件共享	—	通过数据共享交换平台
	无条件共享	—	向本级大数据主管部门提出共享申请，由大数据主管部门将共享申请转交数据提供部门处理，符合有条件共享的，数据提供部门应当按照规定时限提供数据；数据提供部门认为不符合有条件共享的，应当向大数据主管部门说明理由并提供依据；存在分歧的，由双方协商解决，协商不成的，由大数据主管部门研究决定

（续）

政策法规名称	模式	内涵	程序
《陕西省大数据条例》	不予共享	实行负面清单制度管理	—
《广西壮族自治区大数据发展条例》	无条件共享	无条件提供共享服务	—
	有条件共享	有相关法律、法规或者国家有关规定为依据，明确共享条件、范围和用途	向同级人民政府大数据主管部门提出申请，同级人民政府大数据主管部门应当自收到申请之日起二个工作日内征求数据提供单位意见，数据提供单位应当在五个工作日内反馈，认为不应当共享的，应当立即告知提出申请的政务部门、公共服务组织
	不予共享	有相关法律、法规或者国家有关规定为依据	—
《吉林省大数据条例》	无条件共享	—	按照公共数据共享清单的要求，按照统一标准报送省公共数据平台，省公共数据平台应当无条件提供相应访问权限
	有条件共享	—	数据提供者应当明确公共数据的共享条件、共享范围和使用用途。数据使用者通过省公共数据平台提出申请，由省、市级大数据主管部门会同同级人民政府相关部门进行审核
	不予共享	实行负面清单制度管理	—

经梳理发现，无条件共享、有条件共享和不予共享是以公共数据共享的主体范围及所共享的公共数据客体范围为标准进行划分的。

无条件共享指国家机关、公共管理和服务机构可以将自行收集、生成的全部公共数据提供给任意其他国家机关、公共管理和服务机构使用，或者国家机关、公共管理和服务机构可以获取其他国家机关、公共管理和服务机构自行收集、生成的全部公共数据。无条件共享通过公共数据共享平台实现，公共数据供给方上传数据，需求方可以自行通过内网或者外网接入访问并获取公共数据。

有条件共享相较于无条件共享而言，针对共享的主体及客体进行限制，包括三种情形（表2-4）：一是限制共享主体，国家机关、公共管理和服务机构收集、生成的公共数据仅能提供给部分国家机关、公共管理和服务机构获取、使用；二是限制共享客体，国家机关、公共管理和服务机构收集、生成的部分公共数据提供给其他国家机关、公共管理和服务机构获取、使用；三是既限制共享主体又限制共享客体，国家机关、公共管理和服务机构收集、生成的部分公共数据提供给部分其他国家机关、公共管理和服务机构获取、使用。限制的条件为履行职责或者提供公共服务所必要，即在有条件共享模式下，公共数据需求方仅能获取、使用与履行职责或者提供服务有关的数据，对公共数据提供方没有过多限制。

表2-4 有条件共享的三种情形

情形	公共数据需求方的主体范围	客体范围
情形一	限制 部分国家机关、公共管理和服务机构	不限制 所有公共数据
情形二	不限制 所有国家机关、公共管理和服务机构	限制 部分公共数据
情形三	限制 部分国家机关、公共管理和服务机构	限制 部分公共数据

有条件共享模式下，公共数据的获取程序相较于无条件共享更为复杂。立法实践中规定的获取程序包括两种：一种是公共数据需求方直接向提供方提出申请，申请中需要说明共享条件、共享范围和使用用途，由数

据提供方审核答复，包括允许共享和不予共享，不予共享的需要说明理由；另一种是指定数据主管部门作为协调机构，公共数据需求方向数据主管部门提出申请后，由主管部门将申请转达给提供方。

不予共享指禁止公共数据跨部门、跨地域、跨层级流通，仅能供收集、生成并且存储公共数据的机关、机构内部使用。不予共享的公共数据的范围实行负面清单管理制度，需要以相关法律、法规或者国家有关规定为依据。

对于无条件共享、有条件共享和不予共享的划分并非绝对，三者之间在满足一定条件的情况下可以相互转换。《济南市公共数据管理办法》第二十三条第四款规定："发生突发公共事件时，为保障国家安全、公共利益的需要，政务部门和公共服务企事业单位应根据事件处置需要，及时将有条件共享或不予共享类的公共数据的共享属性临时性调整为无条件共享或有条件共享类公共数据。"《晋城市政务数据资源共享管理实施细则》第二十三条规定："对于有条件共享类，政务部门应标明其共享范围；对于不予共享类，政务部门应提供法律、法规、规章、政策等依据。有条件共享类和不予共享类的政务数据经脱密、脱敏等处理后达到共享条件的，可在一定范围共享，法律法规另有规定的除外。"《江西省公共数据管理办法》第二十二条第五款规定："有条件共享类和不予共享类公共数据，经脱敏、脱密等处理后可以共享。"

二、公共数据共享的法律关系

法律关系是法律在调整人们行为的过程中形成的权利义务关系[一]，包括主体、客体和内容三要素。本部分选取立法实践中普遍采取的公共数据无条件共享、有条件共享和不予共享三种模式，分析每种模式对应的法律关系。

㊀ 张文显. 法理学（第三版）[M]. 北京：法律出版社，2007：182.

（一）公共数据无条件共享的法律关系

1. 主体

在无条件共享模式下，对于实施公共数据共享行为的主体资格没有过多限制，公共数据控制主体都可以实施提供、获取和使用公共数据的行为。但出于保护公共数据安全的需要，实施共享行为的有关公共数据控制主体应当具备相应的数据存储、处理和安全保护能力。

2. 客体

公共数据共享的客体为公共数据，在本书前述部分已详细展开。从法律规定来看，公共数据无条件共享的客体并无过多限制，可以是一切公共数据。但从"公共数据共享"这一概念出发进行判断，可以发现其要素中蕴含对公共数据无条件共享的客体范围的限制。公共数据共享的缘由限于履行法定职责或者提供公共服务需要，因此即使是无条件共享，有关机构、机构获取、使用公共数据的范围也要受到这一缘由的限制，即履行法定职责或者提供公共服务所必需的数据，换言之，缺少此类公共数据，有关机构、机构就无法履行职责或者提供公共服务。

此外，公共数据共享和公共数据开放的客体存在区别。公共数据开放是向不特定的自然人、法人和非法人组织提供公共数据，公共数据由内部向外流通，要求经过脱敏处理。而公共数据共享中公共数据在内部流通，且脱敏处理后的公共数据对于有关机关、机构、组织履行职能、提供服务无益甚至无价值，因此并不要求对公共数据进行脱敏处理。《贵州省政府数据共享开放条例》第十条规定："人口信息、法人单位信息、自然资源和空间地理信息、电子证照等基础数据由省人民政府大数据主管部门会同相关行政机关归集、管理和维护，并通过政府数据共享平台在部门间进行无条件共享。"

3. 内容

公共数据无条件共享法律关系的内容是公共数据无条件共享的主体所

享有的权利和所承担的义务。在公共数据共享过程中，包括双方主体：一方为公共数据提供方，另一方为公共数据获取、使用方。

公共数据提供方有义务将公共数据上传至共享平台并对公共数据的准确性、完整性负责，发现公共数据有被非法获取、篡改、泄露、损毁或者不当利用等风险的，应当及时采取相应措施。

公共数据获取、使用方在符合公共数据共享的基础条件、安全要求、技术要求和保密要求的情形下，有权直接通过内网或者外网接入、访问数据共享平台，浏览、获取可共享的公共数据，有义务保障获取公共数据的安全，并采取相应措施防止数据泄露。在获取公共数据时，应当表明使用的业务场景范围，后续使用不能超出此范围，也不得用于与履行职责无关的活动。不得随意更改、编造共享获得的公共数据，不得将通过共享获得的公共数据用于政府信息公开或者提供给其他单位和个人使用。

（二）公共数据有条件共享的法律关系

1. 主体

公共数据有条件共享分为三种情形，第二种情形对于公共数据需求方的主体资格除了存储、处理和安全保护能力要求，无其他特别要求，主体范围与无条件共享一致。第一种情形和第三种情形除上述技术要求，还要求有关机关、机构履行的职能、提供的服务与所共享的数据有关，将主体范围限于与所共享的公共数据有关的机关、机构，如税务数据与税务部门履行税收征管职能及警务部门履行税务犯罪调查职能有关，税务数据仅在税务部门和警务部门之间共享，其他机关、机构无权参与税务数据共享。

2. 客体

有条件共享的公共数据不仅要满足无条件共享中履行法定职责、提供公共服务需要的要求，还存在其他限制。但立法对于限制的规定过于模糊，从共享的主体有限及共享的客体有限出发来定义何为有条件共享的公共数据，此种界定只是客观描述了对于公共数据共享有条件共享的限制表现，没有触及有条件的实质，实则是同义反复。仅有少部分立法文件对有条件共享中的"条件"进行了详细界定。国务院出台的《落实"三互"推进大通关建设改革方案》规定："对有保密要求的信息实行有条件共享。"《福建省数字档案共享管理办法》第十九条第三款规定："内容敏感、按照保密法律法规的规定，只能提供给特定需求方利用的数字档案，为有条件共享类。"⊖《贵阳市政府数据共享开放实施办法》第十九条第二款规定："精准扶贫、卫生健康、社会保障、食品药品安全、安全生产、价格监管、能源安全、信用体系、城乡建设、社区治理、生态环保、气象水文、应急维稳等主题信息资源，应当在行政机关之间有条件共享。"还有部分立法采用的是引致条款的规定，如《贵州省政府数据共享开放条例》第十四条第五款规定："列入有条件共享类或者不予共享类的政府数据，应当有法律、行政法规或者国家有关规定作为依据"，但检索与数据相关立法发现目前暂无具体规定提供依据，仅《数据安全法》中笼统提及对数据实行分类分级保护，加强对重要数据的保护，属于国家核心的数据实行更加严格的管理制度⊜。采用引致条款，可以使立法更加简明，但对法律规定的体系健全提出较高要求，否则会出现无法可依的情形。在后续的立法实践中，立法机关和政策制定机关需要明确相关规定，如编制公共数据管理目录⊜。

⊖ 虽然是对"信息""数字档案"有条件共享的规定，但对于数据共享同样具有参考意义。
⊜ 《数据安全法》第二十一条规定：
"国家建立数据分类分级保护制度，根据数据在经济社会发展中的重要程度，以及一旦遭到篡改、破坏、泄露或者非法获取、非法利用，对国家安全、公共利益或者个人、组织合法权益造成的危害程度，对数据实行分类分级保护。国家数据安全工作协调机制统筹协调有关部门制定重要数据目录，加强对重要数据的保护。"
"关系国家安全、国民经济命脉、重要民生、重大公共利益等数据属于国家核心数据，实行更加严格的管理制度。"
"各地区、各部门应当按照数据分类分级保护制度，确定本地区、本部门以及相关行业、领域的重要数据具体目录，对列入目录的数据进行重点保护。"
⊜ 国务院分批出台《国务院部门数据共享责任清单》，对部门、共享信息名称、数据项、共享服务方式、数据提供方式及数据更新周期进行明确规定。

3. 内容

公共数据无条件共享模式中公共数据提供方和需求方的权利义务在有条件共享中也适用，但二者相比，公共数据有条件共享在公共数据提供和获取的程序上有更多的限制。

首先，由公共数据需求方提出公共数据获取的申请。申请的接收主体为需求方和提供方的同级数据主管部门，若需求方和提供方处于不同层级，则由双方共同的上级数据主管部门接收申请。申请的内容包括：申请机构、机关的名称、联系方式；申请共享公共数据的理由、依据；申请共享公共数据的类型和内容；申请共享公共数据的用途、场景、使用范围和安全管理措施；对于公共数据的相关需求，如格式等。

其次，数据主管部门将申请转交给公共数据提供主体。数据主管部门接到共享申请后，需在一定时间内将申请转交给提供主体。数据主管部门在此过程中仅进行形式审查，判断申请的内容是否符合形式要求。

最后，公共数据提供部门对申请进行审查。经过审查，认为符合有条件共享的，数据提供部门应当按照规定时限通过共享平台提供公共数据；认为不符合有条件共享的，应当拒绝提供公共数据并向数据主管部门说明理由、提供依据，数据主管部门及时将相关内容转交给数据申请部门。公共数据提供部门和共享部门就不予共享的决定存在分歧的，由双方协商解决，协商不成的，由数据主管部门研究决定。

（三）公共数据不予共享的法律关系

在公共数据不予共享模式下，无须对法律关系的主体和内容进行过多分析，关键是法律关系的客体，即明确哪些公共数据属于不予共享的范围。法律规定多为"列入不予共享的，应当有法律、法规、规章、政策及其他依据，说明理由"，即将公共数据是否属于不予共享的范围的判断权限交予公共数据控制主体。

第四节 公共数据共享政策和法律的国别考察

一、新加坡公共数据共享的政策和法律

新加坡通过一系列政策和法律推动公共数据共享，以提升政府部门之间的合作效率、改善公共服务，并支持国家的数字化转型战略。

（一）《公共部门（治理）法案》

新加坡的《公共部门（治理）法案》［Public Sector（Governance）Act］是新加坡公共数据共享的基础性法律。该法案允许公共机构在履行法定职责或提供公共服务时，基于合法需要共享数据。这种共享不限于单一部门内部，涵盖跨部门、跨领域的数据流动，以确保政府机构能够更有效地协作。该法案强调数据共享必须遵循适当的隐私保护措施，防止个人数据被不当使用或泄露。政府机构在共享数据时必须确保其安全性和合规性，尤其是在涉及个人或敏感信息时。

（二）"智慧国家计划"

新加坡的"智慧国家计划"（Smart Nation Initiative）是推动公共数据共享的核心战略。通过该计划，新加坡政府旨在利用先进的数字技术和数据提升公共服务、促进创新及提高国家竞争力。GovTech 是负责实施智慧国家计划的技术机构，它提供了统一的数据管理和共享平台，确保政府各部门之间的数据可以安全流动，使政府能够通过更好地利用数据制定政策和改善服务。

(三)政府数据办公室

政府数据办公室(Government Data Office)是新加坡推动公共数据共享的核心管理机构,其任务是推动政府部门之间的跨领域数据合作,并为国家的数字化转型提供数据支持。该办公室负责制定相关政策、标准和技术规范,确保政府部门之间的数据共享安全、透明、合规。政府数据办公室还负责协调各部门的数据共享需求,并确保数据的使用符合《公共部门(治理)法案》的相关规定。

(四)《个人数据保护法》

新加坡在积极推动公共数据共享的同时也十分注重个人隐私保护,其《个人数据保护法》(Personal Data Protection Act,PDPA)为公共数据共享设定了明确的界限和保护措施。该法案确保在共享数据时,个人数据的隐私不会受到侵犯。公共机构在共享涉及个人数据时,必须遵循严格的隐私保护标准,包括数据收集、处理和共享的合法性要求。

二、美国公共数据共享的政策和法律

美国在推动公共数据共享方面,通过《数据法案》(Foundations for Evidence-Based Policymaking Act)和联邦数据战略(Federal Data Strategy)建立了重要的政策框架,以促进跨部门的数据合作和管理。

(一)《数据法案》

2019年通过的《数据法案》是美国联邦政府公共数据共享的重要立法,旨在促进基于证据的政策制定和数据驱动的决策过程。该法案要求各联邦机构制订和实施数据管理计划,以确保其数据能够在政府各部门间有效共享。具体而言,该法案强调以下三个方面:

（1）数据治理。要求各机构设立首席数据官（Chief Data Officer, CDO），负责监督数据管理和共享。

（2）透明度与问责。各机构需公开其数据使用和管理策略，以提高政府透明度，确保公众对政府数据的信任。

（3）促进协作。法案鼓励不同政府部门之间的合作，以便更好地整合数据，支持公共政策的制定和服务的改善。

（二）联邦数据战略

联邦数据战略是与《数据法案》相辅相成的一项政策，旨在通过数据共享推动政府效率和公共服务的提升。该战略强调以下三个方面：

（1）共享与整合。鼓励各部门在保护隐私和数据安全的前提下，进行跨部门的数据共享和整合，以提高政策制定的准确性和有效性。

（2）数据驱动的决策。推动基于数据的政策和程序，通过数据分析和研究改进政府服务和公众福利。

（3）公众参与。促进公众参与数据共享与开放的讨论，确保各方的意见和建议在数据政策制定过程中得到考虑。

三、欧盟公共数据共享的政策和法律

欧盟在公共数据共享方面采取了多项政策和法律措施，以促进公共数据获取、保护个人数据及推动创新。

（一）《公共部门信息指令》

《公共部门信息指令》（PSI Directive）于2003年制定，于2019年修订，旨在促进公共部门之间的数据共享与复用。该指令强调，各成员国应确保公共数据在政府部门之间顺畅流动，减少数据共享的障碍，以支持政策制定和公共服务的优化。该指令还要求各成员国建立相应的机制，以确保公共数据能够在不同机构之间高效共享。

(二)《通用数据保护条例》

《通用数据保护条例》(General Data Protection Regulation,GDPR)自 2018 年 5 月生效,是欧盟最重要的数据保护法规。虽然该法规主要关注个人数据的隐私和保护,但对公共数据共享同样具有重要影响。GDPR 要求企业和组织在共享个人数据时,必须遵循合法性原则,确保数据主体的知情权和选择权。同时,GDPR 还规定了数据跨境流动的严格合规要求,确保个人数据在欧盟和非欧盟国家和地区之间传输时的安全性和隐私保护。

(三)《欧盟数据战略》

2020 年,欧盟委员会发布了《欧盟数据战略》。该战略强调了创建公共数据空间的目标,旨在通过开放和共享公共数据,支持跨境数据流动和数字经济的发展;提出了多个优先领域,包括公共部门与私营部门的数据共享、推动数据互操作性和促进数据驱动的创新;还强调公众参与的重要性,呼吁在数据政策的制定过程中考虑社会需求,确保各方利益相关者的诉求得到体现。

四、英国公共数据共享的政策和法律

英国在公共数据共享方面制定了多个政策和法律框架,以推动跨部门合作和提高公共服务的效率。

(一)《数据保护法》

该法案于 2018 年实施,主要是为了符合欧盟《通用数据保护条例》(GDPR)的要求。该法案对公共数据共享提出了一系列具体规定,要求所有数据共享活动必须遵循合法性、透明度和公平性原则。特别是在涉及个人数据的共享时，政府机构必须确保在数据收集和使用前告知数据主体其数据的使用目的，并获得必要的同意。此外，该法案还规定，政府在共享数据时应考虑隐私风险，并采取适当措施确保数据安全，包括数据的加密和匿名化处理。

（二）《公共服务法》

《公共服务法》旨在促进各政府部门之间的数据共享，以提高公共服务的效率和有效性。该法案鼓励政府机构通过共享信息改善服务质量，使各部门能够在提供服务时更好地了解公众需求；强调了数据共享的责任和义务，要求各机构在共享数据时相互合作，并确保信息的准确性和及时性；还提到部门间的数据共享应优先考虑公共利益，以便更好地应对社会问题。

（三）《开放数据白皮书》

《开放数据白皮书》发布于2012年，提出了推动公共数据共享和开放的重要战略。虽然这份白皮书主要关注数据开放，但其内容同样涉及公共数据的共享。该白皮书强调，政府部门应在确保数据安全和隐私保护的前提下主动共享数据，以促进创新和经济增长，并呼吁各级政府采取措施，建立相应的平台和机制，以简化数据共享的流程，使不同部门间的数据能够高效流通。

第五节 案 例

一、"一网通办"实现政务服务"最多跑一次"

"一网通办"改革是我国政府推动数字化转型和优化营商环境的一项重要举措，旨在通过建立统一的政务服务平台，实现行政审批和公共服务的高效便捷。这项改革的核心目标是打破政府部门之间的数据壁垒，整合各类政务服务资源，使企业和公众能够在一个平台上办理各种业务。"一网通办"改革的主要内容包括：

（1）平台整合。通过搭建"一网通办"平台，各地方政府将原本分散在不同部门的政务服务和公共数据整合到一个窗口，实现"一次性"申请和服务。这种做法有效简化了审批流程，减少了公众的时间成本。

（2）在线办理。这项改革鼓励在线办理各类行政事务，包括企业注册、许可证申请等。公众可以通过网络平台提交申请、查询进度，避免了烦琐的现场办理，提高了效率。

（3）数据共享。各部门通过共享数据，减少了重复提交材料的要求。例如，申请企业登记时，相关的身份信息和信用记录可以通过政府内部数据系统自动获取，减轻了企业和公众的负担。

（4）用户体验优化。"一网通办"十分注重用户体验，通过移动端应用、智能客服等多种方式，提升了政务服务的可及性和便利性。

通过"一网通办"改革，我国政府在提升行政效率、优化营商环境、方便公众办事等方面取得了显著成效。根据相关数据，在改革实施后，许多地方的政务审批时间大幅缩短，办事效率显著提高。

二、贵州省"一网通办"改革

贵州省"一网通办"改革是贵州省为提升政务服务效率而实施的重要举措，旨在通过整合各类政务服务资源，实现公众和企业在办理行政事务时的"一次性"提交和"零跑腿"服务。该项改革的主要内容和成效包括：

（1）平台建设。贵州省依托"贵州政务服务网"构建了统一的政务服务平台，实现了各类行政审批和公共服务的集中办理。该平台提供了在线申请、查询和反馈等功能，使得用户可以方便地获取所需服务。

（2）数据共享。通过整合各部门的信息资源，贵州省实现了跨部门、跨层级的公共数据共享，减少了重复提交材料的要求。例如，申请企业登记、社会保障等业务时，相关数据可以自动从不同部门提取，极大地简化了流程。

（3）服务标准化。贵州省在实施"一网通办"改革时，制定了统一的服务标准和流程，确保各级政府提供的服务质量一致。这一措施增强了公众对政府服务的信任感和满意度。

（4）用户体验优化。在"一网通办"改革过程中，贵州省注重提升用户体验，提供多种渠道和平台供公众使用，包括手机应用、在线客服等。这些措施使得用户办事更加灵活和便利。

通过实施"一网通办"改革，贵州省的行政效率显著提高，办事流程更加高效透明。许多企业和公众反馈，通过这一平台办理业务的时间减少了50%以上，有效提升了对政府服务的满意度。同时，这项改革也为政府部门提供了数据支持，帮助其在决策和资源配置上作出更科学的判断。

三、浙江省"只跑一次"改革

浙江省"只跑一次"改革是浙江省建设数字化政府、优化营商环境方面的重要举措，旨在通过简化行政审批流程和提升公共服务质量，实现让公众和企业在办理业务时"只跑一次"的目标。这一改革的核心理念是通过整合各类政务服务资源，打破政府部门之间的数据壁垒，使公众能够在一个统一的平台上完成多项业务的申请。浙江省充分利用互联网技术搭建了"浙江政务服务网"，公众可以通过这一平台在线提交申请、查询进度和获取相关信息，办事效率得以极大提高。

在实施"只跑一次"改革的过程中，浙江省十分注重公共数据的共享与整合。各级政府通过建立数据共享机制，使得不同部门之间能够实时获取相关信息，避免了以往需要重复提交同类材料的烦琐步骤。例如，在申请企业注册时，相关部门可以直接访问企业的信用记录和身份信息，不仅提高了审批效率，也增强了服务的透明度。同时，浙江省还推行"最多跑一次"清单，列出需要申请人提交的具体材料和办理时限，进一步规范了政务服务流程，使得公众对办理程序有了更加清晰的了解。这一系列措施的实施，使得公众办事效率显著提升，办事满意度大幅提高。

通过"只跑一次"改革，浙江省在提升政府服务效能、促进社会治理现代化方面取得了显著成效，申请人只需在一个窗口提交材料，政府各部门之间的数据共享极大地提升了行政审批的效率。此外，该项改革也为社会公众提供了更多的参与机会，政府通过征集意见和反馈机制不断优化服务内容和流程，形成了"以人民为中心"的服务理念。这一成功经验不仅提升了浙江省的政务服务水平，也为全国其他地区提供了有益的借鉴。

四、福州市"网络餐饮 e 监管"治理

福州市的"网络餐饮 e 监管"治理是福建省推进数字化政务的重要实践，旨在通过信息化手段提升餐饮服务的安全性与透明度。此项改革以"互联网+"为基础，通过建立"网络餐饮 e 监管"平台，实现了对网络餐饮商家的全面监管。该平台不仅集成了餐饮企业的基本信息、许可证、卫生检查记录和消费者评价等数据，还允许政府监管部门实时监控网络餐饮的经营状况，及时处理投诉和隐患。这种数据共享机制大大提升了监管的效率，使得管理部门能够更快地响应消费者的需求，维护市场的公平竞争环境。

在具体实施中，福州市将网络餐饮的各项数据进行整合，形成了完整的监管信息链条。各餐饮企业需在平台上登记、备案和报送数据，相关部门如市场监管局、卫生健康部门等则可以实时获取这些信息，进行交叉检查。这一机制不仅实现了数据的即时更新，也促进了部门之间的协同合作，有效避免了"信息孤岛"现象的出现。此外，消费者也能在该平台上

查看餐饮企业的相关信息和历史记录,从而作出更为知情的选择,进一步提升了市场透明度和消费者的安全感。

通过"网络餐饮e监管"治理,福州市在提升公共服务水平、保障食品安全方面取得了显著成效。该平台上线以来,食品安全隐患的发现与处理速度显著加快,消费者对网络餐饮的信任度随之提升,网络餐饮市场的健康发展得到了有力保障。福州市的这一改革经验为其他城市在推行网络餐饮监管与公共数据共享方面提供了宝贵的借鉴,展现了数字技术在改善民生和提升服务质量方面的巨大潜力。

第三章 公共数据开放

第一节 公共数据开放概述

随着大数据产业的兴起与传统行业的数字化转型，数据作为数字经济时代的核心资源已逐渐完成要素化的变迁。数据是国家基础性战略资源，是新型生产要素。数据驱动的数字产业发展与产业数字化离不开高价值数据资源的支撑，而公共数据正是数字经济时代一座沉睡的矿产，是重要的数据来源。一方面，电子政务与数字政府建设背景下的公共部门存在海量数据积累。各级党政机关、企事业单位在履行职务或提供公共服务过程中积累了大量数据，这些数据能够反映社会真实情况，涉及面广，是高价值数据的重要子集。另一方面，推动公共数据资源开放、消除"数据孤岛"已成为现代化建设的重要共识。早在2015年，《促进大数据发展行动纲要》便提出要在加强安全保障和隐私保护的前提下，稳步推动公共数据资源开放。2021年，《"十四五"规划纲要》则将"加强公共数据开放共享"作为"提高数字政府建设水平"的首要内容。2024年，《关于加快公共数据资源开发利用的意见》明确了公共数据作为"国家重要的基础性战略资源"的定位，提出"以促进公共数据合规高效流通使用为主线，以提高资源开发利用水平为目标"，通过"有序推动公共数据开放"等措施深化数据要素配置改革，扩大公共数据资源供给。进一步推进公共数据开放，释放数据红利，是培育数据要素市场的必然要求，而通过开放加大数据资源供给，也彰显着公共部门在数据要素化背景下的公共治理责任。

一、公共数据开放的概念

概念是人对客观事物本质的反映，明确概念是使事物类型化、清晰化的前提。基于此，研究公共数据开放，有必要以其概念作为研究切入点。"公共数据开放"由"公共数据"与"开放"两部分组成。前者作为开放对象，在本文第一章中已做详细阐述，国家数据局发布的《数据领域常用名词解释（第一批）》中亦有明确表达，公共数据即各级党政机关、企事业单位依法履职或提供公共服务过程中产生的数据。后者则系公共数据流通方式。"开放"是推动公共数据资源开发利用的方式之一，近年来已有多个国际组织、政府部门对其相关概念作出界定。世界银行将开放数据定义为"能被任何人出于任何目的不受限制地进行自由获取、利用、再利用和分发的数据"。《G8开放数据宪章》对开放数据的定义与之相似，将开放数据认定为具备必要的技术特性和法律特性，从而能够被任何人，在任何时间和任何地点进行自由利用、再利用和分发的电子数据。我国公共数据开发利用相关政策与地方法规亦对公共数据开放作出规定。2018年，中央网信办、国家发展改革委、工业和信息化部联合印发的《公共信息资源开放试点工作方案》中提出，试点地区要明确开放数据的完整性、机器可读性、格式通用性等要求。《深圳经济特区数据条例》将公共数据开放界定为公共管理和服务机构通过公共数据开放平台向社会提供可机器读取的公共数据的活动，并区分出无条件开放、有条件开放和不予开放三种模式。《上海市公共数据开放暂行办法》规定，公共数据开放指公共管理和服务机构在公共数据范围内，面向社会提供具备原始性、可机器读取、可供社会化再利用的数据集的公共服务。通过比较上述规定可知，国际实践中的"开放"与国内所讨论的"开放"不尽相同，前者系严格意义上的开放，对应国内政策法规所规定的无条件开放，而后者系较宽松口径上的开放，通常包含有条件开放和无条件开放。此外，"开放"一词偶尔亦做最宽泛理解，泛指数据的对外流通。

在明确公共数据开放的内涵的基础上，有必要对开放、共享、授权运营三种公共数据开发利用方式予以辨析。虽然开放与共享通常并列使用，但二者的含义并不相同。开放与共享的关键区别在于数据流向。开放系面向社会提供公共数据，而共享通常指公共管理和服务机构间跨部门、跨区域的数据流动。从这个意义上看，开放是公共数据的对外流通，而共享是公共数据的对内流通，二者系并列的公共数据开发利用方式。此外，开放亦不等同于授权运营。公共数据授权运营是具有中国特色的制度构造，其产生与发展源于原有公共数据开放政策的实施困境。在授权运营制度出台前，公共数据开放面临着开放数据可用性低、开放利用效果不佳、开放政策不可持续、数据安全风险高等问题[1]。为此，公共数据授权运营制度应运而生。不同于以往将数据直接提供给数据使用单位，公共数据授权运营制度是将高价值原始数据作为国有资产授权给某个符合特定条件的主体运营，以公共数据产品或服务的形式向社会提供[2]，由此解决了原有数据开放中的实践困境。公共数据授权运营与原有直接开放数据的流通模式在供给主体、供给对象、供给收益等方面存在差异。若将开放做广义理解，公共数据授权运营是数据开放中的间接开放方式，拓宽了公共数据开放的内涵。

综上所述，公共数据开放系公共数据资源开发利用的方式之一，其在国内政策法规的语境下应指向掌握公共数据资源的各级党政机关、企事业单位向社会提供具备机器可读性数据的活动。

二、公共数据开放的制度定位

公共数据开放与政府信息公开这两个概念十分容易混淆。两者的不同

---

[1] 宋烁．构建以授权运营为主渠道的公共数据开放利用机制[J]．法律科学（西北政法大学学报），2023，41（1）：83-94．

[2] 王伟玲．政府数据授权运营：实践动态、价值网络与推进路径[J]．电子政务，2022（10）：20-32．

首先在于数据和信息的区别。公共数据法律属性的认识核心在于把握数据与信息的界分：尽管数据与信息这两个概念在许多场合具有天然的共生性，但大数据时代背景下对二者加以具体界分已经逐渐成为新的立法趋势。狭义上，数据一般限于在计算机及网络上流通的以二进制为基础表现出来的比特形式，指的是《中华人民共和国网络安全法》（以下简称《网络安全法》）所称的"网络数据"，即"通过网络收集、存储、传输、处理和产生的各种电子数据"。事实上，从《网络安全法》的立法背景来看，立法者对"公共数据是网络数据的重要组成部分"也是相当明确的。《网络安全法》和《数据安全法》对"数据"与"信息"的关系作了较为明确的区分：《网络安全法》第七十六条区别界定了"网络数据（电子数据）"和"个人信息（电子或其他方式记录）"，并在立法解读中明确指出网络数据是"信息的电子化形式"；《数据安全法》第三条第一款更是规定，数据是指任何以电子或者其他方式对信息的记录。由此可见，数据只是信息的一种表现形式，并且通常是以电子化方式对信息的记录；基于相同的法理，数据与信息的这种界分关系同样适用于公共数据与政府信息的界分，公共数据往往是电子化方式对政府信息的记录。

公共数据开放与政府信息公开存在不同的制度定位。相对于政府信息公开而言，公共数据开放的对象是虚拟属性突出的数据形态，而非物理属性突出的信息形态。这种存在形态的转变也导致了公共数据开放立法与政府信息公开立法的制度差异：前者的主要目的在于保障公众利用数据的权利、维护公共数据开发利用的社会经济秩序，而后者侧重于对公众知情权的保障。然而，遗憾的是，《数据安全法》第四十一条的规定在一定程度上混淆了公共数据开放与政府信息公开的界分，即"国家机关应当遵循公正、公平、便民的原则，按照规定及时、准确地公开政务数据。依法不予公开的除外"。虽然学界不乏主张将公共数据开放纳入政府信息公开范畴的呼声，但《政府信息公开条例》于2019年首次修改后，并未明确增加公共数据开放的相关制度内容。当前立法并未明确公共数据开放与政府信息公开的制度差异，这在很大程度上弱化了公共数据开放立法独特的制度功能。因此，为了更好地实现公共数据开放的独特制度功能，有必要确立公共数据开放立法相对独特的制度定位，保障公民、法人和其他组织依法获取和利用公共数据的权利，并通过公共数据开放更好地推动数字经济发展。

第二节　公共数据开放的性质

当前，公共数据开放已成为推动全球数字经济发展的重要环节，并上升为各国、各地区数字政府建设与数字经济发展的重要战略。《2022联合国电子政务调查报告（中文版）》显示，已有117个国家和地区制定开放政府数据的法律、政策或法规，我国与公共数据开放相关的政策与地方法规亦相继出台。在此背景下，一个基础性的问题亟待回答，即公共数据开放的性质是什么。对这一问题的回答既是在范畴论层面对公共数据开放作出定性，亦影响着公共数据开放在价值论层面的目标定位与在方法论层面的制度建构。本节遵循先破后立的论证思路，首先针对公共数据开放与政府信息公开混淆的问题，在分析比较二者异同点的基础上说明政府信息公开与公共数据开放的并列关系，论证公共数据开放具有独特的研究价值；其次论证公共数据开放是实现公共数据价值的方式，是公共数据流通的方式，是数据要素供给侧改革，是数据要素市场培育的宏观调控手段。

一、公共数据开放不是政府信息公开

政府信息公开与公共数据开放的关系问题是相关研究的焦点之一。在实践发展与理论研讨的早期，二者时常被混为一谈，产生了较大的认知偏差。有的学者认为，公共数据开放立法与政府信息公开立法本质上无差

异,《政府信息公开条例》是政府数据开放的重要制度支撑,不宜刻意分割这两个环节分别立法①。然而,深入比较政府信息公开与公共数据开放可以发现,二者虽然在涉及主体等方面存在共同点,但在产生背景、核心目标、法理基础、制度客体方面存在根本区别。

(一) 区分政府信息公开与公共数据开放的必要性

区分政府信息公开与公共数据开放的必要性,在于其对公共数据开放定性、价值目标与制度建构的重要影响。若公共数据开放仅是政府信息公开的延伸与升级,则无须将公共数据开放作为一个独立的法学问题进行研究,公共数据开放的概念可被政府信息公开涵盖,其价值目标与制度建构可在政府信息公开的既有框架下进行拓展与丰富。换言之,政府信息公开与公共数据开放区分论的价值在于,论证公共数据开放自身独特的研究价值。此外,若将公共数据开放纳入政府信息公开的范畴,将过度泛化政府信息公开制度的基本功能,忽视公共数据开放之于推进数据流通利用、培育数据要素市场的经济意义。

(二) 政府信息公开与公共数据开放的差异

诚然,政府信息公开与公共数据开放在表现形式上存在较大的相似性,二者均主要表现为以政府部门为主体向社会公众提供政府所掌握的资源。但是,仔细辨析政府信息公开与公共数据开放可以发现,二者在产生背景、核心目标、法理基础、制度客体四个方面存在核心差异。

1. 政府信息公开与公共数据开放的产生背景不同

政府信息公开起源于公民社会对公权力的抗争,伴随着政治民主化的发展历程,其核心驱动力来源于政治因素②。最早的有关政府信息公开的

---

① 肖卫兵. 论我国政府数据开放的立法模式 [J]. 当代法学, 2017, 31 (3): 42-49.
② 张珺. 公共数据开放法律制度研究 [D]. 北京: 中国政法大学, 2021: 51-59.

立法可以追溯到 1766 年的瑞典《出版自由法》，而现代意义上的政府信息公开则始于 20 世纪 60 年代美国的《信息自由法》。相关立法以保障公民知情权为核心，赋予公民提起政府信息披露请求的权利，从而实现对政府行为的监督，限制公权力，保障民主。公共数据开放产生于计算机网络技术广泛应用的数字经济时代，其实现的前提是以政府部门为代表的公共机构利用数字化方式收集、存储数据。公共数据开放的驱动力量来源于推进公共数据资源开发利用、培育数据要素市场的经济诱因。

2. 政府信息公开与公共数据开放的核心目标不同

政府信息公开的核心目标在于保障公民知情权，提高政务透明度，便利公民对政府行为开展有效的监督。如《政府信息公开条例》第一条的立法目的所言，政府信息公开是为了"保障公民、法人和其他组织依法获取政府信息，提高政府工作的透明度，建设法治政府，充分发挥政府信息对人民群众生产、生活和经济社会活动的服务作用"。相较之下，公共数据开放的核心目标在于推进公共数据资源开发利用，以公共数据开放为供给侧促进数据要素市场培育，增进经济效益和社会公共利益。如"数据二十条"所提及的"坚持共享共用，释放价值红利"，《关于加快公共数据资源开发利用的意见》所明确的"加快公共数据资源开发利用，充分释放公共数据要素潜能，推动高质量发展"，《上海市公共数据开放暂行办法》第一条的立法目的所规定的"促进和规范本市公共数据开放和利用，提升政府治理能力和公共服务水平，推动数字经济发展"。从上述比较可知，虽然政府信息公开与公共数据开放均将提升政府服务能力视为制度目标，且均可通过公众参与和公众赋能提升政府决策的科学性与民主性，但二者的侧重点与核心目标并不一致，政府信息公开侧重于公民知情权保障与政府行为监督，而公共数据开放侧重于资源开发利用与经济价值释放。

3. 政府信息公开与公共数据开放的法理基础不同

政府信息公开以公民知情权这一政治性权利为权利基础，延续权利保障机制这一传统行政法治建构轨道①，其底色为监督导向的政治伦理与限权控权的行政法理念，以参与民主原则下政府信息公开义务及公民知情权实现为基本逻辑②。而公共数据开放以公民的经济性、社会性权利为权利基础，深刻体现政府的经济职能，是数据领域的政府经济行为。信息公开是政府的责任，公共数据开放则强调社会利用公共数据的权利，更侧重于其经济与社会价值，本质上是政府提供的公共服务③。此外，公共数据开放中政府并非直接提供"信息成品"，而是扮演数据要素的"供应方"，将公共产品的生产递送及数据经济价值的挖掘职能转移给市场与社会主体，这一公共管理活动是对公共产品领域内"政府-市场-社会"关系变迁的回应，彰显了公共数据开放背后的合作治理逻辑④。

4. 政府信息公开与公共数据开放的制度客体不同

制度客体是政府信息公开与公共数据开放的具象差异。政府信息公开的客体是信息，而公共数据开放的客体是数据。在计算机网络技术普遍应用的时代，数据通常指向对某一物体或某一事件的数字化记录。数据由非物质的比特构成，这一特性意味着数据不需要具体物作为物质载体，其载体是符号⑤。信息则可以泛指一切内容，是对事物事件的描述。从数据与信息的关系来看，数据是信息的一种载体形式，而信息是数据的内容。数据具有载体与内容的双层结构，兼具信息本体与信息媒介的双重属性。

综上所述，公共数据开放不仅仅是政府信息公开的延伸与扩展，其在产生背景、核心目标、法理基础、制度客体四个方面与政府信息公开存在

---

① 王万华. 论政府数据开放与政府信息公开的关系 [J]. 财经法学, 2020 (1): 13-24.
② 王锡锌, 黄智杰. 公平利用权: 公共数据开发制度建构的权利基础 [J]. 华东政法大学学报, 2022, 25 (2): 59-72.
③ 郑磊. 开放不等于公开、共享和交易: 政府数据开放与相近概念的界定与辨析 [J]. 南京社会科学, 2018 (9): 83-91.
④ 胡亚飞. 政府数据开放: 基于大数据的合作治理创新 [M]. 上海: 复旦大学出版社, 2022: 59-89.
⑤ 李爱君. 数据权利属性与法律特征 [J]. 东方法学, 2018 (3): 64-74.

根本性的差异，这些差异使其难以为政府信息公开的制度框架所容纳，有必要将其视为具有独特研究价值的议题，深入分析其性质与底层逻辑。

二、公共数据开放是实现公共数据价值的方式

公共数据开放是以公共数据供给实现公共数据价值，作为实现公共数据价值的重要方式是公共数据开放的性质之一。

首先，公共数据蕴含重要的经济价值和社会价值。在新一轮科技革命和产业变革深入推进的当下，以人工智能为代表的新兴技术正在深刻改变全球经济社会运行模式，而数据是数字经济和数字技术不可或缺的核心资源。公共数据作为重要的数据来源、高价值数据的重要子集，已成为数字经济发展和数据要素市场建构的重要基础。此外，公共数据是数字化政府建设的重要资源，为提升政府服务水平和工作效率、节约政府运营成本、创新政府服务方式等提供重要依托。

其次，公共数据开放以公共数据供给实现公共数据价值，是释放和实现公共数据价值的方式。公共数据开放通过公共数据供给，盘活蕴含巨大经济价值和社会价值的公共数据资源，增进公共数据利用效益。开放系向社会供给数据，在有效降低数据需求方获取数据资源的成本、优化营商环境的同时，充分发挥数据要素乘数效应，使公共数据进入生产、分配、流通、消费和社会服务管理等环节，赋能实体经济发展。从这个层面上看，公共数据开放是通过公共数据供给，将公共数据价值向社会传导，在供给与应用中释放公共数据价值的重要方式。

三、公共数据开放是公共数据流通的方式

数据流通，即数据资源在不同主体之间通过一定的渠道并遵守相应的规则进行交换、共享和利用的过程。数据流通促进了数据资源的优化配

置，提高了数据资源的利用效率，是数字经济时代实现数据资源价值的重要方式。而公共数据开放，即掌握公共数据资源的公共管理和服务机构向社会提供具备机器可读性数据的活动。综合数据流通与公共数据开放的概念来看，公共数据开放正是公共数据流通的方式。

从流通的方向与涉及主体看，公共数据开放区别于公共数据共享，前者是从采集公共数据的公共管理和服务机构向作为数据利用主体的社会公众流动，而后者是在以政府部门为代表的公共管理和服务机构之间流动。因此，公共数据开放是公共数据对外流通的重要方式之一。

数据在流通过程中存在泄露等安全风险，而公共数据基于其自身的多样性和普惠性，更是面临着公众隐私权入侵风险、商业秘密损失风险、国家安全情报泄露风险、数据关联分析风险、数据误用风险等。因此，在公共数据开放领域，应当建立安全风险可防范的公共数据可信流通体系，加强公共数据开放全流程流通链条的安全管理，降低公共数据开放的安全风险，从而助力公共数据价值释放。

四、公共数据开放是数据要素供给侧改革

深化供给侧结构性改革是"健全因地制宜发展新质生产力体制机制"的实现方式，是保障经济高质量和促进新质生产力发展的关键。而公共数据开放是数据要素供给侧改革，是要素投入的结构性改革，其通过流通形成数据要素市场的供给，发挥公共数据驱动新质生产力发展作用，以公共数据为要素投入实现催生新质生产力的生产要素创新性配置，保障新质生产力发展的要素配置和需求。

（一）以公共数据开放为供给侧的价值

1. 解决数据要素市场数据供给不足的问题

数据要素市场培育的主要问题是数据供给与需求不平衡，主要表现为

数据供给不足。数据要素供给不足的主要原因如下：一是缺乏数据法律属性与归属的基本法律制度和统一的数据交易规则，难以通过流通形成数据要素市场的供给，同时数据过度集中也会引发"数据孤岛"和不当竞争问题；二是数据的无限复制性、处理和转让的隐蔽性导致数据卖方利益无法得到保障，从而难以形成有规模的数据卖方市场；三是尚未建立数据的科学定价体系，使数据交易市场有失公平性，市场机制难以发挥数据要素供给的作用。有关国际组织和机构将开放的公共数据界定为"具备必要的技术和法律特性，从而能被任何人、在任何时间和地点进行自由利用、再利用和分发的电子数据"。国内地方法规和规范的共同点是都明确了该行为是公共机构面向社会、自然人、法人、其他组织提供数据的行为。因此，通过开放公共数据，可以解决数据要素市场上述数据供给不足的问题。

2. 降低数据需求方获取数据资源的成本

公共数据开放降低了数据需求方的数据获取成本。对于数据需求者而言，在获取同样数据的前提下，公共数据开放渠道的交易价格、信息成本及合规成本均比市场渠道低。第一，交易价格方面，公共数据开放使数据需求方无须为取得数据支付对价或仅需支付成本价格。无条件开放的公共数据，所有主体能够直接免费获取，数据需求方支付的价格为零。对于有条件开放的公共数据，具备主体资格的数据需求方按照公共机构的要求，无须支付对价或仅需支付公共机构因数据处理而产生的额外、较高的数据处理成本。第二，数据需求方通过公共数据开放方式确定数据供应者，降低了搜寻和甄别数据供给者的成本。我国各地方的公共数据开放规定普遍要求政府等数据提供机构编制数据开放目录，政府设置的数据开放平台一般也会载明开放目录，便于数据需求方检索，由此便降低了数据需求者搜寻数据的成本。第三，降低了合规成本。公共数据开放规则明确，数据供需双方的权利、义务清晰，责任清楚，压缩了数据需求方进行数据处理合规性判定时的模糊地带，减少了合规工作的障碍，降低了合规成本。

3. 增进公共数据利用效益

公共数据开放的最终目的是通过数据资源的开放最大限度发挥公共数据的价值，促进数字经济发展和社会创新。公共数据开放一方面是向市场提供数据资源，另一方面是借助市场力量、运用市场机制，通过无形的手打破公共数据的"沉睡"状态，使数据资源得到合理配置和优化配置。市场主体投入资金开发数据，创造新产品、新服务，政府可以在不显著增加税收、节约财政资金投入的前提下使公众获取更多的产品服务，增进公共数据利用效益。

4. 实现国家对数据市场失灵的矫正作用

政府矫正市场失灵有管制和参与两种手段。目前，数据应用中已出现非法获取数据、滥用数据等市场失灵问题，政府实行了诸多监管举措，依据网络安全、个人信息保护、消费者权益保护、反不正当竞争等方面的法律法规，通过约谈、公示、处罚等形式限制市场主体的某些行为。但实践表明，靠管制"一条腿走路"不能有效解决数据应用过程中的市场失灵问题。鉴于此，有必要打通政府干预的另一条路径，即参与路径，通过政府的参与行为和管制行为共同调整市场主体的活动，矫正市场失灵。在政府数据开放中，政府向市场供应了数据资源，而不是仅依靠市场主体的自发行为满足数据需求，政府是生产要素的提供者，也就成为市场活动的参与者，以参与的形式实施干预。

（二）以公共数据开放为供给侧的可行性

1. 公共机构拥有大量公共数据

以行政机关为代表的公共管理和服务机构在依法履行职责过程中沉淀了体量庞大、类型多样、综合性强的数据。在许多国家和地区，公共机构都是最大的数据资源生成者和控制者。维克托·迈尔·舍恩伯格指出："政府就像一艘漂浮在数据海洋上的巨轮，更是拥有了大量公共数据，要充分开发应用这些海量数据,就应当具备'开放共享'的思维方式。"①

2. 公共数据开放已成为当今世界数字经济发展的趋势

政府数据开放已成为当今世界数字经济发展的趋势,如《G8开放数据宪章》指出开放政府数据以发挥未开发数据的潜能,实现满足公众生活需求、激发创新潜能以及促进经济繁荣发展等目标。美国2012年《数字化政府总统备忘录》提出,开放政府数据是为了顺应技术创新背景下美国人民的商业和生活需要。英国2012年《开放数据释放潜能》白皮书中写到,通过数据开放打造透明政府,旨在强化公众监督,扩展商业前景,增进公共服务②。美国的政府数据开放,默认在美国管辖范围内,政府数据归入公共领域,在世界范围内采用国际公共领域许可协议,放弃著作权法的各种权利,涉及国家安全等特殊原因为例外③。加拿大的政府数据开放,原则上任何人在任何时间都可访问数据,隐私、安全、保密等例外④。

3. 我国公共数据开放已具备国家政策和地方法规基础

国务院2015年8月印发的《促进大数据发展行动纲要》明确指出:"推进数据资源向社会开放""充分释放数据红利""积极研究数据开放、保护等方面制度"。中央网信办、国家发展改革委、工业和信息化部2018年1月联合印发的《公共信息资源开放试点工作方案》指出,公共信息资源开放是推进国家治理能力现代化建设、促进经济转型升级,以及发展壮大数字经济、共享经济的重要举措。2019年10月31日中国共产党十九届四中全会审议通过的《中共中央关于坚持和完善中国特色社会主义制度 推进国家治理体系和治理能力现代化若干重大问题的决

---

① 夏义堃. 试论数据开放环境下的政府数据治理:概念框架与主要问题 [J]. 图书情报知识, 2018(1):103.
② 李爱君. 中国大数据法治发展报告2018 [M]. 北京:法律出版社, 2019:109.
③ 蔡婧璇, 黄如花. 美国政府数据开放的政策法规保障及对我国的启示 [J]. 图书与情报, 2017(1):13.
④ 胡逸芳, 林焱. 加拿大政府数据开放政策法规保障及对中国的启示 [J]. 电子政务, 2017(5):6.

定》将数据与劳动、资本、土地、知识、技术、管理并列为生产要素，并强调"完善政府经济调节、市场监管"等职能。公共数据开放对于充分发挥数据生产要素作用的意义重大。2021年3月发布的《"十四五"规划纲要》对"加强公共数据开放共享"作出了部署，意在推动国家层面的系统性公共数据开放，要"扩大基础公共信息数据安全有序开放，探索将公共数据服务纳入公共服务体系，构建统一的国家公共数据开放平台和开发利用端口，优先推动企业登记监管、卫生、交通、气象等高价值数据集向社会开放"。2024年10月发布的《关于加快公共数据资源开发利用的意见》作为中央层面首次对公共数据资源开发利用的系统部署，强调通过统筹推进政务数据共享、有序推动公共数据开放、鼓励探索公共数据授权运营，深化数据要素配置改革，扩大公共数据资源供给。在国家政策导向下，全国多地、多部门出台了相关法律法规或其他规范性文件，确定了负责公共数据开放建设推进工作的责任单位、职能部门。

五、公共数据开放是数据要素市场培育的宏观调控手段

政府不仅掌握海量高价值的公共数据，还具备集中力量推动公共数据资源开发利用的优势。因此，政府可以通过公共数据开放调节数据供给，进而发挥对数据要素市场的调控作用。由此而言，公共数据开放是数据要素市场培育的宏观调控手段。

（一）以公共数据开放为调控手段的机理

公共数据开放成为数据要素市场调控手段的机制机理在于：其一，政府是国家大数据建设、开发利用的主要力量，不但拥有高质量和高价值的数据，而且能够通过行政手段最大限度地调动社会各部门的数据资源、整合社会各方力量、推动社会数据开发利用和技术创新发展。其二，供给管理是调节宏观经济的基本手段之一，有助于解决市场的结构性问

题。公共数据开放通过调节数据供给，开展供给管理，从而发挥对数据要素市场的调控作用。从这个意义上看，公共数据开放是数据供给的调节手段，是政府配置数据资源的工具，是数据要素市场培育的宏观调控手段。

（二）以公共数据开放为调控手段的表现

1. 政府供给、分配公共数据资源

公共数据开放作为国家宏观调控手段的表现之一，在于以政府为代表的公共机构通过供给、分配公共数据资源参与经济活动。一方面，政府向市场供应数据生产要素，发挥资源供给作用；另一方面，政府分配数据资源，支持中小企业、特定行业、特定产业的发展，扮演资源调配者的角色，确保数据供应过程中的实质公平。公共数据开放是政府参与经济活动的表现，也是政府履行经济职能、行使干预市场权力的结果。

2. 政府监管公共数据利用行为

在供给、分配公共数据资源的同时，政府也发挥对公共数据使用行为的监管、规制作用。在当前的数据要素市场中，非法获取数据、侵害数据安全、侵犯个人信息权益、数据不正当竞争行为等时有发生。公共数据利用的潜在风险解释了政府实施监管的必要性。而政府在调控数据要素市场的同时，也履行着监管数据市场的职能，通过行政监管查处违法利用公共数据的行为，防止公共数据利用行为损害国家利益、社会公共利益与私人合法权益。

（三）以公共数据开放为调控手段的基本原则

1. 公平原则

为真正发挥公共数据开放的作用，需要建立合理、公平的配置原则。合理、公平、有效的配置有助于发挥公共数据要素供给侧结构性改革及提

高数字经济效益和数字化转型的作用,否则公共数据开发利用的经济效益无法提高,国家对数据市场的调节作用也难以发挥[1]。公共数据要发挥对数据要素市场调节和培育的作用需要法律制度的保障。党的十八大报告指出:"初次分配和再分配都要兼顾效率和公平,再分配更加注重公平。"如前所述,影响公共数据开放公平性的主要因素是有条件开放。国际上政府数据开放的惯例是"非歧视性"。公共数据有条件开放的公平原则强调在市场经济中,所有数据开发利用主体享受公平合理的对待,既不享有任何特权,也不履行任何不公平的义务,权利与义务相一致。公共机构在有条件开放数据时要以社会正义、公平的观念指导自己的行为、平衡各方的利益。公共机构开放数据公平原则建立的法律保障具体路径应以"权利公平、机会公平、规则公平、分配公平"为核心内容,明确申请有限开放公共数据的条件和程序及有限开放数据的监督机制。

2. 平等原则

从公共数据有条件开放的途径来看,开放方式有平台开放和授权运营两种方式。平台开放中,通过统一的平台,政府机构与数据使用者会达成协议;授权运营方式中,被授权运营的主体与数据使用者也会达成相应的协议。公平原则要求有限开放程序、被开放的主体对象的主体资格条件和公共数据开放监督机制均应具有公平性;在符合前述公平原则的要求后,协议双方在协议中是平等的民事权利义务主体,该协议过程并非政府的行政行为,不属于行政协议,而是平等的民事主体之间形成的民事协议,需遵循平等原则。

3. 激励原则

公共数据开放的重要目标是实现数字经济的社会效益,建立科学的公共数据开放效果评价机制,促进公共数据开放效果的实现。建立公共数据开放的科学的效果评价机制,有以下四个要点:一是要明确评价主体及评

---

[1] 李爱君. 数据要素市场培育法律制度构建[J]. 法学杂志,2021,42(9):17-28.

价主体的资质条件；二是要建立科学的评价指标体系；三是要制定评价程序；四是要确定评价的内容。评价机制的具体内容包括成立第三方评价委员会，其独立于行政体系，专家来自政府系统之外，以此保证评价委员会的建议具有相对较强的客观性，同时起到监督和促进公共数据有效开放的作用。评价委员会的评价规则、评价程序、评价过程、评价结果应向社会公开，以发挥社会和市场的监督作用。

第三节　公共数据开放的模式与法律关系

公共数据开放作为对公共机构供给、分配数据资源行为的概括性描述，其背后实则蕴含着丰富多样的开放模式与复杂的法律关系，且在不同的公共数据开放模式下存在不同的法律关系。在明确公共数据开放性质的基础上，本节聚焦于公共数据开放的模式与法律关系，首先探讨公共数据开放模式的分类标准与不同标准下的开放模式，其次选取实践中最为常见的基于不同客体的开放模式进行法律关系分析。

一、公共数据开放的模式

（一）公共数据开放模式的实践考察

在公共数据开放的制度建构方面，国家层面的统一立法尚未形成，但已有相关国家政策、地方法规等就公共数据开放的模式与机制作出探索与建构。"数据二十条"指出，鼓励以模型、核验等产品和服务等形式向社会提供公共数据，推动用于公共治理、公益事业的公共数据有条件无偿使用，探索用于产业发展、行业发展的公共数据有条件有偿使用，不承载个人信息和不影响公共安全的公共数据应推动按用途加大供给使用范围，依法依规予以保密的公共数据不予开放。《上海市数据条例》将公共数据按开放类型分为无条件开放、有条件开放和非开放三类。《深圳经济特区数据条例》同样规定公共数据按照开放条件分为无条件开放、有条件开放和不予开放三类。结合上述国家政策与地方法规可知,在公共数据开放模式方面,实践中已出现基于客体和所提供产品类型的区分标准。除了上述标准,理论上还存在主体范围、采取方式等区分标准。

(二) 公共数据开放模式的理论分析

1. 普遍开放和受限开放

以公共数据开放的主体范围为标准,可以将公共数据开放区分为普遍开放和受限开放。前者指公共数据面向社会公众进行无差别开放,后者指公共数据仅面向特定群体或个体开放。

2. 无条件开放、有条件开放和不予开放

以公共数据开放的客体类型为标准,可以区分出无条件开放、有条件开放和不予开放三类公共数据开放模式。基于不同客体的分类模式是地方公共数据开放实践已普遍施行的做法。在此种分类标准下,无条件开放的公共数据,即可以直接或经过脱敏处理后无条件、无差别地向社会公众开放的公共数据。不予开放的公共数据,即因特定原因不能开放的公共数据,通常涉及国家安全、商业秘密和个人隐私,或者法律、法规等规定不得开放。有条件开放的公共数据,即不予开放和无条件开放以外的公共数据,须依据特定方式向社会平等开放的数据,通常包括以下情形:其一,涉及商业秘密、个人隐私,但相关数据主体同意开放,且法律、法规、规章未禁止;其二,无条件开放会严重挤占公共数据基础设施资源,影响公共数据处理运行效率;其三,开放后预计能带来特别显著的经济社会效益,但现阶段需要审慎评估安全风险;其四,按照相关法律、法规应当有

条件开放。

3. 主动开放和依申请开放

以公共数据开放的采取方式为标准，可以将公共数据开放区分为主动开放和依申请开放。主动开放即公共机构依据数据开放清单主动向社会公众提供公共数据，依申请开放即公共机构依据数据使用者提出的请求开放部分公共数据。

4. 直接开放和间接开放

以公共数据开放所提供的产品类型为标准，可以将公共数据开放区分为直接开放和间接开放。直接开放指公共机构直接向社会公众提供未经加工的公共数据的开放模式，间接开放指公共机构以模型、核验等产品和服务等形式向社会提供公共数据的开放模式。

对于兼具高价值和安全风险的公共数据，直接开放相较于间接开放而言存在诸多弊端。第一，直接开放可能带来较大的数据安全风险。第二，直接开放模式下的数据开发利用率低。由于公众普遍缺乏分析处理大量数据的技术能力，因而向社会公众直接开放原始公共数据所释放的经济社会价值有限⊖。第三，直接开放模式下政府开放行为缺乏有效的激励机制，容易导致开放动力不足、开放政策不可持续。

在直接开放模式遭遇诸多困境的背景下，以授权运营为代表的间接开放模式应运而生。公共数据授权运营的出发点在于公共数据的社会化开发利用，其本质是政府与企业合作的商事活动，政府授权第三方数据运营主体运营公共数据，将形成的数据产品或服务有偿开放给社会公众，所得收益用于覆盖政府管理、维护公共数据的费用和第三方数据运营主体的运营成本。其优势在于，实现了"原始数据不出域、数据可用不可见"的效果，有效化解了公共数据开放与数据安全、个人隐私权益之间的冲突。

除了公共数据授权运营，公共数据信托亦是一种典型的间接开放模

⊖ 张新宝，曹权之. 公共数据确权授权法律机制研究 [J]. 比较法研究, 2023 (3): 41-55.

式。公共数据信托指以政府为代表的公共机构作为委托人，将特定公共数据使用权委托给受托人，由受托人为公共机构的利益并兼顾数据主体的权益对特定公共数据进行开发利用的行为。在公共数据信托中，公共机构作为委托人与受托人签订公共数据信托合同，制定明确的信托目的，由此设立公共数据信托。委托人将特定公共数据使用权让渡给受托人，同时对受托人课以严格的信托义务，受托人受委托运用技术手段对公共数据进行开发利用，将生成的数据产品或服务出售给公众获得收益，受托人收取一定的信托报酬后，将剩余收益分配给受益人。以政府为代表的公共机构在此信托结构中既是委托人，又是受益人。

二、公共数据开放的法律关系

法律关系是以法律规范为基础形成的、法律主体之间的、以权利和义务为内容的社会关系。法律关系是法律规范作用于社会生活的过程和结果，是法律从静态到动态的转化，是法律秩序的存在形态。在一定意义上，法律秩序就是法律关系的总和[1]。公共数据开放的法律秩序正是由公共数据开放的法律关系所建构的。公共数据开放所涉的各方主体及其相互间的权利、义务，正是构成公共数据开放法律秩序的基本单位。

（一）公共数据开放法律关系的复杂性

公共数据开放法律关系具有复杂性，其复杂之处表现为主体角色的多重性、客体所承载利益的多元化，以及行为模式的多样性。

首先，在主体方面，公共数据开放的法律关系主体包括公共管理和服务机构（以下简称"公共机构"），以及自然人、法人和其他组织（以下简称"社会公众"）。公共机构指国家机关、事业单位和其他依法管理公共事务的组织，以及提供教育、卫生、健康、社会福利、供水、供电、供

---

[1] 张文显. 法理学（第五版）[M]. 北京：高等教育出版社，2018：151-161.

气、环境保护、公共交通和其他公共服务的组织，也即公共数据定义所涉及的主体"各级党政机关、企事业单位"。公共机构在公共数据开放中扮演多重角色，包括数据供给者、数据控制者、数据监管者等。而社会公众既可能是数据使用者，也可能是授权运营中的运营单位。

其次，在客体方面，由于公共数据具有载体层与内容层的双层结构，其所承载的利益具有多元化的特征，包括数据主体权益和内容层主体权益。在权利属性上，公共数据涵摄于数据的范畴，其相关权利具有财产权属性、人格权属性和国家主权属性[一]。

最后，在行为方面，公共数据开放依据不同的分类标准可区分出多种行为模式。前文已然指出，依据主体范围标准可区分出普遍开放和受限开放，依据客体类型标准可区分出无条件开放、有条件开放和不予开放，依据采取方式标准可区分出主动开放和依申请开放，而依据所提供的产品类型标准可区分出直接开放和间接开放。

综上所述，公共数据开放法律关系在主体、客体、行为三个方面均具有复杂性。

（二）基于不同客体的公共数据开放法律关系分析

在对公共数据开放法律关系的复杂性特征有基本认知后，应当结合理论与立法实践就其权利、义务内容做细致分析。本文选取实践中已经普遍施行的客体类型分类标准，分析基于不同客体的公共数据开放法律关系，其中包含无条件开放的法律关系、有条件开放的法律关系和不予开放的法律关系。

1. 公共数据无条件开放的法律关系分析

无条件开放的法律关系客体，即可以直接或经过脱敏处理后无条件、无差别向社会公众开放的公共数据，具体包括：第一，依照《政府信息公

[一] 李爱君. 数据权利属性与法律特征 [J]. 东方法学，2018（3）：64-74.

开条例》已公开的信息转换得到的、可机器读取的公共数据；第二，依照相关法律、法规、规章，应当向社会公开的公共数据；第三，经公共机构评估，开放后将对经济发展、产业升级有利，解决民生问题、社会治理所急需，且不危及国家安全、公共安全、经济安全和社会稳定、不损害第三方合法权益的公共数据。在无条件开放的法律关系中，公共机构承担公共数据的安全审查和脱敏义务，以及以能最大限度促进数据自由利用的方式向社会公众提供公共数据的义务。相应地，社会公众享有获取、开发和利用无条件开放的公共数据的权利，且应遵守公共数据的使用规范。就无条件开放数据的方式而言，实践中通常由公共数据开放平台以数据下载、接口调用的方式开放。社会公众经过公共数据开放平台的实名认证并签署无条件开放公共数据使用承诺书后，可通过公共数据开放平台获取和使用该类公共数据。

2. 公共数据有条件开放的法律关系分析

有条件开放的法律关系客体，即须依据特定方式或满足特定条件后才能向社会公众开放的公共数据，其列举情形前文已指出。在有条件开放的法律关系中，公共机构承担对公共数据申请使用者进行资质审查，以及向满足特定资质或条件的社会公众提供公共数据的义务。而社会公众享有在满足特定资质或条件下获取和利用有条件开放的公共数据的权利，且负担遵守有条件开放的公共数据使用规范的义务。由于有条件开放的公共数据的获取和利用存在资质与条件的限制，该模式在实践中通常涉及公平性问题，由此衍生出平等保护义务。公共机构应承担公平对待义务，而社会公众享有防御公共机构对数据利用资格不当限制的权利，有学者将其称为"公共数据公平利用权"[一]。《深圳经济特区数据条例》第四十八条在界定有条件开放的公共数据时，亦突出强调了"平等开放"。

[一] 王锡锌，黄智杰. 公平利用权：公共数据开发制度建构的权利基础 [J]. 华东政法大学学报，2022，25 (2)：59-72.

在有条件开放的公共数据的开放条件方面，实践中通常包括如下内容：第一，公共数据利用者具备处理数据所需的特定技术能力、安全保障能力、资质等；第二，数据被应用于特定的场景；第三，通过数据沙箱、隐私计算等技术，或者在指定的物理场所处理数据；第四，数据流向特定；第五，数据处理预期成果特定；第六，经过特定的程序满足开放条件后可开放的公共数据；第七，上述一至六项的各种组合情形。就有条件开放的公共数据的获取程序而言，通常由公共机构通过开放平台列明申请程序、申请材料、申请条件和申请内容，社会公众经过公共数据开放平台实名认证后，依据申请程序进行申请从而获取相关数据。公共机构应当在一定期限内完成审核，审核通过的，通过开放平台给予该利用主体相关使用权限；审核未通过的，向申请主体说明理由。

3. 公共数据不予开放的法律关系分析

不予开放的法律关系客体，即因特定原因不能开放的公共数据，通常包括如下情形：第一，依法确定为国家秘密的公共数据，法律、行政法规禁止开放的公共数据，以及开放后可能危及国家安全、公共安全、经济安全、社会稳定的公共数据；第二，涉及商业秘密、个人隐私等，开放后会对第三方合法权益造成损害的公共数据，取得相关数据主体同意的除外；第三，公共机构的内部事务信息数据，如人事管理、后勤管理、内部工作流程等信息数据；第四，法律、法规、规章规定不得开放的公共数据。在不予开放的法律关系中，法律并未授予公共机构开放此类数据的权力，不涉及因开放形成的法律关系，公共机构应履行给予非开放数据充分安全保障的义务，若数据发生泄露，公共机构及其工作人员应当承担相应责任[⊖]。

⊖ 张珺. 政府数据开放的法制路径 [J]. 研究生法学，2019（2）：9-17.

第四节 公共数据开放政策和法律的国别考察

一、美国公共数据开放的政策和法律

在公共数据开放立法方面，美国是加强公共数据开放和国际合作共享的倡导者和实践者。1966年，美国国会通过了《信息自由法》，规定了政府向民众提供政府信息的义务，并提出"政府信息公开是原则，不公开是例外"的开放原则。

2009年1月，时任美国总统奥巴马签署行政命令《透明和开放政府备忘录》（Memorandum on Transparency and Open Government），要求联邦与各级政府定时、定量地在网站上开放数据。依照该备忘录要求，美国总统办公室和管理与预算办公室联合于2009年12月发布了《开放政府指令》（Open Government Directive）。该指令要求政府在网上开放更多的数据，提高公开信息的质量，并明确指出政府数据开放"透明、参与、协作"的三原则。

2012年5月，美国联邦政府发布了《数字政府：构建一个21世纪平台以更好地服务美国人民》（Digital Government：Building a 21st Century Platform to Better Serve the American People）报告。该报告指出，开放政府数据应成为电子政务的支撑，要以信息为中心、以用户为中心，同时保障安全和隐私，建立一个21世纪的共享平台。除此以外，从2011年到2015年，美国政府每两年发布一次《开放政府数据计划》（Open Government National Action Plan），不断扩大政府数据开放领域，企业与公民可用的数据资源逐渐丰富。

2013年，奥巴马签署新的行政命令《使政府信息默认格式改为开放且

机器可读格式》，要求所有政府信息在产生时其格式就是开放的和机器可读的。

2014年，奥巴马签署《数字问责和透明法案》（Digital Accountability and Transparency Act，DATA法案），这是美国首部关于数据透明度的法律，要求财政部及管理与预算办公室将与联邦支出相关的非连接文件转换成开放的、标准化的数据，并在网上公布。

2018年，美国国会通过了《开放政府数据法》。该法要求：第一，每个联邦机构均须实施开放数据计划和编制数据清单，践行"数据默认开放"原则，通过使用标准化的、非专有的机器可读的格式，将不涉及公众隐私或国家安全的"非公开非敏感"数据资产作为开放数据发布；第二，每个联邦机构设立一名首席数据官，负责本机构具体的数据管理实践和自评报告；第三，管理与预算办公室及其设立的首席数据官委员会，负责全部联邦机构数据开放的支持、指导和评估工作，联邦审计长和国会负责监督和问责工作。

二、英国公共数据开放的政策和法律

英国1998年颁布的《数据保护法》（Data Protection Act，DPA）明确规定，政府采集与公民自身或企业有关的信息，必须遵守资料保护的相关法律与相关程序，尽量减少重复收集，维护资料的安全性，确保信息收集行为的合法性、收集目的的正当性、收集过程的科学性、信息内容的正确性，以及数据的完整性和准确性。

2000年，英国议会通过了《信息自由法》，于2005年1月1日起正式实施。该法明确指出公民享有获取政府所掌握信息的权利，详细规定了公民获取政府信息的程序、范围和实施机关，并尽力寻求个人隐私保护与政府信息公开之间的平衡。这部法律的实施在很大程度上扫除了公众获取政府信息的障碍，延伸和修订了《数据保护法》和《公共记录法》（Public

Records Act，PRA）的相关内容。英国2012年颁布的《自由保护法》（Protection of Freedom，PFA）正式提出"数据权"概念，要求政府部门必须以可再利用的格式并附以允许再利用许可协议来回复公众的信息请求，对于开放获取的数据集，可以不经过附加申请而自动取得再利用的权利。公民拥有获得与自身相关的全部信息的合法权利，并允许公民修正个人资料中的错误内容。在法律实施层面，英国司法部负责对《信息自由法》《自由保护法》进行解释说明，协同信息专员办公室（Information Commissioner's Office，ICO）颁布相关行为规范指导中央政府机构信息公开、接收和处理公众信息请求与申诉。内阁办公室负责颁布和修改《公共部门信息公开指南》，协调推动信息公开政策在政府部门间的实现。信息专员办公室负责编写《〈信息自由法〉实施指南》，要求各政府部门制订本部门的信息公开方案，并对方案实施情况进行监督和管理。信息专员负责监督政府机构主动公开数据和处理用户信息请求，保障公众依法查询和获取公共信息的权利。

2005年，英国政府颁布的《公共部门信息再利用条例》（The Reuse of Public Sector Information Regulations，RPSI）是在欧盟《公共部门信息再利用指令》（The Directive on The Reuse of Public Sector Information，DPSI）及其修订版的基础上制定的本土化样本，旨在促进公共部门的信息能够更容易地被再利用，以充分发挥其政治、经济及社会效益。在信息公开方面，它赋予了公众再利用公共部门信息的权利。该条例规定，如果公众提出公共部门信息利用申请，公共部门必须在规定的时间内答复，尽可能以开放的、可再利用的格式将文件提供给申请者，并附以相应的元数据。在个人隐私保护方面，该条例仍然采用豁免的形式，明确规定以下两种情况不属于该条例规定的信息公开范围：一是基于个人数据保护的需要，文档中包含根据信息获取的相关法律禁止或者限制访问的内容；二是访问的文档根据相关法律可获取，但文档中包含的个人数据的再利用与法律规定的有关个人数据处理的个人数据保护条款不相符。另外，信息申请人在申请公共部门信息时必须以书面的形式注明姓名、相应的地址及使用目的等信息，这也在一定程度上减少了个人隐私被滥用的风险。

2012年6月，英国内阁办公厅发布了开放数据战略性文件——《开放数据白皮书：释放数据潜力》（Open Data White Paper：Unleashing the Potential）。该文件的主要内容之一是隐私保护，如要求在公共部门透明度委员会中设立隐私保护专家，以确保在数据开放过程中及时掌握和普及最新的隐私保护措施，制定《个人隐私影响评估手册》，在数据开放过程中进行隐私影响评估。

2012年12月，英国发布了首份《英国公共部门信息的原则》（Information Principles for the UK Public Sector），为英国各政府部门提供了一套完整的信息原则，并适用于由英国政府创建、搜集、使用、共享、公开、加工的所有信息，旨在使公共部门所有组织在信息使用与管理方面越来越一致，同时使地方的政策与实践可以依据一系列共同原则与最佳方法。

2013年10月，英国发布的《紧抓数据机遇：英国数据能力的战略》（Seizing the Data Opportunity：A Strategy for UK Data Capability）也明确提出保障个人隐私和数据安全、制定获取和利用研究数据的方案等内容。在战略性政策中突出个人隐私保护的内容，是英国政府数据开放政策的特点之一。

2016年5月，英国政府在首相的反腐败峰会上发布了《2016年至2018年英国开放政府国家行动计划》（UK Open Government National Action Plan 2016 to 2018），提出了政府关于信息访问、公民参与、政府账目和技术与创新的新承诺。

三、日本公共数据开放的政策和法律

日本的公共数据开放虽然较欧美发达国家起步较晚，但发展较快。2009年，日本出现了开放政府的相关议题，以及试运行的网站。真正使日本开始重视政府数据开放的事件是发生在 2011 年的"3·11"大地震。这次地震灾害使日本政府意识到开放数据在防灾减灾领域的积极作用，并成为日本启动政府数据开放的契机。2012 年 7 月，日本高度信息通信技术社会发展战略本部发布《数字行政开放数据战略》，指出公共数据属于国民共有财产，国家应加强对政策体系的构建，以促进公共数据的利用。该战略文件拉开了日本政府构建数据开放政策体系的序幕。

2013 年 6 月，日本内阁发布《创造世界最先进的 IT 国家宣言》，其中提到应当推进面向社会公众的公共数据开放。2014 年 10 月，日本政府数据开放门户网站 DATA.GO.JP 正式运行。2016 年 5 月，日本启动"开放数据 2.0"计划，以实现能够解决实际问题的政府数据开放为目标，拓宽了政府数据开放的开放主体、开放对象和适用地区等。这标志着日本数据开放建设迈入新阶段。

2016 年 12 月，日本内阁发布《推进官民数据利用基本法》，从法律层面对公共数据开放工作进行统一规定和指导。这是日本首部专门针对数据利用的法律，不仅详细规定了日本中央政府、地方政府和其他社会组织在推进数据利用方面应尽的义务，还设立了官民数据利用发展战略合作机关，确保数据利用的相关措施得以切实有效地执行。2017 年 5 月，日本高度信息通信技术社会发展战略本部及官民数据利用发展战略合作机关共同通过了《开放数据基本指南》，依据日本中央政府、地方政府，以及企业家在数据开放领域已有的尝试，归纳了开放数据建设的基本方针，成为日本公共数据开放的总指导文件。在《开放数据基本指南》中，日本政府着重阐述了开放公共数据的三项意义：①推进解决公共问题，刺激经济发展。日本政府期待公共数据能在社会中得到广泛利用，从而促进科技创新、改善公共服务效率，在充分适应时代价值观、技术变革及需求多样化的前提下，为日本的财政危机、少子老龄化等社会问题提供新的解决路径。同时，日本政府鼓励风险企业利用公共数据进行服务和产业的创新，改善员工工作效率，促进全国经济发展。②提高行政效率，帮助循证决策。日本中央政府和地方政府能够利用数据开放获取对自身有用的情报，并以此为依据更好、更快地进行政策及措施的规划与设计，提高行政效率。③使行政更加公开、透明，增强民众对政府的信赖。通过公开政策拟定时所用的公共数据，使民众可以充分自由地对已发布的政策进行分析和判断，提高行政的公开透明度，巩固政府信用。日本公共数据开放的具体要求主要包括开放范围、开放环境、开放形式、限定开放和有偿数据公开等方面。

2019年12月，日本内阁会议决定通过《数字政府实施计划》，提出到2025年建立一个使国民能够充分享受信息技术便利的数字化社会，并将开放数据作为其中的重要一环加以强调。这标志着公共数据开放已成为日本向数字化社会转型的关键战略要素之一。

第五节　案　例

一、贵州利用公共数据助力农民工工资精准足额投放

（一）案例基本情况

2022年，在贵州省大数据发展管理局、贵州省人力资源和社会保障厅的支持下，招商银行、光大银行、农发行、富民村镇银行等22家银行依托贵州省政府数据开放平台，对贵州省人力资源和社会保障厅的施工项目企业工资流水等有条件开放数据资源发起申请，由云上贵州大数据产业发展有限公司、贵州信用通科技服务有限公司通过"数据可用不可见"安全合规模式，在贵州省劳动用工大数据综合服务平台基础上形成"助银发"

数据产品。在施工企业授权情况下，银行通过"助银发"数据产品，实现了农民工工资的精准投放。

（二）现状问题及解决方案

1. 现状问题

根据人力资源社会保障部等十部门印发的《工程建设领域农民工工资专用账户管理暂行办法》要求，由施工单位开设农民工工资专用账户，按时足额向该账户拨付资金，保障农民工工资及时发放。但在实际执行过程中，工资代发银行无法核验施工单位提交的工资发放人员、发放金额等信息的精确性，代发过程中仍存在欠薪、少薪等问题。

2. 解决方案

第一，数据申请。招商银行、光大银行、农发行、富民村镇银行等22家银行依托贵州省政府数据开放平台，对贵州省人力资源和社会保障厅的施工项目企业工资流水等有条件开放数据资源发起申请。其中，数据包含项目信息、工资专户、施工单位、建设单位、工资应发总金额、工资应发年月等，覆盖贵州省内1万余家企业、1万余个工程项目、260余万份农民工档案。

第二，产品开发。数据运营商通过贵州省统一的数据开发利用云平台进行产品开发，经贵州省大数据发展管理局对数据模型进行审核后，保障"数据可用不可见"，开发形成"助银发"数据产品。在遵循《中华人民共和国个人信息保护法》（以下简称《个人信息保护法》）、《数据安全法》等相关法律法规要求的前提下，"助银发"数据产品上架至贵阳大数据交易所进行推广、销售。

第三，项目效果。在施工企业授权情况下，银行通过"助银发"数据产品实现农民工工资的精准发放，解决代发过程中发生的拖延等问题。截至2022年底，"助银发"支撑银行完成农民工工资专户代发工资总额超300亿元，追溯处理欠薪案件2774条，协助银行化解欠薪超15亿元。该项目是公共数据开放在民生治理领域的一次重要尝试，充分彰显了公共数据开放之于维护社会公共利益的重要价值。

二、法国出版集团利用开放数据优化法律服务

（一）案例基本情况

成立于 19 世纪的法国沙间出版集团（Lefebvre Sarrut）是法律与税务知识出版领域的领导者，总部位于巴黎。该集团于 2021 年上线了一款名为"Siliba"的应用产品，通过利用合作机构和政府的开放数据，为用户提供方便快捷的法律信息查询服务。

（二）现状问题及解决方案

1. 现状问题

法律条款和判例信息不计其数，法律工作者在开展法律研究、提供法律服务的过程中常常需要耗费大量时间和精力在海量法律信息中寻找有效信息。

2. 解决方案

第一，产品开发。沙间出版集团利用合作机构和政府的开放数据（如法国最高行政院和最高法院的判例数据集和法律数据集）构建人工智能应用"Sibila"。该应用利用人工智能技术分析法律文档和数据库，帮助用户快速找到相关信息和答案。其工作流程如下：用户上传文档，"Sibila"利用人工智能技术分析文本内容和结构，将文本分成不同的段落和句子，并识别出每个段落和句子的法律概念和主体，以条形图显示每个概念和主题的相关性，让用户根据兴趣选择。"Sibila"从沙间出版集团数据库中找到与用户选择的概念和主题相关的法律信息，如法律条款、法院判决、学术评论等，帮助用户迅速高效获取法律信息，解决法律问题。

第二，项目效果。"Sibila"依托开放数据和人工智能技术，为用户提供了一种便利高效的法律分析和搜索工具，既为释放公共数据价值提供了媒介，又创新了公共数据开放应用的模式，将开放数据与人工智能技术结合起来，极大地提高了用户开展法律工作的效率。

第四章　公共数据授权运营

第一节　公共数据授权运营概述

自《"十四五"规划纲要》首次提出"开展政府数据授权运营试点，鼓励第三方深化对公共数据的挖掘利用"以来，全国各地广泛开展了以公共数据授权运营为主题的立法和实践活动，学界也对这一概念开启了如火如荼的研究。2024 年 10 月，中共中央办公厅、国务院办公厅印发的《关于加快公共数据资源开发利用的意见》正式对外发布，明确了授权运营可作为公共数据开发利用的方式之一。2024 年 10—11 月，国家数据局就《公共数据资源授权运营实施规范（试行）》向社会公开征求意见，于 2025 年 1 月正式出台。以上两部文件的出台在一定程度上指明了制度的发展方向，但观其现状，实践层面，各地区公共数据授权运营的模式不一、权责不明；理论层面，呈现典型的起步阶段特征，对公共数据授权运营的概念定义、制度定位、法律性质等基础问题都仍未达成共识。由于基础理论问题不明加筑了制度体系建构的阻碍，公共数据授权运营研究的前置性问题是明确其概念、找准其定位、厘清其性质、了解其现状。

一、公共数据授权运营的概念

公共数据授权运营的概念当前尚未有明确定论，《公共数据资源授权运营实施规范（试行）》明确提出了"授权运营"的概念，即"县级以上地方各级人民政府、国家行业主管部门持有的公共数据资源，按照法律法规和相关要求，授权符合条件的运营机构进行治理、开发，并面向市场公平提供数据产品和技术服务的活动"。在《公共数据资源授权运营实施规范（试行）》出台前，地方立法和其他相关规范文件对公共数据授权运营的概念也有界定，但与该文件的规定存在出入。本节以与公共数据授权运营相关的政策法规和学术文献为研究样本，对公共数据授权运营的主体、对象、客体、运营行为、运营产出、运营收益等要素进行汇总梳理。

（一）政策法规对公共数据授权运营的界定

政策法规对公共数据授权运营的界定见表4-1。

表4-1 政策法规对公共数据授权运营的界定

政策法规名称	相关定义	授权主体（a）	授权对象（b）	授权客体（c）	运营行为（d）	运营产出（e）	运营效益（f）
《"十四五"规划纲要》	政府数据授权运营试点是指试点授权特定的市场主体（b），在保障国家秘密、国家安全、社会公共利益、商业秘密、个人隐私和数据安全的前提下，开发利用（d）政府部门掌握的与民生紧密相关、社会需求迫切、商业增值潜力显著的数据（c）	×	√	√	√	×	×
《公共数据资源授权运营实施规范（试行）》	县级以上地方各级人民政府、国家行业主管部门（a）持有的公共数据资源（c），按照法律法规和相关要求，授权符合条件的运营机构（b）进行治理、开发（d），并面向市场公平提供数据产品和技术服务的活动（e）	√	√	√	√	√	×
《浙江省公共数据条例》	授权运营单位［（b），符合规定安全条件的法人或者非法人组织］依托公共数据平台对县级以上人民政府（a）授权运营的公共数据［（c），本省国家机关、法律法规规章授权的具有管理公共事务职能的组织以及供水、供电、供气、公共交通等公共服务运营单位，在依法履行职责或者提供公共服务过程中收集、产生的数据，以及根据本省应用需求，税务、海关、金融监督管理等国家有关部门派驻浙江管理机构提供的数据］进行加工（d）；对加工形成的数据产品和服务（e），可以向用户提供并获取合理收益（f）	√	√	√	√	√	√

(续)

政策法规名称	相关定义	授权主体(a)	授权对象(b)	授权客体(c)	运营行为(d)	运营产出(e)	运营效益(f)
《苏州市数据条例》	被授权运营主体（b）在授权范围内，依托公共数据平台提供的安全可信环境，实施数据开发利用，并提供数据产品和服务的行为（d）	×	√	×	√	×	×
《四川省数据条例》	县级以上地方各级人民政府（a）可以在保障国家秘密、国家安全、社会公共利益、商业秘密、个人隐私和数据安全的前提下，授权符合规定安全条件的法人或者非法人组织（b）开发利用（d）政务部门掌握的公共数据（c），并与授权运营单位签订授权运营协议	√	√	√	√	×	×
《东营市公共数据授权运营暂行管理办法》	由市大数据主管部门（a）整合多部门公共数据资源（c），根据数据提供单位管理要求和社会主体应用需求，按程序依法授权法人或者非法人组织（b）并签订授权运营协议，授权运营单位对授权的公共数据进行加工处理（d），开发形成公共数据产品并向社会提供服务（e）的行为 公共数据产品或服务应当坚持市场化原则进行合理定价。授权运营单位应严格执行公共数据产品定价和合理收益有关规定，数据运营收益在扣除了合理成本和合理利润后优先支持本地信息化项目发展（f）	√	√	√	√	√	√
《青岛市公共数据运营试点管理暂行办法》	经青岛市政府（a）同意，具体承担本市公共数据运营试点工作的企事业单位（b），在构建安全可控开发环境基础上，挖掘社会应用场景需求，围绕需求依法合规进行公共数据（c）汇聚、治理、加工处理（d），提供公共数据产品或服务（e）的相关行为	√	√	√	√	√	×
《贵州省政务数据资源管理办法》	在依法利用和保障安全的原则下，各级大数据主管部门（a）统一授权具备条件的市场主体（b）运营本级政务数据（c），开发形成不涉及国家秘密、商业秘密、个人隐私的数据服务和产品（e），并通过贵阳大数据交易所进行交易（d）	√	√	√	√	√	×

(续)

政策法规名称	相关定义	授权主体(a)	授权对象(b)	授权客体(c)	运营行为(d)	运营产出(e)	运营效益(f)
《达州市公共数据授权运营管理办法（征求意见稿）》	市级公共数据主管部门（a），按程序依法授权法人或者非法人组织（b），对授权的公共数据（c）进行加工处理（d），开发形成公共数据产品（e）并向社会提供服务的行为	√	√	√	√	√	×
《广州市数据条例（公开征求意见稿）》	市人民政府（a）授权的公共数据运营机构，统一负责本市公共数据运营工作，搭建公共数据运营平台（d），向数据商提供安全可信的数据开发利用环境和数据服务（e）	√	×	×	√	√	×
《包头市公共数据管理暂行办法》	市政府（a）授权符合条件的运营单位（b）构建安全可控、可信的平台环境，挖掘公共数据市场化应用场景，实施公共数据开发利用（d），并提供相关数据产品和服务（e）的活动	√	√	×	√	√	×
《长沙市政务数据运营暂行管理办法（征求意见稿）》	本办法所称政务数据运营，是指长沙市数据资源管理局在长沙市人民政府（a）的授权下，将各级政务部门、公共服务企事业单位在依法履行职责、提供服务过程中采集、产生和获取的各类数据资源（c），按照法定程序授权相关主体［b］，在政务数据运营过程中通过构建运营场景、获取政务数据资源并向数据使用方提供数据服务的主体］基于特定的场景需求加工、处理并面向数据使用方提供服务、获取收益（d）的过程 基于政务数据资源运营属于政府国有资产有偿使用范围。政务数据授权运营协议中应约定数据权属主体、数据运营主体和数据加工主体的运营收益分配比例。市级政务数据运营项目中的数据权属主体收益分配纳入市级财政收入；区县（市）级政务数据运营项目中的数据权属主体收益分配纳入区县（市）级财政收入（f）	√	√	√	√	×	√

(续)

政策法规名称	相关定义	授权主体(a)	授权对象(b)	授权客体(c)	运营行为(d)	运营产出(e)	运营效益(f)
《遂宁市公共数据运营管理办法（试行）》	市级大数据主管部门在市政府（a）的授权下，将国家机关和法律法规授权的具有管理公共事务职能的组织为履行法定职责收集、产生的政务数据，以及医疗、教育、供水、供电、供气、通信、广电网络、文化旅游、体育、交通运输、环境保护等公共企事业单位在提供公共服务过程中收集、产生的涉及公共利益的公共服务数据（c），按照法定程序提供给公共数据运营单位［(b)，经市政府依据相关法律法规授权，并具体承担本市公共数据运营服务的单位］，公共数据运营单位基于特定的需求加工、处理（d）并面向数据使用方提供服务、获取收益的过程	√	√	√	√	×	×
《长春市公共数据授权运营管理办法》	市政府指定本级公共数据主管部门（a）依法授权法人或者非法人组织（b），对授权的公共数据［(c)，各级行政机关、公共企事业单位在依法履行职责或者提供公共服务过程中，采集或者生产的各类数据］进行加工处理（d），开发形成公共数据产品（e）并向社会提供服务的行为。公共数据授权运营包括数据加工使用权、数据产品经营权两类 授权运营单位应当严格执行公共数据产品定价和合理收益有关规定，并依据授权协议在公共数据授权运营参与方之间进行合理的收益分配（f）	√	√	√	√	√	√
《温州市公共数据授权运营管理实施细则（试行）》	县级以上政府（a）按程序依法授权法人或者非法人组织（b），对授权的公共数据［(c)，本市国家机关、法律法规规章授权的具有管理公共事务职能的组织以及供水、供电、供气、公共交通等公共服务运营单位，在依法履行职责或者提供公共服务过程中收集、产生的数据］进行加工处理（d），开发形成数据产品和服务（e），并向社会提供的行为	√	√	√	√	√	√

(续)

政策法规名称	相关定义	授权主体(a)	授权对象(b)	授权客体(c)	运营行为(d)	运营产出(e)	运营效益(f)
《温州市公共数据授权运营管理实施细则（试行）》	通过授权运营加工形成的数据产品和服务，授权运营单位可以向用户收取成本费用或者获取合理收益，并承担相应风险 授权运营单位应遵循依法合规、普惠公平、收益合理的原则，对数据产品和服务进行合理定价。鼓励授权运营单位面向公共治理、公益事业等领域，提供多样化的数据产品和服务 推动用于公共治理、公益事业的公共数据有条件无偿使用 探索用于产业发展、行业发展的公共数据有条件有偿使用 公共数据授权使用定价方式应当结合应用场景确定，由协调小组制定定价方案，报本级政府审核后实施 探索用于产业发展、行业发展的公共数据有条件无偿使用，逐步将公共数据授权运营纳入政府国有资源（资产）有偿使用范围，形成公共数据开发利用良性循环（f）	√	√	√	√	√	√
《衢州市公共数据授权运营管理实施细则（试行）》	县级以上政府（a）按程序依法授权法人或者非法人组织（b），对授权的公共数据（c）进行加工处理（d），开发形成数据产品和服务（e），并向社会提供的行为 探索将公共数据授权运营纳入政府国有资源资产有偿使用范围，按照"谁投入、谁贡献、谁受益"原则，保护公共数据授权运营各参与方的投入产出收益，依法依规维护数据资源资产权益。鼓励多方合作开展数据产品和服务市场化运营，探索成本分摊、利润分成、股权参股、知识产权共享等多元化利益分配机制（f）	√	√	√	√	√	√

（续）

政策法规名称	相关定义	授权主体(a)	授权对象(b)	授权客体(c)	运营行为(d)	运营产出(e)	运营效益(f)
《厦门市公共数据授权运营管理暂行办法（征求意见稿）》	经市人民政府（a）授权的一级开发主体[（b），承担公共数据授权运营过程涉及安全可信环境建设运营、数据资源管理、开发利用管理与服务能力支撑等工作的主体]，运营（d）本市允许社会化增值开发利用的公共数据资源（c）、依法依规向二级开发主体（满足有关条件的，在安全可信环境下开发利用公共数据的自然人、法人和非法人组织）提供公共数据开发利用服务（e）的行为	√	√	√	√	√	×
《大理州公共数据授权运营管理办法》	州人民政府（a）依法按有关程序授权法人（b），对授权使用的公共数据[（c），大理州行政机关、法律法规规章授权的具有管理公共事务职能的组织以及供水、供电、供气、公共交通等公共服务运营单位，在依法履行职责或者提供公共服务过程中收集、产生的数据]进行加工处理、开发利用（d），形成公共数据产品和服务（e）并向社会提供的行为。涉及国家秘密、商业秘密或个人隐私的公共数据不在本办法所称的公共数据授权运营范围 公共数据授权运营主体应当依法合规开展公共数据运营，严格执行数据产品和服务定价机制，对授权运营的公共数据进行加工形成数据产品和服务，可依法获取收益（f）	√	√	√	√	√	√
《丽水市公共数据授权运营管理实施细则（试行）》	县级以上政府（a）按程序依法授权法人或者非法人组织（b），依托公共数据授权运营域，对授权的公共数据（c）进行加工处理（d），开发形成数据产品或服务（e），并向社会提供的行为 授权运营单位应当遵循依法合规、普惠公平、收益合理的原则，按照"谁投入谁受益"的要求，对数据产品进行科学合理定价，收费前做好明码标价。鼓励授权运营单位面向公共服务、公益事业等领域，提供非营利或免费的公共数据产品 探索建立政府、企业间公共数据授权运营收益的合理分配机制，扩大公共数据资源供给，充分释放公共数据价值（f）	√	√	√	√	√	√

(续)

政策法规名称	相关定义	授权主体(a)	授权对象(b)	授权客体(c)	运营行为(d)	运营产出(e)	运营效益(f)
《烟台市公共数据授权运营管理暂行办法（征求意见稿）》	运营单位［(b)，按程序依法取得公共数据运营权，具体承担本市公共数据运营工作的法人或非法人组织］在构建安全可控的开发环境基础上，挖掘公共数据社会化应用场景需求，对获得授权运营的公共数据［(c)、国家机关、法律法规授权的具有管理公共事务职能的组织、人民团体以及其他具有公共服务职能的企业事业单位等，在依法履行公共管理和服务职责过程中收集和产生的各类数据］进行加工处理（d），向社会提供数据产品和服务（e）的相关行为	×	√	√	√	√	×
《盐城市公共数据授权运营管理暂行办法（公开征求意见稿）》	经市级人民政府（a）授权的一级开发主体［(b)，承担公共数据授权运营过程中涉及公共数据授权运营平台建设、数据资源管理、开发利用管理与服务能力支撑等工作的主体］，在构建安全可控开发环境基础上，运营允许社会化增值开发利用的公共数据资源（c）、依法依规提供公共数据开发利用服务的行为（d） 按照"谁投入、谁贡献、谁受益"原则，保护公共数据授权运营各参与方的投入产出收益，依法依规维护数据资源资产权益，并在开发利用协议中予以约定（f）	√	√	√	√	×	√
《绍兴市公共数据授权运营管理实施细则（试行）》	市、县两级政府（a）按程序依法授权法人或者非法人组织（b），对授权的公共数据（c）进行加工处理（d），开发形成数据产品和服务（e），并向社会提供的行为 授权运营单位应当遵循依法合规、普惠公平、收益合理原则，严格执行公共数据产品定价和合理收益规定，对加工形成的公共数据产品和服务确定价格，并依据授权协议在公共数据授权运营参与方之间进行合理的利益分配。鼓励多方合作开展数据产品和服务市场化运营，探索成本分摊、利润分成、股权参股、知识产权共享等多元化利益分配机制（f）	√	√	√	√	√	√

（续）

政策法规名称	相关定义	授权主体(a)	授权对象(b)	授权客体(c)	运营行为(d)	运营产出(e)	运营效益(f)
《云南省公共数据管理办法（试行）》	省和州、市人民政府（a）可以依照法定权限和程序赋予具有条件的法人或者非法人组织（b）对公共数据［(c)，各级行政机关和经法律、法规授权的具有管理公共事务职能的组织，以及供水、供电、供气等公共服务运营单位，在依法履行职责或者提供公共服务过程中收集、产生的数据。公共服务运营单位实施公共服务以外的数据处理活动，不适用本办法。根据我省应用需求，税务、海关等国家有关部门派驻云南的管理机构授权提供的数据，属于公共数据］开展一级开发（d），形成标准化、可机器读取、可流通的公共数据要素（e）。不予开放的公共数据不得授权开发运营	√	√	√	√	√	×
《济南市公共数据授权运营办法（征求意见稿）》	市、区县大数据主管部门或者数据提供单位（a）在保障国家秘密、国家安全、社会公共利益、商业秘密、个人隐私和数据安全的前提下，按规定与符合条件的法人或者非法人组织（b）签订公共数据授权运营协议，依法授权其在授权运营平台对公共数据［(c)，利用授权的公共数据加工形成的产品，主要形态有数据组件、数据模型、数据核验、数据服务、数据工具、数据报告等］进行加工处理，开发形成公共数据产品（e）并向社会提供服务的行为	√	√	√	√	√	√
《安徽省公共数据授权运营管理办法（试行）（征求意见稿）》	符合条件的企事业单位（b），在保障国家秘密、国家安全、社会公共利益、商业秘密、个人隐私和数据安全的前提下，依据法律法规、政策规定和本办法，对授权的公共数据［(c)，各级政务部门、企事业单位依法履职或提供公共服务过程中产生的数据，包括政务数据和公共服务数据。政务数据是指国家机关和法律、法规授权的具有管理公共事务职能的组织履行法定职责收集、产生的各类数据。公共服务数据是指供水、供电、供气，公共交通等提供公共服务的组织提供公共服务	×	√	√	√	√	√

(续)

政策法规名称	相关定义	授权主体 (a)	授权对象 (b)	授权客体 (c)	运营行为 (d)	运营产出 (e)	运营效益 (f)
《安徽省公共数据授权运营管理办法（试行）（征求意见稿）》	过程中收集、产生的各类数据]进行加工处理（d），开发形成公共数据产品和服务（e），并向社会提供服务的活动 运营主体根据授予的公共数据加工使用权、数据产品经营权，按照提供的公共数据产品的价值贡献获取合理收益（f）	×	√	√	√	√	√
《南京市公共数据授权运营管理暂行办法》	依法依规获得授权的法人或者非法人组织（b），对（a）授权的公共数据［（c），本市各级行政机关、法律法规授权的具有管理公共事务职能的组织为履行法定职责、提供公共服务收集、产生的，以电子或者其他方式对信息的记录]进行运营管理（d），提供公共数据产品或者服务（e）的行为	√	√	√	√	√	×

（二）学术文献对公共数据授权运营的界定

学术文献对公共数据授权运营的要素界定见表4-2。

表4-2 学术文献对公共数据授权运营的要素界定

学术文献	相关定义	授权主体 (a)	授权对象 (b)	授权客体 (c)	运营行为 (d)	运营产出 (e)	运营收益 (f)
《政府数据流动：方式、实践困境与协同治理》	政府（a）授权一定主体（b）通过市场化方式运营政府数据（c），促成外部主体的使用（e）	√	√	√	×	√	×
《政府数据赋能数字经济升级：授权运营、隐私计算与场景重构》	地方政府（a）将数据市场化运营权（c）集中授予国资企业（b），由该国资企业通过市场化服务方式（d）满足经济社会发展对政府数据的需要（e），并实现政府数据资产保值与增值	√	√	√	√	√	√

（续）

学术文献	相关定义	授权主体 (a)	授权对象 (b)	授权客体 (c)	运营行为 (d)	运营产出 (e)	运营收益 (f)
《公共数据运营模式研究报告》	经公共数据管理部门和其他相关信息主体（a）授权具有专业化运营能力的机构（b），在构建安全可控开发环境基础上，按照一定规则组织产业链上下游相关机构围绕公共数据（c）进行加工处理、价值挖掘等运营活动（d），产生数据产品和服务的相关行为	√	√	√	√	×	×
《政府数据授权运营法律问题探析》	为提高政府数据社会化开发利用水平，基于安全可控原则，允许政府（a）授权可信市场主体（b）主要将有条件开放类政府数据（c）挖掘开发（d）成为数据产品和数据服务（e）后有偿提供（f）给社会使用的行为	√	√	√	√	√	√
《政府数据授权运营治理的法律完善》	政府（a）将数据利用权（c）交予社会（b）以满足商业创新和公共服务需求（e），保留数据用益权以促进数据资产的保值增值，同时通过授权许可制保护被授权主体的数据利用权益以及公共利益	√	√	√	×	√	×
《公共数据授权运营的类型构建与制度展开》	以公共数据开发利用为目的，有权机关（a）授权特定运营主体（b）对公共数据（c）进行加工（d），从而形成数据产品与服务（e）提供给市场与社会	√	√	√	√	√	×

（三）公共数据授权运营的概念要素

基于上述内容可知，公共数据授权运营的概念虽未有严格定义，但已形成大致框架，主要包括授权主体、授权对象、授权客体、运营行为、运营产出、运营收益六种要素，其中对授权主体、授权对象、授权客体的内涵基本存有共识，分歧主要集中在对运营行为、运营产出的界定，运营收益即授权运营对外提供运营产出的有偿性并未被普遍认可提及，仅少见于个别地方性立法中。

各地对授权主体已基本达成共识，即地方各级政府、数据主管部门或国家行业主管部门。《公共数据资源授权运营实施规范（试行）》将地方政府限定为"县级以上"，规定县级以上地方各级政府负责本地区公共数据资源授权运营工作的统筹协调管理，动态掌握本地区公共数据资源授权运营情况，加强政策、业务指导。国家数据局负责全国公共数据资源授权运营工作的统筹协调管理，动态掌握全国公共数据资源授权运营情况，加强政策、业务指导。省级数据主管部门应发挥综合协调作用，强化数据资源整合，提升数据服务能力，充分发挥公共数据资源规模化应用效应，做好对本地区授权运营工作的监督管理。国家行业主管部门数据管理机构负责推动本部门公共数据资源授权运营工作，指导本行业加强授权运营范围内的行业数据资源管理。

关于授权对象（运营机构），存在以下三种表述：第一种是"社会主体"，展开为"法人或非法人组织"。第二种是在前者基础上进一步增加"符合规定安全条件""专业化运营能力"等约束性条件，以对主体资格进行说明。据现有地方性立法中有关授权对象条件的规定，约束性条件多为对经营状况、技术水平、安全能力等方面的资质要求。第三种直接指向某一类特定主体如国资企业。《公共数据资源授权运营实施规范（试行）》未明确规定授权对象（运营机构）需要满足的具体条件，而是规定在选定运营机构时需考察资金、管理、技术、服务、安全能力等要素，运营机构需按照程序获得授权，不能超越授权范围使用数据。

关于授权客体，存在以下三种表述：第一种强调数据的类型属性，将授权客体表述为"政务数据""公共数据""公共服务数据"。此类表述最为普遍。第二种强调数据的价值属性，将授权客体界定为"与民生紧密相关、社会需求迫切、商业增值潜力显著的数据"。第三种基于授权客体并非数据资源而是数据相关权利的主张，认为授权客体是"数据利用权"或

"市场运营权"。《公共数据资源授权运营实施规范（试行）》规定授权客体为"县级以上地方各级人民政府、国家行业主管部门持有的公共数据资源"，但未明确公共数据资源的范围。《关于加快公共数据资源开发利用的意见》指明，公共数据是各级党政机关、企事业单位依法履职或提供公共服务过程中产生的数据。结合以上二者规定，公共数据授权运营的客体为公共数据资源，即县级以上地方各级人民政府、国家行业主管部门持有的各级党政机关、企事业单位依法履职或提供公共服务过程中产生的数据。

关于运营行为的表述大多指向"开发利用"及由其延展出的相关具体活动，包括平台搭建、加工处理、开发形成产品或服务等。除此之外，还有少数定义进一步提出了"通过市场化服务方式满足经济社会发展对政府数据的需要，并实现政府数据资产保值与增值"和"围绕需求依法合规进行公共数据汇聚、治理"等行为，将单纯的开发利用拓展为参与产业链协同。《公共数据资源授权运营实施规范（试行）》在总则中概括性规定运营行为包括"治理、开发和提供"，其中治理开发的对象为公共数据资源，提供的对象为数据产品和技术服务，在其后的具体章节中通过正面授权和负面禁止的方式对运营行为进行规范。《关于加快公共数据资源开发利用的意见》规定，采用整体授权、分领域授权、依场景授权等模式，授权符合条件的运营机构开展公共数据资源开发、产品经营和技术服务，不得未经授权超范围使用数据。运营机构应依法依规在授权范围内开展业务，不得实施与其他经营主体达成垄断协议或滥用市场支配地位等垄断行为，不得实施不正当竞争行为。

运营产出的定义分为具体和抽象两种：一种是地方性立法文件中广泛采用的具体指明"数据产品和服务"；另一种是抽象表述为"促成外部主体的使用""满足商业创新和公共服务需求""满足经济社会发展对政府数据的需要"等。《公共数据资源授权运营实施规范（试行）》规定运营产出包括数据产品和技术服务，公共数据产品和服务价格按照国家有关价格政策执行。应保护参与各方的合法权益，明确经营成本和收入等核算机制、收益分配机制。

二、公共数据授权运营的原则

依照《公共数据资源授权运营实施规范（试行）》和《关于加快公共数据资源开发利用的意见》的规定，公共数据授权运营应当遵循如下原则：

一是依法合规原则。公共数据授权运营必须严格遵守相关法律法规的规定，包括《公共数据资源授权运营实施规范（试行）》、《数据安全法》、《个人信息保护法》、《网络安全法》、"数据二十条"等，确保所有运营活动在法律框架内进行，保护各方主体的合法权益，维护国家安全和社会公共利益。

二是公平透明原则。公共数据授权运营应坚持公平、公正、公开的原则，确保授权过程的透明度和公正性。从运营规则制定到运营机构选定再到公共数据投入运营，都应当保障所有参与授权运营的主体及社会公众享有平等的知情权与参与权。授权条件、程序、结果即实施情况应及时、完整、准确地向社会公开，接受社会监督，防止权力寻租和利益输送。

三是公益优先原则。由于资本的局限性和逐利性可能会对公共利益造成损害，有违为公众带来数据福利的制度初衷，公共数据授权运营不能完全以市场机制调节，政府应发挥公共资源配置法律关系中"全体人民"利益的"监护人"[一]作用，在被授权对象选择、授权运营的数据范围、授权协议内容、数据产品定价等方面，始终以公共利益的实现为价值导向切实履行监管职责。例如，数据产品的定价不能完全依靠市场调节，政府应当在授权协议中对价格进行规制；授权运营已接受财政补贴或资金已由政府提

[一] 肖泽晟. 公共资源特许利益的限制与保护——以燃气公用事业特许经营权为例 [J]. 行政法学研究, 2018（2）：14-34.

供的，应适当降低数据产品价格或免费向公众提供，避免价格过高出现企业为满足私利而损害公益的情形。

四是合理收益原则。公共数据授权运营应确保运营机构在合理范围内获得收益，以激励其积极参与数据资源的开发利用。同时，收益分配应兼顾各方利益，既要保证运营机构的可持续发展，又要避免过高收费损害公共利益。政府应指导建立健全价格形成机制，维护数据市场的公平竞争环境。《关于加快公共数据资源开发利用的意见》强调："发挥好价格政策的杠杆调节作用，加快建立符合公共数据要素特性的价格形成机制。指导推动用于公共治理、公益事业的公共数据产品和服务有条件无偿使用。用于产业发展、行业发展的公共数据经营性产品和服务，确需收费的，实行政府指导定价管理。"

五是安全可控原则。公共数据授权运营的核心和关键是安全，在进行公共数据资源开发利用的同时不能忽视对数据资源安全的保护。公共数据具有公共性，其安全不仅包括数据安全，还涉及国家安全和个人权益保障。通过公共数据的授权运营，将一些出于安全考量无法开放的重要数据由政府自身主动开发利用，进一步挖掘和释放此类重要数据的价值。

三、公共数据授权运营的制度定位

从制度产生上，数据开放释放公共数据要素价值效果不彰构成公共数据授权运营的基本源起。一方面，数据开放对公共数据的价值挖掘有赖社会广泛和深度参与，而实际上，社会主体开发利用数据的数字技能普遍较为缺失，加之公共数据开放只关注数据供给侧，难以真正推动社会对开放数据的有效开发利用。在此意义上，数据开放无法实现预期的公共数据开放利用目标，具有必然性。另一方面，数据开放固有的安全风险也会阻滞公共数据开放利用的进程。数据开放固然可以借由社会力量创造经济社会价值，但数据毕竟承载着多元主体之多元利益，社会化的开发利用将增加数据滥用风险，使公共数据承载的国家安全、商业秘密和个人隐私暴露于风险之中。可以说，数据开放伴随的安全隐患极大地消解了政府部门开放数据的热情，构成供给侧层面数据开放实现预期制度目标的桎梏。正是在此背景下，《"十四五"规划纲要》提出"开展政府数据授权运营试点"的规划部署。继而，《"十四五"推进国家政务信息化规划》《"十四五"数字经济发展规划》《要素市场化配置综合改革试点总体方案》《全国一体化政务大数据体系建设指南》《"十四五"国民健康规划》等一系列政策文件对公共数据授权运营作出倡导性、原则性规定。同时，《上海市数据条例》《浙江省公共数据条例》《重庆市数据条例》等地方性法规也对公共数据授权运营进行了立法探索。授权运营作为一项新的公共数据开放利用机制开始被社会各界关照，并被寄予厚望。理性而论，授权运营通过选择具有较高数据开发利用能力和安全保障能力的市场主体开发运营公共数据，能够积极兼顾数据开发利用和数据安全保障，或可成为有效释放公共数据要素价值的破局制度机制。

同为公共数据社会化开发利用的制度机制，公共数据开放制度和授权运营制度具有很高的相似度。首先，这两项制度都是将政府持有的数据资源提供给市场主体开发利用的行为，本质上都是政府与市场围绕公共数据进行价值共创的行为；其次，这两项制度都将最大限度释放公共数据的要素价值作为制度目标，致力于数据要素市场的构建和培育；最后，这两项制度都将数据安全作为制度运转的底线要求，可供开放利用的公共数据都被限定于特定范围。其中，数据有条件开放作为按照特定条件向部分主体提供对数据安全和处理能力要求较高、时效性较强或者需要持续获取的公共数据的行为，与授权运营的相似度更高。由此，如何正确认识数据开放与授权运营的逻辑关系成为基础性难题，这两项制度事实上落入彼此纠缠的混沌状态。

理性上，数据开放与授权运营逻辑关系的厘清暨公共数据授权运营制度功能的定位,可遵循如下法理逻辑:首先,授权运营作为回应数据开放实践困境的制度设计,是行政强力干预公共数据开放后的产物,在一定程度上限制了公共数据开发运营的机会平等性、对象普遍性和过程透明性,有其自身独特的制度价值和制度逻辑。这既意味着授权运营并非作为现有数据开放制度的特殊形式,而是与现有数据开放同属于广义公共数据开放利用范畴下独立的制度机制,同时也意味着授权运营与数据开放在公共数据开放利用制度体系中的功能地位并不平等。其次,授权运营诞生于数据开放释放公共数据要素价值效果不彰的实践现实。若数据开放能够充分满足市场主体对公共数据资源的需求,公共数据授权运营存在的必要性则不复存在。再次,数据开放作为政府向社会提供的公共服务,应当坚持公平性原则。因此,相较效率导向的授权运营,数据开放应当在公共数据开放利用制度体系中居于基础地位,即公共数据授权运营应当在公共数据开放制度规则的约束下进行。最后,授权运营作为破解数据开放实践困局的制度机制,本身即蕴含着突破数据开放可利用数据范围过窄困境的制度初衷。为此,授权运营虽应受到数据开放制度规则的限制和约束,但可以作为更加审慎的试验性机制拓展可予开放的公共数据范围。同时,突破开放数据范围限制而授权给特定市场主体开发利用的公共数据,应在授权协议约定的适当期限届满后视具体情形决定是否纳入开放数据的范围。

四、公共数据授权运营概念的明确

综合前述分析,本书将公共数据授权运营定义为:公共数据授权运营是政府和公共部门在实现公共数据安全、可控、可用的前提下,依照法律、法规规定,授权符合一定条件的市场主体对公共数据进行开发利用,从而形成数据产品与服务,释放公共数据的经济价值和社会价值、实现公共数据主动供给和要素市场培育调控职能的方式。

授权主体为政府和公共部门。公共数据是政府和公共部门在履职过程中通过法定程序向特定主体获得的，政府和公共部门持有公共数据，享有公共数据的资源持有权、加工使用权和数据产品经营权，由政府和公共部门作为授权主体的法律底层逻辑更为自洽。

授权对象为符合法律、行政法规或有关规定的法人和非法人组织。引入第三方市场主体参与是授权运营的主要特征，也是其区别于数据开放的重要标志。当然，出于安全考量和目的需要，对被授权的法人和非法人组织必须有一定的条件要求，要求涉及情况复杂、相关方面较多且具体标准较细，单立条款阐明更为适宜，在定义时以"符合法律、行政法规或有关规定"概述即可。

授权客体为公共数据。将授权客体定义为公共数据而非与数据相关的权利，是基于公共数据授权运营的法律关系。通常而言，法律关系由法律关系的主体、内容和客体三部分组成，法律关系的主体是在法律关系中享受权利、承担义务的人，法律关系的内容是法律上的权利和义务，而法律关系的客体是法律关系主体的权利和义务指向的对象。在公共数据授权运营的法律关系中，政府机关授予法人和非法人组织对公共数据进行加工使用和产品经营的权利，客体应为公共数据，法律关系的内容才是公共数据上的加工使用权和产品经营权及相应义务。

运营行为是对公共数据进行使用、加工和创新等，与既有"开发利用"或"加工处理"存在较大区别。"数据二十条"中提出建立数据资源持有权、数据加工使用权、数据产品经营权三权分置的产权运营体系，运营行为即授权对象行使数据加工使用权的行为，采用"加工、使用"对其进行描述合理恰当。此外，还有对运营行为目标即通过对产出物的运营实现成功开放数据、释放数据价值的考量。首先，以"使用"替换"利用"是出于对词组含义更精细的理解。"利用"意为采取一定的手段使人或物发挥其效能，"使用"意为取一定的手段使人或物为某种目的服务；"利用"更适合用于表述公共数据授权运营行为整体，运营行为作为全流程的中间环节，承接前一步的授权与后一步的产出，无法单独发挥授权运营制度的效能，"使用"更能准确地表述其定位和功用。其次，采用"加工"放弃"开发"是为了更完整地涵盖行为内容。对数据的加工使用包括清洗、处理、存储、管理、开发利用、安全保障等事项，开发利用仅为其中一项，不应以此定义整个运营行为。最后，新增"创新"行为是基于公共数据授权运营的价值目标，鼓励运营主体在保障安全性、提升可用性的基础之上进一步激发创新性，释放公共数据更深层次的价值。

运营产出是创新数据、数据产品和服务等。抽象定义使得运营产出的范围过于模糊宽泛，定义效果大打折扣，因此对其采用具体定义。"数据产品和服务"沿用了既有立法中的普遍表述，从数据交易视角来看，数据产品是一种产权可界定、可交易的商品，是数据要素市场的主要交易对象和标的。从数据科学视角来看，数据产品是对数据资源进行加工处理、分析研究所形成的，能够发挥数据价值的产品，包括数据模型、数据分析报告、数据可视化、数据指数、数据引擎、数据服务等。如前文对运营行为的分析，授权运营所需产出的是处于"中间态"的数据产品和服务，为社会主体提供再利用的空间。此外，新增的"创新数据"与上述运营行为中的"创新"相对应，以拓展运营产出的类型和数据利用的方式。

除对五项基本要素的描述，定义还包含对授权运营价值的描述：释放公共数据的经济价值和社会价值、实现公共数据主动供给和数据要素市场培育调控职能，以及对授权运营作用的描述：在实现安全可控、可用的前提下授权相关主体运营公共数据开放无法供给的数据的阐述，更进一步明确了其价值内涵和体系定位。

第二节 公共数据授权运营性质

关于公共数据授权运营性质，目前主要有以下几种观点。

一、行政许可说

行政许可指行政机关根据公民、法人或者其他组织的申请，经依法审查，准予其从事特定活动的行为。从政府角度分析，政府是全民所有或者由其经营资源的合法代表，公共数据作为公共资源，政府有权力对其进行授权运营。公共数据授权运营是政府通过开放公共数据的行为满足申请人需要，即行政机关允许申请人从事某项特定活动。获得授权后，被授权主体在公共数据开发利用活动中享有特权，如使用公共数据、利用政府建设的数据平台等，并承担相应的义务，如有限的运营期限、定价限制等。这种特权与义务的设定符合行政许可的特征，即行政机关依申请，经审查后准予申请人从事特定活动。在公共数据授权运营中，政府作为授权主体，通过设定条件和程序规范和管理市场主体的开发利用活动，被授权主体则获得相应的特权并承担特定的义务。这种授权行为旨在推动公共数据的开发利用，优化资源配置，实现特定的社会经济目标。

二、特许经营说

特许经营指特许人将自己拥有的商标、商号、产品、专利和专有技术、经营模式等以特许经营合同的形式授予被特许人使用，被特许人按合同规定在特许人统一的业务模式下从事经营活动，并向特许人支付相应的费用。公共数据授权运营是政府将公共数据按照法定程序授权给具有数据开发资质和能力的第三方进行经营，是赋予社会第三方力量的一种特殊的公共数据专营权。这种专营权通过签订授权运营协议明确，协议中规定了双方的权利和义务。被授权的第三方在运营过程中需接受政府监管，确保公共数据安全。我国已有多地开展公共数据授权运营，通过特许经营方式将公共数据授权给具有资质和能力的第三方进行运营，取得了初步成效。虽然我国法律没有明确规定公共数据授权运营的性质，但结合其含义、特征和实践运营方式，可以认为其在法理上属于特许经营行为。

三、行政协议说

公共数据授权运营是由政府主导的一种机制，政府在其中扮演着重要角色，负责将特定领域的公共数据授权给符合条件的运营主体。在授权过程中，政府与被授权运营主体需要签订协议或合同明确双方的权利、义务和责任。协议或合同具有法律约束力，规范双方的行为。公共数据授权运营的目的是通过引入市场机制提高公共数据的开发利用效率，赋能实体经济，提升治理效能，与行政协议通常追求的公共利益目标相契合。

四、政府采购说

政府采购模式在公共数据授权运营中具有明显的制度优势，特别是处理无条件开放的公共数据。这类数据应当无条件向全社会开放，其增值产生的收益归属社会。政府采购模式下，政府旨在通过数据授权运营满足社会的直接数据需求，提供普遍、优质的公共服务。政府通过购买服务将公共数据的运营职责委托给第三方运营主体。政府仍然是公共数据资源的管理者和经营者，对授权运营的全流程负有监管职责。运营费用由公共财政承担，产生的数据价值增值由社会共享。政府通过采购服务的方式向运营主体支付费用，以换取其提供的数据产品和服务，运营主体不直接通过数据产品和服务向用户收费，而是通过政府付费实现盈利。政府采购模式能够确保无条件开放的公共数据得到充分的开发利用，同时避免政府因追求经济利益而形成行政垄断。

五、政府与社会资本合作说

公共数据授权运营被视为政府与社会资本合作（PPP 模式）的一种形式，主要原因有以下五点：

（1）合作主体多元。公共数据授权运营涉及行政主体（政府）、运营主体（市场主体，如国有企业或其他符合条件的企业）和社会主体（数据产品或服务的最终用户）三方。这种多方参与的模式与 PPP 模式中的政府与社会资本合作特征相吻合。

（2）风险与收益共享。在公共数据授权运营中，政府通过授权特定市场主体进行公共数据开发利用，并允许这些市场主体从数据产品或服务的交易中获取收益。这种模式将部分风险（如数据安全、技术开发等）转移给市场主体，市场主体承担相应的开发成本和风险。这与 PPP 模式中风险共担的原则相符。

（3）公共服务目标。公共数据授权运营的目标是通过引入市场机制提高公共数据开发利用的效率，最终满足社会公共服务需求。这与 PPP 模式中通过公私合作提供公共服务的目标一致。

（4）长期合作与共赢。PPP 模式强调长期合作和共赢，公共数据授权运营也需要政府与市场主体之间建立长期稳定的合作关系，共同推动公共数据的价值实现和持续开发利用。

（5）灵活的合作形式。PPP 模式包含特许经营、公共服务购买和股权合作等多种具体表现形式。公共数据授权运营实践中也有多种合作模式，如国有企业自主运营、合资合作运营和完全市场化运营等，这些模式均符合 PPP 模式的灵活性特点。

六、国有资产运营说

公共数据授权运营被视为国有资产运营，主要有以下五点原因：

（1）公共数据的属性。公共数据是由政府部门生成和拥有的，加之数据的收集由公共财政支持，因此具有公共属性，属于国有资产范畴。

（2）授权运营目标的公共性。公共数据授权运营的目标不仅仅是盈利，更重要的是通过数据市场化运营更好地发挥数据的价值，服务于社会治理和公共服务。这体现了国有资产运营服务于公共利益的特点。

（3）运营主体的国有性质。在成都市，公共数据授权运营的主体是成都市大数据集团股份有限公司（以下简称"成都市大数据集团"，后更名为成都数据集团），这是一家由成都产业投资集团控股的国有企业，这种国有性质的运营主体进一步强调了公共数据授权运营作为国有资产运营的性质。

（4）政策文件的明确界定。部分地方立法明确公共数据在授权运营时被视为"国有私产"，获得的收益纳入财政管理。

（5）价值共创与监管。公共数据授权运营通过价值共创逻辑调动各方积极性，这样不但易于监管和推广，而且符合国有资产运营需要确保资产安全、有效增值和公共利益最大化的原则。

七、立法规定

《关于加快公共数据资源开发利用的意见》规定，共享、开放、授权运营是公共数据开发利用的三种方式，即公共数据授权运营是一种数据资源开发利用行为，旨在通过市场机制促进公共数据资源的价值释放。《公共数据资源授权运营实施规范（试行）》明确提出，授权运营是将县级以上地方各级人民政府、国家行业主管部门持有的公共数据资源，按照法律法规和相关要求，授权符合条件的运营机构进行治理开发，并面向市场公平提供数据产品和技术服务的活动。但两部文件仅描述公共数据授权运营行为的事实性质是一种数据资源开发利用行为，并未明确其法律性质，而法律性质的明确对于确定行为的规范依据具有重要意义。

梳理现有规范文件，公共数据授权运营过程中实施的行为包括数据收集、存储、使用、加工、传输、提供。《关于加快公共数据资源开发利用的意见》规定，公共数据是各级党政机关、企事业单位依法履职或提供公共服务过程中产生的，必然伴随数据收集行为。经收集后的公共数据资源存储于地方各级人民政府、国家行业主管部门。地方各级人民政府、国家行业主管部门将其持有的公共数据传输至公共数据开发利用平台，供运营机构加工、使用。这一系列行为方式符合《数据安全法》规定的数据处理。因此，公共数据授权运营行为是一种数据处理行为。

进一步分析，公共数据授权运营涉及多方主体，主要为实施机构和运营机构。依据《公共数据资源授权运营实施规范（试行）》的规定，实施机构是由县级以上地方各级人民政府或国家行业主管部门结合授权模式确定的、具体负责组织开展授权运营活动的单位；运营机构是按照规范程序获得授权，对授权范围内的公共数据资源进行开发运营的法人组织。实施机构为公主体，运营机构为私主体，公共数据授权运营是由作为公主体的实施机构组织开展，由作为私主体的运营机构实施开发利用行为并向市场提供数据产品和服务。因此，公共数据授权运营是一种公私合作的数据处理行为，各方主体的权利和义务由法律法规和授权运营协议共同规定，公主体和私主体之间实质上是合作关系，合作实施公共数据开发利用行为，释放数据价值。

第三节 公共数据授权运营的模式与法律关系

公共数据授权运营的模式及机制同样目前尚未统一，各地综合地方特色和发展所需积极开展实践，通过制度模式建设、平台搭建运营、应用场景创新等试点举措探索积累了有益经验。下面将分别以授权模式和收益分配机制作为标准，对各地公共数据授权运营的模式进行分类讨论。

一、公共数据授权运营的模式

（一）公共数据授权运营的授权模式

授权模式是开展授权运营的基础和核心。依据《公共数据资源授权运营实施规范（试行）》的规定，公共数据授权运营的模式包括整体授权、分领域授权或依场景授权等。

1. 整体授权模式

该模式由政府将公共数据整体授权给地方性平台公司（如城投公司、数据集团等）进行运营，以成都市、上海市等为代表。该模式集约化程度较高，有助于充分发挥数据资源的整合价值，但单一的运营主体可能对市场需求的响应效率不高，且容易形成新的数据壁垒阻碍推进跨区域应用。例如成都市，由政府成立的成都市大数据集团作为唯一运营商，由其搭建运营服务平台，平台直接接入政务部门开放的公共数据进行开发运营，并由其向二级市场提供数据资源，授权市场主体进行产品研发。再如上海市，由政府授权将上海数据集团作为唯一运营主体，负责平台建设、数据运营、产业培育等方面的工作。

2. 分领域授权模式

该模式主要由数据主管部门、行业管理部门统筹开展授权运营工作，各个垂直领域行业分别进行授权和具有行业针对性的场景设计规划，以北京市、济南市等为代表。该模式有助于发挥龙头企业引领作用、发掘行业整体聚合价值，行业内部进行运营也有较强的专业水准和技术能力保障，但同样存在一定的垄断风险，不利于吸引更多相关主体利用公共数据开展研发创新。例如北京市，将公共数据资源分设综合基础类、领域类、区域类三种专区，由数据主管部门、行业主管部门、相关区政府分别根据场景需求选择机构授权运营。其中，领域类专区聚焦金融、能源、交通等关键领域，由北京市经济和信息化局授权北京金融控股集团有限公司（以下简称"北京金控集团"）负责金融专区运营。再如济南市，由数据主管部门统筹，根据应用场景公开遴选授权运营机构，将数据资源按综合、分领域分别由数据主管部门、数据提供单位授权运营机构运营。其在全国率先探索社会医保领域的数据开放共享，建设了"保医通"服务平台，向商业保险公司开放社会医保结算数据。

3. 依场景授权模式

该模式由政府及数据主管部门征集应用场景和数据内容的需求反馈，多次分类授权引入垂直领域的高质量主体开展运营工作，以杭州市、长春市等为代表。该模式具有较强的市场性，有助于充分发挥市场竞争作用，能够避免数据垄断，以应用场景为牵引也有利于应用需求和数据资源的精准匹配，确保数据资源在各个应用场景中得到充分合理的应用，但各行业多主体的参与也对协同管理机制建设、数据安全风险防范提出了挑战。例如杭州市，由杭州市数据资源管理局牵头负责发布公告，采用"一场景一清单一审定"模式，按照应用场景需求向所有符合准入条件的主体开放申请，并按照申请单位提交的场景方案材料选定授权运营机构。再如长春市，由长春市政务服务和数字化建设管理局及相关各部门组成专门协调工作组统筹管理数据运营工作，征集数据需求后以"一场景一授权"模式评估选定授权运营机构。

除了《公共数据资源授权运营实施规范（试行）》规定的模式，实践中还存在数据产品超市。该模式为海南省所独有，采用"建设+运营+移交"的市场化方式进行建设和运营。由海南省大数据管理局（2024年10月更名为"海南省大数据发展中心"）建设数据产品超市作为数据归集、管理、加工、交易的统一平台，由中国电信海南公司负责运营，服务商通过超市自主选择数据资源进行加工增值，之后以数据产品的形式开放给市场。

以上三种模式既有共性也有差异，各地在开展工作时应综合评估基础设施建设现状、政府机制体制配套程度、地方平台公司既往业务模式、数据要素产业发展情况等因素，综合设计授权运营模式，创新性探索发展适合本地区的模式。

（二）公共数据授权运营的收益分配方式

关于收益分配方式，目前还未形成可复制可推广的经验。《公共数据资源授权运营实施规范（试行）》并未明确规定收益分配方式，而是概括性指出遵循合理收益原则，具体的收益分配机制由实施方案和运营协议确定。《关于加快公共数据资源开发利用的意见》鼓励先行先试，支持在收益分配等方面积极探索可行路径。这两部文件都未给公共数据授权运营的收益分配指明方向。"数据二十条"规定采取"谁投入、谁贡献、谁受益"的原则进行分配，当前实践中各地也基本遵循此原则，以保护授权运营各方参与主体的投入产出收益。具体做法可分为以下三类。

1. 收益上缴方式

运营单位按照要求或约定的比例将收益部分上缴地方财政。以宁波市为代表，宁波数字产业集团在市场化运营实现收益后，将年度盈利部分按宁波市属企业的国有资本经营收益管理要求执行。

2. 绩效激励方式

根据数据提供方参与授权运营工作的绩效评估，对其予以专项补贴。以温州市为代表，温州市数据主管部门依据数据数量、质量、应用维度等对数据提供单位开展绩效考核，并以此作为该单位信息化项目预算安排、试点申请等事项的重要评价标准。

3. 补偿服务方式

优先为数据提供单位提供数据或技术性服务，或优先为当地政府信息化建设提供支持。以包头市为代表，作为国有企业的公共数据运营单位，通过为数据供给单位及数据主管部门提供大数据服务、数据处理服务、云计算服务、信息化建设服务等方式进行反哺。

新乡市的收益补偿模式兼采三种方式：一是运营单位河南数智谷科技集团作为市属国有企业，其运营活动的税后利润按照比例上缴至市财政；二是地方财政给予数据提供单位数据治理专项财政资金补助；三是运营单位为数据提供单位提供数据和技术服务。

各地基本都在按"谁投入、谁贡献、谁受益"的原则开展收益分配机制探索。公共数据授权运营的收益来源于数据本身的价值和对数据进行加工而产生的价值，因此数据提供单位、汇聚数据资源并实施授权运营的数据主管单位、数据运营主体均有资格参与收益分配。应遵循"肯定数据资源的基础贡献"和"鼓励数据加工和运营的劳动价值"的原则，探索兼顾各方同时又有所倾斜的收益分配方式。

二、公共数据授权运营的法律关系

明确公共数据授权运营的法律关系，对于分析授权运营行为是否合法合规、保障公共数据授权运营顺利进行具有重要意义。

（一）公共数据授权运营的主体

依据《公共数据资源授权运营实施规范（试行）》的规定，公共数据授权运营涉及三方：公共数据控制主体，实施机构，运营机构。公共数据控制主体拥有大量公共数据资源，在授权运营过程中承担公共数据供给者的角色。实施机构是由县级以上地方各级人民政府或国家行业主管部门结合授权模式确定的、具体负责组织开展授权运营活动的单位。运营机构是按照规范程序获得授权，对授权范围内的公共数据资源进行开发运营的法人组织。

（二）公共数据授权运营的客体

公共数据授权运营的客体是授权运营行为指向的对象，即公共数据。但可授权运营的公共数据的范围应当有所限缩。有观点认为可以直接参考公共数据开放分类分级的体系划定可授权运营的公共数据的范围，但如前文所述，公共数据开放与授权运营的制度定位与制度价值都存在区别，授权运营产生之初一定程度上是为了弥补公共数据开放的不足，若直接适用公共数据开放分类分级体系，就无法发挥授权运营应有的制度价值。应当综合考察公共数据的价值及授权运营过程中风险的影响程度和范围，制定适合公共数据授权运营的分类分级体系，划分为可授权运营、限制授权运营、禁止授权运营。

（三）公共数据授权运营的内容

公共数据授权运营的内容是授权运营过程中各主体的权利义务关系。公共数据授权运营可以划分为三个阶段，即筹备阶段、准入阶段、运营阶段。

首先，授权运营的筹备阶段，主要涉及公共数据控制主体和实施机构的法律关系。实施机构负责搭建授权运营平台，合理确定公共数据授权运营分类分级体系，统筹公共数据传输，调研市场需求，明确需授权运营的公共数据范围。公共数据控制主体根据实施机构的指令提供公共数据，通过开放 API 接口等方式将公共数据传输至授权运营平台。

其次，授权运营的准入阶段，主要涉及实施机构和运营机构的法律关系。准入阶段的关键是运营主体的选定和授权运营协议的签订，实施机构应当合理确定运营机构的选定标准，以公开招标、邀请招标、谈判等竞争性方式选定运营机构，不得有排除、限制竞争的不当行为。《公共数据资源授权运营实施规范（试行）》规定，实施机构应当与依法选定的运营机构签订公共数据资源授权运营协议，即授权运营过程中各方主体的权利义务不仅由法律规定，还需受到授权运营协议的限制。公共数据资源授权运营协议内容应包括：（一）授权运营的公共数据资源范围及数据资源目录；（二）运营期限，原则上最长不超过 5 年；（三）拟提供的公共数据产品和服务清单及其技术标准、安全审核要求、业务规范性审核要求；（四）公共数据资源授权运营工作的技术支撑平台；（五）资产权属，包括软硬件设备、公共数据产品和服务的权属；（六）授权运营情况信息披露要求，运营机构不得直接或间接参与再开发要求；（七）运营机构授权范围内经营成本和收入等核算要求、收益分配机制；（八）数据安全、个人信息保护要求和风险监测、应急处置措施；（九）运营成效评价，续约或退出机制；（十）违约责任；（十一）争议解决方式；（十二）协议变更、终止条件；（十三）需要明确的其他事项。

最后，授权运营的运营阶段，主要涉及实施机构和运营机构的法律关系。在此阶段，运营机构从协议当事人转变为兼具监管者与协议当事人双重身份的主体，实施机构和数据主管部门承担监管的重要职责，对运营机构的数据处理行为进行监督。运营机构以非获取的方式在授权运营平台中开发利用公共数据产出并向市场提供数据产品。

第四节　公共数据授权运营政策和法律的国别考察

欧盟、美国、英国等在促进开放数据的流通、共享和利用过程中形成了相对成熟的政策和法律框架，旨在让开放数据流动起来，释放开放数据的市场化价值。

一、欧盟的政策和法律考察

2003年，欧盟出台《公共部门信息再利用指令》（The Directive on The Reuse of Public Sector Information，DPSI），认为公共部门的信息是数字内容产品和服务的重要原始材料，有必要为公共部门信息再利用构建一个总体框架，从而形成公平、均衡和非歧视性的环境。

2019年，欧盟在《欧洲议会和理事会关于公共部门信息再利用的第2013/37/EC号修正指令》的基础上作出修订，发布了《欧洲议会和理事会关于开放数据和公共部门信息再利用的第2019/1024号指令》（以下简称《开放数据指令》），旨在提升开放数据和公共部门信息的可用性和创新性。《开放数据指令》作为欧盟公共数据开放与再利用的指导性法规文件，为开放数据和公共部门信息再利用提供更完善的法律框架。在该指令中，公共部门信息再利用被定义为"为了个人或商业目的对公共部门机构持有的数据信息进行开发利用"。

欧盟在公共数据的开放与再利用层面秉持着非歧视和全公开的原则，并重视对知识产权、数字文化资源的保护。《开放数据指令》规定，原则上禁止排他性的再利用公私协议，要求制定更加透明的公私数据协议，但当公共数据再利用涉及普遍的社会经济利益时，存在允许授予专有权的例外情形，即开放数据原则下应向市场中所有可能的使用者开放，持有开放数据的公共部门或公共事业单位不得授予使用者专有权；但对于因涉及公共利益、知识产权或数字文化资源而必须授予专有权的情况，规定了此类专有权的公开机制、审查机制及时限，以保证公共数据的流动性与开放性，体现了公共数据开放与开发利用的公平性[一]。

2020 年 2 月，欧盟出台《欧洲数据战略》（A European Strategy for data），旨在全面释放数据潜力，助力公私部门依靠数据作出更好的决策。针对公共领域及战略性行业的数据开发，《欧盟数据战略》所提出的核心举措是打造欧洲公共数据空间，涵盖多个领域，包括健康、环境、能源、农业、流动性、金融、制造业、公共行政及技能等。通过公共数据空间，参与者能够共同决定数据共享和访问的具体内容和方式，公共部门和企业能够进行可靠且低成本的数据交换，以此来消弭不同部门之间共享数据时存在的法律和技术障碍，从而释放数据价值。公共数据空间的建设依托公共领域的人工智能开放数据和开放数据平台，这两者都旨在提高与《开放数据指令》中确定高价值数据集有关的公共领域和私营领域信息的可得性、质量和可用性[二]。目前，欧盟开放数据门户已作为诸多行业数据空间的中枢，记载了大部分数据空间可能相关的公共数据集，发挥着整合公共领域的数据资源的作用。

2022 年 4 月，欧盟通过《数据治理法案》（Data Governance Act），构建了适用于各个行业的数据共享机制：公共部门数据再利用机制、数据中介机构及数据利他主义，在一定程度上强化了欧盟对于公共数据的赋能。其一，公共部门数据再利用机制强调公共部门的数据在商业或非商业用途中重复使用，使包括个人数据、商业秘密和受知识产权保护等敏感的公共部门数据安全地被重复使用。针对重复使用数据的行为，法案规定了相应

[一] 张群，尹卓，于浩，等. 欧盟开放数据和公共部门信息再利用指令的启示 [J]. 大数据，2022，8（6）：143-152.

[二] Publications Office of the European Union, Data.europa.eu and the European common data spaces: A report on challenges and opportunities, 2022.

的时间限制、义务限制和技术要求。其二,《数据治理法案》通过引入数据中介机构和数据利他主义提高数据的市场化利用水平。该法案提出建立专业、中立的数据中介机构,旨在由数据中介机构作为独立的第三方市场主体,连接数据交易中的数据持有者和数据用户,以推动数据的汇聚、共享和交易,并为政府数据等公共数据的市场化注入力量,促进公共数据与社会数据的融合应用。具体而言,数据中介机构在涉及公共数据的领域中发挥着公共机构数据持有者和潜在数据使用者之间的连接作用,通过建立数据共享平台等方式促进公共数据持有者和数据用户之间的数据流动。但欧盟引入的数据中介机构不同于公共数据授权运营单位,数据中介机构不得使用、处理、加工数据,不得基于数据资源开发数据产品和服务,以保证其中立性。数据利他主义则指个人和公司同意或允许将他们生成的数据用于公共利益。

二、美国的政策和法律考察

作为全球率先实施开放数据战略的国家,美国 1966 年发布的《信息自由法》(Freedom of Information Act,FOIA)首次确定了政府信息"以公开为原则、不公开为例外"的基本原则,后续一系列政策、法律和实践基本延续这一原则,重在促进公共数据的开放、流通和利用。

如前文所述,2009 年 1 月,时任美国总统奥巴马签署的行政命令《透明和开放政府备忘录》要求联邦与各级政府定时、定量地在网站上开放数据。2009 年 12 月,美国总统办公室和管理与预算办公室联合发布《开放政府指令》,要求政府开放更多的数据,提高公开信息的质量,并明确指出政府数据开放的"透明、参与、协作"三原则。2018 年,美国颁布《开放政府数据法》,明确"数据默认公开"的开放数据原则,并设置首席数据官及首席数据官委员会制度。

在发掘开放数据要素价值的过程中,美国建立了较为成熟的数据经纪制度，由数据经纪商收集、处理数据，专门提供数据交易服务，在数据交易市场中发挥重要作用。从数据来源看，数据经纪商通过多元化渠道广泛收集各类数据，公共部门机构的数据也是数据经纪商获取数据的重要来源，包括人口数据、健康数据、出生医学证明数据、选民登记数据、机动车记录数据及其他统计数据。美国针对数据经纪业提出的相关立法提案主要聚焦行业监管难题。2014年通过《数据经纪商问责制和透明度法案》，2019年《2019年数据经纪商法案》，着力于赋予个人数据知情权和决定权，提高数据经纪业的透明度，并对数据经纪商的资质、数据安全保障义务提出更具体的规范要求，以提高交易安全性[1]。

三、英国的政策和法律考察

2005年，英国政府在欧盟《公共部门信息再利用指令》的基础上，制定并颁布了《公共部门信息再利用条例》，并于2015年做进一步修订。该条例要求公共部门的信息提供者在共同的开放政府许可下重复使用个人数据之外的信息和数据，确保信息和数据可以在政府中自由流动。

2010年，英国政府推出data.gov.uk一站式数据开放平台。同年，英国公共部门信息办公室发布《英国政府许可框架》（UK Government Licensing Framework，UKGLF）。该框架提出三种开放许可方式，即开放政府许可（Open Government License）、非商业性使用政府许可（Non Commercial Government License）、收费许可（Charged License），为公民利用与再利用公共部门信息提供了政策与法律指南。具体而言：①商业与非商业目的性质的利用，适用开放政府许可协议。②仅限于非商业目的性质的使用，即不得用于商业目的或获取私人金钱报酬，适用非商业性政府许可协议。在上述两种协议中，公民有权免费复制、发布、传播、改编信息及挖掘信息

---

[1] 王丽颖，王花蕾. 美国数据经纪商监管制度对我国数据服务业发展的启示［J］. 信息安全与通信保密，2022（3）：10-18.

的商业或非商业价值，但须尽到申明信息来源的义务。③对信息再利用收取费用须符合 2012 年修订的《自由保护法案》（Protection of Freedom, PFA）中的条款，适用收费许可协议。

2017 年，英国政府发布《发展英国人工智能产业》（Growing the Artificial Intelligence Industry in the UK）报告。在提出开放公共数据同时进行匿名化处理以维护安全和隐私之外，该报告还明确建议利用数据信托制度建立一个可重复的、可信的数据投资治理框架和协议，以确保数据交换的安全、互利，促进数据访问和共享。对于数据信托，英国开放数据研究所（Open Data Institute, ODI）将其定义为提供独立的第三方数据管理服务的法律结构，数据处理者须经过该第三方获取数据主体的数据进行利用。作为全球范围内率先探索公共数据公益信托的国家，英国中央政府和地方政府与开放数据研究所于 2018—2019 年合作开展试点，分行业、分领域针对不同的公共数据设定不同类型的公共数据公益信托，并根据试点情况发布了《数据信托：来自三个试点的经验教训》总结报告。该报告指出，不同类型的数据信托涉及不同的利益主体和不同的关注重点，其应用模式和相应的法律结构需要在具体情境下确定，无法总结出统一的模式，但能够识别出数据信托的周期至少包括确定范围（Scope）、共同设计（Co-design）、启动（Launch）、运作（Operate）、评估（Evaluate）和终止（Retire）六个阶段。

第五节　公共数据授权运营案例

在中央政策风向标的导向下，我国在探索公共数据授权运营机制的实践过程中形成了多种地方模式和典型案例。自《"十四五"规划纲要》首次提出"授权运营"的概念后，各地积极开展对公共数据授权运营的探索。2022 年，"数据二十条"针对公共数据提出"确权授权机制"并肯定了公共数据价值收益的分享后，公共数据授权运营逐渐成为各地探索公共数据要素市场化配置的主要工作，为总体制度设计积累了丰富的试点经验。

一、成都市

成都市率先开展公共数据授权运营试点工作，2013年成立成都市大数据集团作为统一的授权运营机构。该集团根据政府授权搭建成都市公共数据运营服务平台。成都市政府将各部门公共数据的市场化运营统一部署于该运营服务平台，开展公共数据的授权运营工作。目前，成都公共数据运营服务平台已支撑40余个应用场景，涵盖金融科技、企业数字化转型、民生服务、智慧物流、跨境贸易等多个领域，接入的政府数据资源达570类，已累计上线250余种数据服务产品。

一是多元化开发利用数据，释放公共数据价值。在公共数据的运营模式上，成都市以企业需求和应用场景为驱动。一方面，形成三种"数据不出网"的公共数据利用模式，包括提供数据核验服务、数据报告服务和数据沙箱服务；另一方面，发展了经脱敏处理"数据出网"的公共数据市场化运营模式，即在政府数据运营服务单位控制的安全可信云平台上部署公共数据产品和服务，力求在确保安全的前提下提供便捷高效的数据服务。

二是云平台统一部署数据，保障公共数据安全。成都市公共数据运营服务平台借助成都市政务云平台授权获取公共数据，以达到公共数据授权运营"原始数据不出域"的基本要求。通过将运营服务平台的前置系统与成都市政务信息资源共享平台直接连接，统一部署于成都市政务云平台，并集约使用政务云计算、存储、安全等资源。公共数据运营服务平台能够在电子政务外网环境下，从政务信息资源共享平台获取政府部门已经授权确认的政府开放数据，有利于满足政府对公共数据的监管需求。

成都市的公共数据授权运营方案中，并未对数据进行精细确权，而是基于政府部门对各自数据拥有的管理权，集中统一地交由本地国资载体进行市场化运营。一方面，数据运营服务并不依赖于数据控制权的转移，破解了数据资源精细确权的难题；另一方面，通过完全公开透明并且安全的方式让政府部门准确掌握各自数据的运营服务情况，有利于提高部门提供数据的积极性[一]。

二、浙江省

在公共数据开放开发方面，浙江省一直走在前列，较早出台了与公共数据授权运营相关的政策和法规，于2022年10月率先起草《浙江省公共数据授权运营管理暂行办法（征求意见稿）》，于2023年8月发布《浙江省公共数据授权运营管理办法（试行）》，明确了公共数据授权运营的权限分工、授权程序、授权运营单位的条件、权利和行为规范及安全监管等规则，为公共数据授权运营的开展提供顶层设计和制度保障。与此同时，浙江省以试点先行的方式在省内开展多处试点工作，积极探索公共数据授权运营的可行方案，促进公共数据要素的市场化配置。

以杭州为例，杭州国际数字交易中心负责建设、运营的公共数据授权运营平台是当前杭州市公共数据授权运营的统一通道，用来探索公共数据产品和服务的应用与流通。在授权机制方面，杭州市主要围绕重点领域的应用场景对公共数据进行统一授权，由杭州市数据资源管理局建立公共数据授权运营工作协调机制并设协调机制办公室，杭州市政府委托工作协调机制办公室作为统一的授权方发布重点领域的授权运营公告，并与被授权运营单位签订授权运营协议。被授权运营单位须经过申请、资格审查和评审审议环节才能获得合法授权。目前，杭州市已为医疗健康、金融保险、交通运输等重点领域的应用场景确定授权运营单位，并依法展开公共数据授权运营活动。

[一] 张会平，顾勤，徐忠波. 政府数据授权运营的实现机制与内在机理研究——以成都市为例[J]. 电子政务，2021（5）：34-44.

三、北京市

北京市采取分行业集中授权模式，这一模式以金融公共数据专区为代表。按照北京市经济和信息化局授权，建设不同类别的数据专区，更高效地打造产业生态体系，发挥数据价值。目前，由北京市大数据工作推进小组对数据专区的建设和应用工作进行统一指导，北京市经济和信息化局负责统筹、指导、监督、管理数据专区的建设和运营，授权运营单位的运营活动也将受到各数据专区监管部门的指导和监管。

北京市坚持"政府引导、市场运作"的原则，为推动政企数据融合和社会化开发利用提供政策和制度保障，激励运营主体挖掘公共数据价值。通过建设北京市公共数据开放平台，汇聚和存储各级行政机关和公共服务机构在履职过程中形成的公共数据，依托北京市大数据平台目录区块链系统，开展公共数据的申请、授权和共享活动。具体而言，公共数据专区的授权运营以场景为牵引，授权运营单位须结合应用场景按需提出公共数据共享申请，经过主管部门评估、确认、审核、同意后，将公共数据提供给授权运营单位，从而将平台汇聚的公共数据有条件地向各类数据专区开放，由使用主体开展数据创新，释放公共数据价值。

作为全国首个以公共数据专区为抓手规范推进公共数据授权运营的城市，北京市针对重大领域、重点区域或特定场景打造各类公共数据专区，聚焦领域、区域、综合基础三种类型，旨在探索用于产业、行业发展的公共数据开发利用，助力政企数据融合应用，推动构建多层级数据要素市场，充分释放数据要素价值。当前，北京市正通过推进建设金融、交通、位置、空间、信用等数据专区，打造政企数据融合应用场景，孵化公共数据授权运营成果。其中，金融公共数据专区建设起步早、发展快，是公共数据专区建设的典型案例。

依托金融业覆盖领域广、数据需求量大、应用场景多的优势，北京市率先开展金融领域下的公共数据授权运营工作，旨在以专区为抓手、以场景为牵引，深度挖掘公共数据的应用价值。该模式是由北京市经济和信息化部门授权北京金控集团运营、建设金融公共数据专区，由北京金控集团旗下全资子公司北京金融大数据有限公司负责金融公共数据专区具体运营工作，承接全市公共数据托管及创新应用等任务。当前，北京市金融公共数据专区纳入市级大数据平台实行统一目录管理，已汇聚金融机构开展信贷业务所急需、特需的工商、司法、税务、社保、公积金、不动产、专利等256类20余亿条多维数据，覆盖的部门机构、市场主体广泛，实现按日、按周、按月稳步更新[1]，是北京市金融公共数据汇聚的核心载体、运营管理的平台和社会应用的统一接口，承担金融公共数据统进统出、制度化管理、创新社会应用的功能[2]，充分发挥公共数据对金融服务特别是普惠金融的支撑作用，推动营商环境改善和智慧城市建设。

四、海南省

海南省数据产品超市由海南省大数据管理局统筹规划，通过招标方式公开遴选兼具技术能力、数据运营能力的企业，采用"建设+运营+移交"的市场化方式进行建设和运营。通过有序开放公共数据资源和整合社会数据资源，引进具有技术服务能力和研究分析能力的大数据企业和机构，开发公共数据产品并提供数据产品交易的综合服务。中国电信海南公司经授权取得海南省数据产品超市特许期内的独家运营权，特许期届满后，授权合作方将数据产品超市的资产及运营权无偿移交海南省大数据管理局。海南省大数据管理局担任平台管理者的角色，具体负责数据产品超市的运营

---

[1] 每经网. 全国首个公共数据授权运营模式落地 [EB/OL]. (2022-01-10) [2024-02-21]. https://www.nbd.com.cn/articles/2022-01-10/2081844.html.

[2] 参见北京市大数据工作推进小组办公室印发的《关于推进北京市金融公共数据专区建设的意见》第三条。

管理和服务。海南省委办公室、省政府办公室等部门则作为监管方，主要负责制定、监督和执行相关的法律法规，保障公共数据产品的合法性和合规性。这既能让数据产品超市在政府的安全监管下依法合规运营，又能为公共数据的开发利用注入市场活力。

海南省数据产品超市按照授权运营的思路，紧紧围绕数据产品的供需对接、流通交易，打造兼具公共数据加工与数据交易功能的一站式综合服务平台。具体而言，第一，数据产品超市汇聚融合各类数据资源，分级开放省级公共数据资源，同时合规接入行业数据资源、互联网数据资源等社会数据资源，按照一定的分类方法对现有的数据资源进行排序、编码、描述，便于用户快捷检索、定位与获取数据资源信息，进而驱动数据产品开发和数据服务。第二，数据产品超市将各种类型的参与主体引进平台生态，包括提供公共数据资源的公共机构、提供社会资源的社会机构，以及数据开发方、数据产品服务供应商、第三方服务商。企业通过平台注册、认证和资质审核入驻成为海南数据超市的合作伙伴，推动企业、社会组织等第三方机构开发利用公共数据。第三，数据产品超市集数据授权流通、产品开发、产品展示、产品供需对接、磋商交易等服务于一身，以场景为驱动、以需求为牵引，探索公共数据产品开发和交易的多元形式，最大限度促进对公共数据、社会数据资源的开发利用。例如，用户可在该平台发布其需求，由另一方用户应答其需求，对公共数据等资源进行加工增值后以数据产品的形式开放给市场，最终实现定制化数据产品交易，充分发挥各类数据要素价值。

海南省数据产品超市采取多元的技术手段保障公共数据开发过程的合规性和安全性，为数据产品开发方提供封闭、安全、自由的计算环境，保障公共数据"可用而不可见"，在安全环境下运行。超市运用联邦学习算法库，通过一种加密的分布式机器学习技术，为合作机构提供数据隐私保护的技术方案，能够在保护原始数据不泄露、原始数据不出域的前提下联合多方数据源建模并提供模型推理与预测服务。针对敏感数据，海南省数据产品超市则采取分级处理手段开展数据分析挖掘和模型开发，并依托多方安全计算平台，全面管控数据全生命周期安全过程，形成从公共数据授权、开发到上线交易的全流程规则体系，确保数据在采集、传输、存储、处理、交换、销毁等环节实现数据开放利用的全生命周期安全监管⊖。

⊖ 董学耕. 海南：加快数据要素市场培育创新数据产品超市［N］. 中国电子报，2022-03-04（3）.

第五章　公共数据融合

第一节　公共数据融合概述

一、公共数据融合的概念

公共数据是以行政机关为主的公共部门在依法履行行政职权和公共管理服务职能过程中，采集、生成并以一定形式加以记录、存储的具有公共属性的数据资源[1]。对于数据融合，美国总统科技顾问委员会在相关报告中指出："当来自不同来源的数据接触并出现新事实时，就会发生数据融合。单独而言，每个数据源都可能具有特定的、有限的目的。然而，它们的结合可能会揭示新的含义。尤其是，数据融合可以识别个体、创建个人档案及跟踪个人活动。从更加宽泛的意义上来看，数据分析使用日益强大的统计算法来发现大型数据集中的模式和相关性。"[2]

公共数据融合指公共数据内部之间的融汇和公共数据与非公共数据的融汇的价值释放的方式。这种数据管理和分析技术可以帮助政府更好地理解其数据资产，同时促进政府数据池中海量数据的开发与运用。在公共数据融合的过程中，数据源的多样性是其基础，这些数据源包括各种公共数据库、政府统计数据等。

公共数据融合的过程通常包括数据收集、数据清洗、数据转换、数据

---

[1] 立项书，第4页。
[2] HU, Margaret, From the National Surveillance State to the Cybersurveillance State, Annual Review of Law and Social Science, 2017.

集成和数据分析等步骤。数据收集是从各种数据源中收集数据；数据清洗是去除重复、错误和无关的数据；数据转换是将数据转换为统一的格式和结构；数据集成是将多个数据源的数据整合在一起；数据分析是利用统计方法、机器学习等技术对数据进行深入挖掘和分析，以获取有用的信息和洞察。

二、公共数据融合与相关概念的界分

数据融合与简单的数据开放存在差异。在数据开放的情景下，政府建立数据开放平台，将所拥有的数据上传，社会公众可以直接了解政府所掌握的数据情况，促进对公共数据的利用，打破公共数据的"孤岛"状态。而在数据融合的情况下，政府所持有的公共数据与社会主体持有的数据进行接触，在接触与结合的过程中产生新的内容。也就是说，数据开放仅仅是一个"供给"的过程，而数据融合是一个"生产"的过程，能够产生更多有价值的数据，激活数据的价值。

公共数据融合在多个领域都有广泛的应用，如城市规划、交通管理、环境保护、公共安全等。通过公共数据融合，可以更加全面、准确地了解城市运行状况，为政策制定和决策提供更加科学、合理的依据。

第二节 公共数据融合的性质

从其性质而言，公共数据融合不仅是单纯数据之间的融汇，更是实现公共数据流通、供给、价值释放、发挥数据乘数效应的重要方式。

一、公共数据流通的方式

尽管政府掌握了大量的公共数据，但公共数据和社会数据之间的融合

创新依然难以实现，其中社会数据包含企业、协会、个人等社会主体产生的数据。从公共数据的角度而言，公共部门掌握的数据实际上分散在各个部门，而数据融合往往需要将各部门分别持有的数据进行整合之后再与社会数据进行融合，各部门之间的数据流通并不总是通畅的。由于社会数据管理主体缺失，社会数据相关制度规范不完善，数据确权、定价、交易和配置运行等规则制度缺乏，社会数据难以归集和流通利用。公共数据与难以归集的公共数据之间、公共数据与社会数据之间难以整合利用，在一定程度上制约了公共数据领域的数据集聚、倍增和放大效应的产生与价值实现[1]。

首先，从技术层面而言，为了确保公共数据的有效流通，需要建立统一的数据标准与规范，包括数据格式、数据质量、数据安全等方面的标准，以确保数据的准确性、一致性和可靠性。同时，还需要制定数据交换与共享的标准流程，明确数据采集、存储、传输、使用等各个环节的责任与义务。

其次，从法律角度而言，建立健全的法律法规体系是促进公共数据流通的重要保障。政府应出台相关法律法规，明确公共数据的权益归属，规范数据的采集、存储、处理、传输和共享等行为。同时，还需要加大执法力度，对违法违规行为进行严厉打击，确保公共数据流通的合法性和安全性。

二、公共数据供给的方式

公共数据供给指政府、公共机构向社会公众提供公共数据资源的行为。公共数据融合的过程也是公共数据向社会大众开放的过程，因此，公共数据融合具有作为公共数据供给方式的性质。

---

[1] 金加和，赵程遥，求昊泽，等. 基于多方安全计算的公共数据融合创新模式研究及应用[J]. 大数据，2023，9（6）：15-27.

首先，公共数据融合可以通过开放数据平台向社会大众提供数据。许多国家和地区都设立了专门的开放数据平台，通过互联网向公众发布各类政府数据。这些数据通常涵盖经济、社会、环境等多个领域，旨在提高政府透明度、促进公民参与、驱动创新。以德国为例，德国联邦政府提供的"Govdata"平台汇集了各类可公开的数据集，供研究人员和企业使用。

其次，通过 API 接口，公共数据融合还能够起到数据供给的作用。API 使得开发者能够直接访问和利用数据，促进各类应用程序和服务的开发。以公共交通数据为例，德国联邦数字化和交通部（BMDV）的交通管理系统提供实时交通数据的 API，以支持智能交通应用的开发。

除此之外，政府与公共机构也会以更加直接的方式提供公共数据，许多公共机构会在其官方网站上提供数据集的下载选项，用户可以按照需要将数据下载到本地进行分析。这种方式适合对大规模数据进行深度挖掘和研究。许多公共机构还会定期发布统计报告或年鉴，总结一段时间内的各类数据。这些文档通常经过专业的数据分析和解读，为政策制定者和研究人员提供参考。

三、公共数据价值释放的方式

公共数据是政府和公共机构在履行职务中积累的海量数据，如何打破"数据孤岛"、激发数据价值是亟待解决的问题。通过公共数据融合，能够有效促进公共数据价值释放。首先，公共数据融合能够提升数据利用效率。通过融合不同类型的公共数据，可以更好地挖掘和利用数据中的潜在信息，避免"信息孤岛"现象，提高数据的利用效率。其次，数据融合能够为政府和相关机构提供更全面和准确的信息支持，从而改善决策质量，提升政策制定和执行的科学性。再次，通过公共数据与公共数据之间的融合，不同部门之间可以有效共享信息，打破壁垒，促进政务协作，提高公共服务的整体效果。最后，数据融合能够激发新思路、新业务模式和创新服务的产生，推动社会各领域的创新和经济发展，特别是在智能城市、智慧交通等领域。

四、实现公共数据要素乘的方式

数据要素乘指在利用数据资源时，通过数据的结合与互补，产生超出单一数据所能提供的增值效应。公共数据融合通过整合和共享不同来源的数据，能够有效发挥数据要素的乘数效应。

首先，公共数据与公共数据融合能够促进跨部门、跨行业的协作，激发创新潜力。通过共享数据和经验，各机构可以合作解决现代社会面临的诸多复杂问题，如气候变化、公共卫生危机等。通过融合不同领域的数据，政府部门可以更全面地分析这些问题，从而制定更具前瞻性和针对性的应对策略，实现资源的优化配置。

其次，公共数据与非公共数据融合能够激发企业活力。通过整合来自政府统计、行业报告、社会媒体及其他公共来源的数据，企业能够获得更加全面的市场信息，识别市场趋势，了解消费者需求，从而制定更加精准的战略决策。

第三节 公共数据融合的模式与法律关系

一、公共数据融合的模式

（一）以融合对象进行划分：公共数据与非公共数据融合、各部门之间公共数据融合

在公共数据融合中，以公共数据融合的对象为标准，可以将公共数据融合分为公共数据与非公共数据融合，以及各部门之间公共数据融合。

1. 公共数据与非公共数据融合

实践中，较为常见的数据融合是政府部门的公共数据与企业持有的数据进行融合，即将来自政府与企业数据源的信息进行整合，以生成更全面、准确和有用的信息。

2. 各部门之间公共数据融合

在公共部门内部，数据的流动也并非一向通畅，各个部门之间的数据也存在"各自为战"的情形。以山东省日照市为例，供水、供电、供气等部门的数据就并未实现互联互通，居民缴费时需要登录多个平台或往返于不同缴费网点，才能将各项生活费用交齐。为了解决这一问题，日照市对水电气部门的数据进行了统筹治理与融合，打通了各个部门之间的数据壁垒，便利了公民日常生活，这是公共部门之间公共数据融合的典型案例。

（二）以主导机构进行划分：政府主导、企业主导、公民主导

以数据融合的主导机构为标准，可将公共数据融合分为由政府主导的公共数据融合、由企业主导的公共数据融合、由公民主导的公共数据融合。

1. 由政府主导的公共数据融合

政府主导模式在我国公共数据融合实践中较为常见。其主要形式是，政府主动将公共数据开放一部分，提供比赛所需软件、硬件环境，设置奖项资金，面向社会各类团体和个人，征集数据应用创新方案和产品[1]。国内实践中，上海市政府、无锡市政府都曾举行相关的创新大赛，围绕不同的公共治理主体，鼓励企业利用公共数据进行分析、创新，对促进公共数据的流通利用起到了极大的推动作用。

同时，也可以参照美国的做法设立首席数据官。在政府事务中，首席数据官的职责范围包括政府数据架构、政府数据分析、政府数据安全、政府数

---

[1] 李平. 开放政府数据、推进应用创新的中外模式比较[J]. 中国科技论坛，2017（12）：161-166.

据营销协调与政府数据文化引领[一]。首席数据官的设立,有助于打破政府内部在数据处理上"各自为政"的局面,解决政府部门"数据孤岛"问题,破除数字政府建设的痛点和难点,形成由高级别数字领导人员负责的数据共享通道,通过标准化格式将分散在不同部门的数据进行集中,实现公共数据的共享协同与开发利用。通过有效组织管理内外部数据资源,提高数据的质量,推动社会数据与公共数据的融合,更好地发挥政府、公共和社会数据价值,从而提升数据应用的质量和效能,实现数据资源价值最大化。

2. 由企业主导的公共数据融合

企业主导的政府数据应用是由企业发起,根据自身运营需求,利用政府开放数据并整合自身掌握的其他数据,开发相关应用进行创新,以满足和提升企业业务需要。一般而言,企业会开放部分自身所掌握的数据,吸引公众对数据进行开发利用,挑选优秀的数据人才,同时有效提高公共数据的流动性。

3. 由公民主导的公共数据融合

在由公民主导的公共数据融合模式中,这些公民要么技术过硬,要么是开放数据文化的爱好者,且来自不同背景。他们通过社团、联盟、社群等各种组织形式和多种渠道参与开放数据的应用,使得公共数据融合呈现"去专家化"趋势。由公民主导的公共数据融合多见于国外数据融合实践,在我国较少出现。

二、公共数据融合的法律关系

(一) 公共数据与非公共数据融合的法律关系

1. 主体及主体权利义务

基于公共数据与社会数据的定义,公共数据由政府部门负责收集、存

[一] 夏义堃. 政府首席数据官制度的核心要义与运行分析 [J]. 图书情报知识, 2020 (1): 74-83.

储和管理，非公共数据的拥有者则是企业，因此公共数据融合的主体应当包括提供数据源的各方。公共数据融合至少会涉及双方关系，即政府部门与企业。

作为公共数据的供给方，政府部门应当享有以下权利并履行以下义务：

从权利角度而言，公共数据是政府和公共机构所生成和维护的数据，政府和公共机构的权利主要体现在数据的开放性与可访问性上。公共机构应有权决定哪些数据可以向社会公开，以促进透明度与公民参与。此外，公共数据的合法使用应受法律保护，以避免数据被滥用或误用。

从义务角度而言，公共数据的提供者需承担确保数据质量的责任，确保所发布数据的准确性、时效性和完整性。此外，公共机构还需遵循相关法律法规，如《个人信息保护法》，以保障个人隐私和数据安全。数据发布过程中应进行必要的去识别化处理，防止个人信息泄露。在数据汇集与融合共享阶段，主要任务是对不同部门的数据进行汇集，打通数据间的壁垒，依托统一的数字化平台为数据的融合与共享提供有效工具，使其由简单的物理聚合向内容融合转变，从而构建复杂现实问题的完整数据映射，为应用数据支持业务开展做好准备。但从政府方面来看，尽管公共部门拥有大量数据是不争的事实，在公共数据融合的实践中仍然需要明确到某个具体部门。从公共数据供给来源看，由于数据既可以来源于跨省、跨市进行数据归集、整合后进行授权运营，通常由各地的公共数据主管部门进行统一授权，也可以来源于税务、交通、水利部门等单个职能部门进行归集、整合后授权运营，甚至可以在不同的授权运营主体之间进行交易流转，有待立法和实践进一步予以明确。

作为社会数据的产生者，个人或社会组织应当享有以下权利并履行以下义务：

从权利角度而言，该部分主体拥有对其生成数据的访问权、修改权和删除权等，用户应有权选择所分享数据的种类和分享的方式。

从义务角度而言，在向政府与公共部门分享社会数据时，私主体应承担合法性和道德性责任，确保分享的数据不侵犯他人权利。此外，当涉及敏感数据时，社会数据的使用者需确保获得必要的同意，并遵循相关法律法规，以维护个人信息权益。

2. **客体**

公共数据融合的客体主要关注，在数据融合中，双方究竟利用的是公共数据和社会数据的何种权利。也就是说，公共数据虽然由政府部门占有，但是其包括财产权益在内的完整权利内容并不能简单地归属实际占有者。当前，中央立法层面尚未确立公共数据相关权属，公共数据的权属问题仍旧悬而未决。强调将控制、使用权和收益权相分离的路径，并且弱化所有权问题，换言之，公共数据与社会数据的融合并不依赖于数据权属的转移，数据融合的行为本身并不改变授权内容的归属，仅就与数据相关的其他权利，如"数据使用权"等的转移和授权，授权的客体是运营权而非数据权，以此可规避缺乏数据权利基础的制度缺陷和漏洞，规避对数据精细确权的难题。

（二）公共数据与公共数据融合的法律关系

1. **主体及主体权利义务**

在公共数据与公共数据的融合中，参与数据融合的各方都属于政府和公共部门，因此是公共机构内部的关系。公共数据与公共数据融合的目的大多为便利民众生活及便利社会治理，因此公共数据与公共数据融合的主体应当在法定职权范围内，基于明确的公共管理或服务目标，依法进行数据共享与协同处理。

2. **客体**

公共数据与公共数据融合的客体为公共数据。因此，对于公共数据之间的融合，应当注意公共数据本身的合法性，并在进行数据融合时对公共数据中所包含的个人敏感信息进行脱敏处理。

第四节　公共数据融合政策和法律的国别考察

在人类社会从工业时代迈向信息时代的背景之下，大数据的重要性逐渐凸显，数字经济也在快速发展。我国对大数据的研究起步相对较晚，自1999年起，第三届亚太地区知识发现与数据挖掘国际会议、Hadoop与大数据技术大会、大数据共享联盟等才开始开展有关大数据研究和开发的促进工作[1]。

近年来，随着信息技术的迅猛发展和数字化转型的深入推进，数据作为一种新型生产要素在经济社会发展中的重要性日益凸显。国家对此给予了高度重视，从中央到地方政府，再到各级权力机关，出台了一系列政策法规，旨在规范数据资源的开发、利用与保护，特别是针对公共数据的利用与管理。这些政策法规对公共数据的开放、共享、融合、授权运营机制作出了规定，以期最大限度发挥公共数据的价值，推动经济社会的高质量发展。通过这些政策法规的制定与实施，国家展现了对数据和数据生产要素战略地位的深刻认识，以及对数据治理体系建设的坚定决心。

一、中国

（一）与公共数据融合相关的政策法规

1. 中央层面

中央层面与公共数据融合相关的政策法规见表5-1。

---

[1] 于施洋，王建冬，童楠楠. 国内外政务大数据应用发展述评：方向与问题 [J]. 电子政务，2016（1）：1-10.

表 5-1　中央层面与公共数据融合相关的政策法规

政策法规名称	发布单位	发布时间	政策内容
《国务院办公厅关于印发全国一体化政务大数据体系建设指南的通知》	国务院办公厅	2022年10月28日	全国一体化政务大数据体系按需接入供水、供电、供气、公共交通等公共服务运营单位在依法履职或者提供公共服务过程中收集、产生的公共数据，以及第三方互联网信息平台和其他领域的社会数据，结合实际研究确定对接方式等，依法依规推进公共数据和社会数据有序共享、合理利用，促进公共数据与社会数据融合应用
《国家数据局等部门关于印发〈"数据要素×"三年行动计划（2024—2026年）〉的通知》	国家数据局等	2023年12月31日	（十五）提升生态环境治理精细化水平，推进气象、水利、交通、电力等数据融合应用，支撑气象和水文耦合预报、受灾分析、河湖岸线监测、突发水事件应急处置、重污染天气应对、城市水环境精细化管理等。加强生态环境公共数据融合创新，支持企业融合应用自有数据、生态环境公共数据等，优化环境风险评估，支撑环境污染责任保险设计和绿色信贷服务 （十六）完善数据资源体系，在科研、文化、交通运输等领域，推动科研机构、龙头企业等开展行业共性数据资源库建设，打造高质量人工智能大模型训练数据集。加大公共数据资源供给，在重点领域、相关区域组织开展公共数据授权运营，探索部省协同的公共数据授权机制。引导企业开放数据，鼓励市场力量挖掘商业数据价值，支持社会数据融合创新应用
《国务院关于加强数字政府建设的指导意见》	国务院	2022年6月23日	编制公共数据开放目录及相关责任清单，构建统一规范、互联互通、安全可控的国家公共数据开放平台，分类分级开放公共数据，有序推动公共数据资源开发利用，提升各行业各领域运用公共数据推动经济社会发展的能力。推进社会数据"统采共用"，实现数据跨地区、跨部门、跨层级共享共用，提升数据资源使用效益。推进公共数据、社会数据融合应用，促进数据流通利用

(续)

政策法规名称	发布单位	发布时间	政策内容
《人力资源社会保障部关于印发〈数字人社建设行动实施方案〉的通知》	人力资源和社会保障部	2023年6月19日	（二十四）加强社会化协同应用。在确保数据安全的前提下，探索推动人社领域公共数据资源开发利用，助力优化营商环境。按需对接市场机构和平台企业的社会数据，促进人社领域公共数据和相关社会数据融合应用
《交通运输部办公厅关于组织开展交通运输信息资源整合共享应用试点工作的通知》	交通运输部	2018年6月12日	方向四：政企数据融合应用 按照国家积极推动重点领域公共信息资源开放有关要求，围绕"创新行业治理，培育壮大市场"的目标，由省、市交通运输主管部门联合行业企业、互联网企业共同开展政企数据融合应用试点。包括但不限于以下内容：一是充分利用社会优质信息资源，提升行业治理能力；二是依法开放公共信息资源，提升行业企业运行组织效率，依托市场主体提供优质、便捷信息服务等
《交通运输部办公厅关于公布首批交通运输大数据融合应用试点项目名单的通知》	交通运输部	2018年12月7日	二、加快推进试点项目实施工作 各有关省级交通运输主管部门要加强试点项目的组织领导，进一步完善工作机制，强化实施单位主体责任，确保试点项目尽早取得成效。项目实施单位要围绕跨领域业务综合应用、整合共享能力提升、政企数据融合应用等方向，严格落实项目实施方案，加快工作进度，积极探索交通运输大数据融合应用新模式，按期高质量完成试点工作任务
《交通运输部关于印发〈推进综合交通运输大数据发展行动纲要（2020—2025年）〉的通知》	交通运输部	2019年12月12日	（二）深入推进大数据共享开放 8.引导大数据开放创新。组织开展综合交通运输公共信息资源开放创新活动，支持各类主体开展大数据创新创业。推动政企数据融合创新，引导行业公共企事业单位依法开放自有公共信息资源，形成良好数据开放生态。（部科技司牵头负责，各省级交通运输主管部门按职责分工负责）

（续）

政策法规名称	发布单位	发布时间	政策内容
《关于加快构建全国一体化大数据中心协同创新体系的指导意见》	国家发展改革委，中央网信办，工业和信息化部，国家能源局	2020年12月23日	六、加速数据流通融合 （二）促进政企数据对接融合。通过开放数据集、提供数据接口、数据沙箱等多种方式，鼓励开放对于民生服务、社会治理和产业发展具有重要价值的数据。探索形成政企数据融合的标准规范和对接机制，支持政企双方数据联合校验和模型对接，有效满足政府社会治理、公共服务和市场化增值服务需求。（中央网信办、发展改革委牵头，各地区、各部门按职能分工负责）
《国务院办公厅关于印发要素市场化配置综合改革试点总体方案的通知》	国务院办公厅	2022年1月6日	六、探索建立数据要素流通规则 （二十一）拓展规范化数据开发利用场景。发挥领军企业和行业组织作用，推动人工智能、区块链、车联网、物联网等领域数据采集标准化。深入推进人工智能社会实验，开展区块链创新应用试点。在金融、卫生健康、电力、物流等重点领域，探索以数据为核心的产品和服务创新，支持打造统一的技术标准和开放的创新生态，促进商业数据流通、跨区域数据互联、政企数据融合应用

2. 地方层面

地方层面与公共数据融合相关的政策法规见表5-2。

表5-2 地方层面与公共数据融合相关的政策法规

政策法规名称	发布单位	发布时间
《海南省培育数据要素市场三年行动计划（2024—2026）》	海南省人民政府办公厅	2023年12月6日
《上海市公共数据开放2023年度重点工作安排》	上海市经济和信息化委员会	2023年9月6日
《广东省数据要素市场化配置改革行动方案》	广东省人民政府	2021年7月11日
《南昌市数字政府规划建设方案》	南昌市人民政府办公室	2023年2月23日

（续）

政策法规名称	发布单位	发布时间
《贵州省建设数字经济发展创新区2023年工作要点》	贵州省大数据发展管理局	2023年2月17日
《深圳市市场监督管理局关于激发市场活力促进高质量发展的若干措施》	深圳市市场监督管理局	2023年2月7日
《关于推进北京市数据专区建设的指导意见》	北京市经济和信息化局	2022年11月21日
《丹棱县"十四五"数字经济发展规划》	丹棱县人民政府	2022年11月25日
《绥芬河市"十四五"加快推进数字经济发展实施方案》	绥芬河市人民政府	2022年10月17日
《上海市经济和信息化委员会关于开展2022年度〈上海市创新产品推荐目录〉编制申报工作的通知》	上海市经济和信息化委员会	2022年8月18日
《北京市数字经济全产业链开放发展行动方案》	北京市经济和信息化局	2022年5月30日
《江西省数字政府建设三年行动计划（2022—2024年）》	江西省人民政府办公厅	2022年6月13日
《湖南省强化"三力"支撑规划（2022—2025年）》	湖南省人民政府办公厅	2022年6月15日
《鸡西市"十四五"数字经济发展规划》	鸡西市人民政府	2022年4月28日
《牡丹江市"十四五"加快数字经济发展实施方案》	牡丹江市人民政府	2022年4月28日
《淄博市金融业发展"十四五"规划》	淄博市人民政府办公室	2022年4月24日
《黑龙江省"十四五"数字经济发展规划》	黑龙江省人民政府	2022年3月28日
《唐山市数字经济发展规划（2021—2025年）》	唐山市人民政府办公室	2022年3月14日
《推进治理数字化转型 实现高效能治理行动方案》	中共上海市委员会办公厅、上海市人民政府办公厅	2021年12月3日
《河源市数据要素市场化配置改革行动方案》	河源市人民政府	2022年2月8日
《江苏省数字经济加速行动实施方案》	江苏省工业和信息化厅、中共江苏省委网络安全和信息化委员会办公室、江苏省发展和改革委员会、江苏省科学技术厅、江苏省农业农村厅、江苏省商务厅、中国人民银行南京分行、江苏省通信管理局	2021年12月31日

（续）

政策法规名称	发布单位	发布时间
《广州市数据要素市场化配置改革行动方案》	广州市人民政府	2021年12月1日
《梅州市数字政府改革建设"十四五"规划》	梅州市人民政府	2021年9月27日
《山东省"十四五"综合交通运输发展规划》	山东省人民政府	2021年7月10日
《贵州省大数据局关于做好2022年省大数据发展专项资金项目入库工作的通知》	贵州省大数据发展管理局	2021年6月23日
《浙江省数字经济发展"十四五"规划》	浙江省人民政府办公厅	2021年6月29日
《三明市人民政府2021年立法工作计划》	三明市人民政府办公室	2021年4月19日
《2021年上海市公共数据治理与应用重点工作计划》	上海市人民政府办公厅	2021年3月31日
《芜湖市推进新型基础设施建设行动方案（2020—2022年）》	芜湖市推进新型基础设施建设工作领导小组	2020年10月23日
《南通市推进新型基础设施建设行动方案（2020—2022年）》	南通市人民政府	2020年7月29日
《上海市推进新型基础设施建设行动方案（2020—2022年）》	上海市人民政府	2020年5月12日
《上海市公共数据资源开放2020年度工作计划》	上海市经济和信息化委员会	2020年4月22日
《朝阳市推进运输结构调整三年行动计划实施方案（2018—2020年）》	朝阳市人民政府办公室	2019年9月6日
《丹东市推进运输结构调整三年行动计划实施方案（2018—2020年）》	丹东市人民政府办公室	2019年7月8日
《2019年上海市推进"一网通办"工作要点》	上海市人民政府办公厅	2019年4月11日
《辽宁省推进运输结构调整三年行动计划（2018—2020年）》	辽宁省人民政府办公厅	2019年2月18日
《南平市公共信息资源开放试点实施方案》	南平市人民政府办公室	2018年7月18日
《浙江省加快培育发展新动能行动计划》	浙江省人民政府	2018年5月14日
《上海市公共数据资源开放2018年度工作计划》	上海市经济和信息化委员会	2018年4月18日
《上海市政务数据资源共享和开放2017年度工作计划》	上海市经济和信息化委员会	2017年8月15日
《内蒙古自治区大数据与产业深度融合行动计划（2018—2020年）》	内蒙古自治区人民政府办公厅	2018年4月29日

(续)

政策法规名称	发布单位	发布时间
《2023年广安市大数据发展工作要点》	广安市人民政府办公室	2023年3月30日
《中国式现代化沧州篇章数字沧州建设行动方案》	沧州市人民政府办公室	2023年3月16日
《南江县"十四五"信息化建设和数字经济发展规划》	南江县人民政府	2023年2月21日
《金华市数字政府建设"十四五"规划》	金华市人民政府	2021年12月31日
《重庆市数字经济"十四五"发展规划（2021—2025年）》	重庆市人民政府	2021年12月8日
《常州市大数据发展三年行动计划（2018—2020年）》	常州市人民政府办公室	2018年8月27日
《2018年重庆市"互联网+政务服务"工作要点》	重庆市人民政府办公厅	2018年4月14日
《北京市"十三五"时期信息化发展规划》	北京市人民政府	2017年1月11日

（二）与公共数据融合相关的法律文件

与公共数据融合相关的政策法规见表5-3。

表5-3　与公共数据融合相关的政策法规

政策法规名称	发布单位	发布时间	涉及条文
《四川省数据条例》	四川省人民代表大会常务委员会	2022年12月2日	第三十一条第二款　省数据管理机构应当会同相关部门建立多元化的数据合作机制，加强公共数据和非公共数据融合。引导企业、行业协会、科研机构等依法收集、整合行业和市场数据，结合开放的公共数据，开发数据产品和服务
《汕头经济特区数字经济促进条例》	汕头市人民代表大会常务委员会	2023年8月14日	第十九条第二款　市政务服务数据管理部门应当会同有关行业主管部门促进各类数据深度融合，在卫生健康、社会保障、教育、交通、科技、通信、企业投融资、普惠金融等领域推进公共数据和社会数据融合应用

(续)

政策法规名称	发布单位	发布时间	涉及条文
《深圳经济特区数字经济产业促进条例》	深圳市人民代表大会常务委员会	2022年9月5日	第二十一条第一款 市政务服务数据管理部门应当会同有关行业主管部门促进各类数据深度融合，在卫生健康、社会保障、交通、科技、通信、企业投融资、普惠金融等领域推进公共数据和社会数据融合应用
《菏泽市优化营商环境条例》	菏泽市人民代表大会常务委员会	2024年4月1日	第二十二条第四款 探索建立政企数据共享机制，破解政企数据融合应用的壁垒，进一步促进和规范公共数据的开放和利用
《中国（上海）自由贸易试验区临港新片区条例》	上海市人民代表大会常务委员会	2022年2月18日	第三十四条 本市支持临港新片区推进国际数据产业发展，培育发展数据经纪、数据运营、数据质量评估等新业态，建立数据跨境流动、数据合规咨询服务、政企数据融合开发等公共服务平台
《汕头经济特区优化营商环境条例》	汕头市人民代表大会常务委员会	2021年9月28日	第三十二条第二款 特区建立政企数据共享机制，推动政企数据融合，促进和规范公共数据的开放和利用。建立数据安全保护和审查制度，加强对公共数据、企业数据和个人数据的保护
《广州市优化营商环境条例》	广州市人民代表大会常务委员会	2020年12月10日	第三十六条第二款 本市建立政企数据共享机制，破解政企数据融合应用的壁垒，进一步促进和规范公共数据的开放和利用
《山东省公共数据开放办法》	山东省人民政府	2022年1月31日	第四条 县级以上人民政府应当加强对公共数据开放工作的领导，统筹解决公共数据开放重大事项，鼓励、引导科研机构、企业、行业组织等单位开放自有数据，推动公共数据与非公共数据融合应用、创新发展 第十七条 鼓励、支持公民、法人和其他组织利用开放的公共数据开展科学研究、咨询服务、应用开发、创新创业等活动，促进公共数据与非公共数据融合发展

(续)

政策法规名称	发布单位	发布时间	涉及条文
《江门市公共数据共享和开放利用管理办法》	江门市人民政府办公室	2023年7月7日	第二十六条　县级以上公共数据主管部门探索数据经纪人制度，加强数据经纪人监管，规范数据经纪人执业行为，建立数据经纪人监管规则和风险防控机制，制定数据经纪人日常监督管理要求和具体评价指标 数据经纪人通过开放、共享、开发、撮合等多种方式整合利用有关数据，促进非公共数据与公共数据融合流通，维护各方合法权益，挖掘数据要素价值，活跃数据要素市场，促进数据可信有序流通和有效利用
《厦门市公共数据开发利用管理暂行办法》	厦门市人民政府办公厅	2023年12月28日	第三条　……本办法所称公共数据融合开发平台，是指由一级开发主体建设的，为本市允许社会化增值开发利用的公共数据资源处理、加工使用、与非公共数据融合开发、输出数据应用等提供安全可信环境的平台 第五条　……市信息中心作为市公共数据资源管理机构，负责做好公共数据资源平台与公共数据融合开发平台的安全对接和公共数据资源供给、检查公共数据融合开发平台的数据安全情况等相关工作 一级开发主体负责公共数据融合开发平台建设运营、服务支撑、运行维护、安全保障等平台运营相关工作，以及公共数据资源处理、开发目录发布、需求对接、申请审核等开发利用相关的管理和服务工作
《北京市公共数据专区授权运营管理办法（试行）》	北京市经济和信息化局	2023年12月5日	第三条　本办法所称公共数据专区是指针对重大领域、重点区域或特定场景，为推动公共数据的多源融合及社会化开发利用、释放数据要素价值而建设的各类专题数据区域的统称，一般分为领域类、区域类及综合基础类

(续)

政策法规名称	发布单位	发布时间	涉及条文
《北京市公共数据专区授权运营管理办法（试行）》	北京市经济和信息化局	2023年12月5日	（一）领域类：聚焦本市金融、教育、医疗、交通、信用、文旅等重大领域应用场景，为进一步深化和拓展领域应用场景而建设的专题数据区域，以赋能相关领域融合发展和产业带动为目标；优先支持与民生紧密相关、行业增值潜力显著和产业战略意义重大的领域开展公共数据专区授权运营 （二）区域类：面向本市重点区域或特定场景，为进一步深化和拓展区域应用场景而建设的专题数据区域，以赋能特定区域，特别是基层社会治理为目标 （三）综合基础类：面向跨领域、跨区域的综合应用场景而建设的专题数据区域，可向各行业领域、各区及其他公共数据专区提供数据支撑服务 第八条 专区运营单位作为专区运营主体，负责公共数据专区的建设运营、数据管理、运行维护及安全保障等工作，需投入必要的资金、技术并积极引入相关社会数据。专区运营单位应积极吸纳多元合作方、拓展政企融合应用场景，稳步构建具有专区特色的产业生态体系
《重庆市数据条例》	重庆市人民代表大会常务委员会	2022年3月30日	第二十条 本市按照国家统一部署，建立健全公共数据资源体系，推进各类数据依法汇聚融合，有序共享开放 政务数据、公共服务数据按照本条例规定纳入公共数据资源体系 鼓励自然人、法人和非法人组织将数据依法汇聚到公共数据资源体系
《贵州省政务数据资源管理办法》	贵州省人民政府办公厅	2023年6月8日	第三十五条 支持行业企业、互联网平台企业与政务数据运营机构合作，建设行业数据服务平台，依法推动政府和企业数据融合应用

(续)

政策法规名称	发布单位	发布时间	涉及条文
《浙江省公共数据条例》	浙江省人民代表大会	2022年1月21日	第三十四条 县级以上人民政府应当将公共数据作为促进经济社会发展的重要生产要素，促进公共数据有序流动，推进数据要素市场化配置改革，推动公共数据与社会数据深度融合利用，提升公共数据资源配置效率 自然人、法人或者非法人组织利用依法获取的公共数据加工形成的数据产品和服务受法律保护，但不得危害国家安全和公共利益，不得损害他人的合法权益

二、欧盟

在数据立法方面，欧盟无疑走在世界的前列。目前，欧盟已具有较成体系的数据立法框架，对政府与社会数据的使用、传输等也进行了相关的立法。

作为世界上大部分地区个人数据立法的蓝本，《通用数据保护条例》（GDPR）在欧盟数据立法方面具有重要的意义。虽然GDPR主要聚焦个人数据保护，但对公共数据的影响同样重要。GDPR设定了个人数据处理的基本原则，包括合法性、透明性及数据主体的权利。在进行公共数据融合时，数据处理者必须确保遵循这些原则，以平衡数据利用与个人隐私保护之间的关系。

除此之外，欧盟还通过了《开放数据指令》（Open Data Directive），该指令适用于公共部门和接受接收政府资助的科研项目数据，要求公共部门数据被开放和可再利用，以增加透明度、促进创新和支持经济增长。该指令促进了公共数据的整合及对公共服务的改善，强调了公共数据在科学研究和社会创新中的重要性。

从欧盟的最新立法来看，2023年底通过的《数据法》（The Data Act）对企业与政府之间的数据传输进行了规定。《数据法》第五章规定了企业在公共安全、环境保护等特定情况下向公共部门传输数据的义务，第十四条到第二十二条详细规定了企业应当向公共部门传输数据的情形、公共部门应当履行的义务等，为公共数据与社会数据的互通传输制定了框架。

第五节 案　　例

随着互联网和大数据的发展，全国各地都在开展公共数据与社会数据融合实践，并取得了较大成效。同时，司法实践中也出现了关于公共数据融合的典型案例，在法院裁判中得到了有效规制。

虽然行政机关等公共部门在提供公共服务的过程中积累了大量的数据，但这些数据往往处于"沉睡"状态，并未得到充分有效的利用。随着国家对大数据的重视程度日益提升，全国各地开始积极探索公共数据与社会数据融合的路径，激活数量庞大的社会数据，为推动数据要素市场发展、促进数据交易流转提供支撑。在此背景之下，部分地区的探索已取得初步成效。

一、福建大数据交易所

福建大数据交易所是国内公共数据与社会数据融合领域实践的首创者。

现阶段，我国小微企业规模小、总数多，金融行业支持小微企业发展的措施越来越多，力度逐步增强，受惠面有所扩大，但融资难的问题依旧存在：一是企业和个人融资成本高，办理周期长；二是银行等金融机构搜寻成本较高，不能及时、精准地找到目标用户；三是由于多源数据未能实现充分融合共享，政府决策缺乏必要的数据支撑，决策成本高。"数据壁垒"明显，导致企业贷款存在诸多困难，因此，化解小微企业融资困难的问题，是银行需要承担的责任；化解融资困难的关键，则在于公共数据与社会数据的融合及利用。

前文提到，2023年1月，福建大数据交易所承接中国建设银行福建分行"智慧快贷"数据需求，打破"数据壁垒"，创新打造公共数据社会数据一体化融合订单，实现"智慧快贷"的数据融合产品交付，极大缓解了小微企业"融资难、融资贵、融资慢"等问题，极大提高了银行在审批阶段的工作效率。

概括而言，福建省对公共数据的利用模式为：由一家国资大数据集团统筹建设全省公共数据共享、开放和开发利用平台的路径，将数据开放、数据共享汇聚、数据开发授权运营三类公共数据开发利用功能融为一体，统称为"一体化公共数据平台"。福建大数据交易平台汇集了大量社会数据，很多数据的应用场景需要与公共数据融合。福建大数据交易所则服务于社会数据流通及政企数据融合，允许初步开发的公共数据产品与社会产品融合，形成数据使用主体需要的数据产品和数据服务，以解决公共数据与社会数据融合应用问题⊖。

二、广东省全联进贸通

为充分挖掘数据资源潜力，湛江推出公共数据与社会数据的融合创新应用——全联进贸通，以解决水产行业中小企业"融资难""融资贵"的

⊖ 龚芳颖，郭森宇，马亮，等. 公共数据授权运营的功能定位与实现机制——基于福建省案例的研究［J］. 电子政务，2023（11）：28-41.

问题，赋能水产行业高质量发展。中国工商银行湛江分行利用该产品进行企业风险模型搭建，实现放贷。

全联进贸通由湛江授权湛江市交通投资集团有限公司为湛江市公共数据运营服务商，以及全联集采水产品（广东）股份有限公司授权湛江交投集团对其水产品相关企业的社会数据进行加工、运营。

同时，为保障数据要素安全、高效、有序流动，湛江努力破解数据要素流动难题，在充分考虑全联进贸通涉及的数据交互通道和数据安全可信保障等方面勇于尝试、多措并举，在数据要素流通体系方面作出了有益探索。

三、四川公共数据应用实验室

四川省金融科技学会在四川省地方金融监管局、四川省大数据中心指导下，"锦江之链"公共数据金融共享应用创新工作室支持下，联合深圳数据交易所等国内数据领域前沿机构共同成立了公共数据应用实验室，通过技术赋能助力场景方依法合规应用公共数据，探索兼顾公共数据安全保障与价值释放的可行路径，并推动公共数据应用普惠化发展，切实促进数字经济与实体经济深度融合。

四、由企业推进的数据融合

在推动公共数据开放共享、打破"数据孤岛"状态的大趋势下，各地政府开展的公共数据与非公共数据融合实践如火如荼。同时，企业也在积极寻求与政府进行合作，通过将自身持有的数据与政府持有的公共数据进行融合，加大竞争优势，促进企业发展。

以"公共数据融合""政企数据融合""社会数据融合"为关键词在数据库"见微数据"中进行检索，共检索到53篇包含上述关键词的公司披露公告，涉及数据、交通、通信等各个行业，将其中典型案例摘录如下。

（一）江苏通行宝智慧交通科技股份有限公司

江苏通行宝智慧交通科技股份有限公司（以下简称"公司"）拟开展三网融合项目，将江苏高速互联网、SD-WAN 网络、沿路光纤网三网的能力融合，无缝连接江苏高速各个节点，形成动态链接网络，实现资源的统一调用。在技术层面，通过将江苏高速专用局域网的大带宽、SD-WAN 网络的高可靠性和互联网的泛在连接性相融合，支撑公司的资源调度。在业务层面，三网融合能使海量的应用汇聚，并能够按需实时调用不同地方的计算、存储资源，实现连接和资源的全局优化。在数据层面，分布于以上三张网中的海量业务数据通过三网融的建设能够实现数据的实时采集与汇聚；将公司自身数据、外部行业数据与社会公共数据融合，更好地赋能公司数字经济的发展⊖。

（二）浙报数字文化集团股份有限公司

浙报数字文化集团股份有限公司（以下简称"公司"）于 2016 年投资设立浙江大数据交易中心，是浙江省唯一一家持牌数据交易场所，主要提供数据产品交易撮合服务和数据流通技术服务，主要应用在公共数据融合利用场景、金融科技场景、媒体营销场景。2022 年以来，国家及地方陆续推出相关政策，数字中国建设正在以举国体制加快推进中。公司将持续关注相关政策文件，积极引导发挥浙江大数据交易中心作用，推动浙江数据要素市场建设，持续助力全国数据基础制度体系不断完善。浙江大数据交易中心流通的数据产品主要为授权开放的社会数据和公共数据互相融合后经用户同意使用的数据产品。截至 2022 年 12 月底，浙江大数据交易中

⊖ 江苏通行宝智慧交通科技股份有限公司 2023 年年度报告。

心会员达 380 名，数据产品总数达 362 个，主要应用在公共数据融合利用场景、金融科技场景、媒体营销场景[1]。

(三) 广电运通集团股份有限公司

2023 年 12 月 8 日，第二届数字政府建设峰会暨数字湾区专题论坛在广州召开。广电运通集团股份有限公司成员公司广州广电运通信息科技有限公司（以下简称"运通信息"）和清远数字投资运营有限公司（以下简称"清远数投"）受邀出席，并获得广东省数据经纪人的正式授牌。作为全省首批授牌企业，运通信息和清远数投未来将探索数据要素市场化配置，促进行业数据与公共数据融合，推动广东省数据要素市场高质量发展[2]。

五、公共数据融合司法案例

数字经济已步入高速增长阶段，司法实践中对利用数据、算法从事违法活动的行为已经有了一定的打击力度。但与数据相关的案件往往集中在平台反垄断、反不正当竞争及知识产权侵权案件等方面，关于公共数据利用的司法案例依旧较少。杭州互联网法院发布的"数据和算法十大典型案例"中，浙江某金融服务公司、重庆某小微小额贷款公司与苏州某网络科技公司商业诋毁及不正当竞争纠纷一案划定了公共数据合法利用的边界，也确立了公共数据利用的基本原则。

【裁判要旨】[3]

使用公开的公共数据无须征得原始数据主体的同意，但使用行为仍需遵守基本的注意义务，防止不当使用给数据原始主体带来不当损害。在公

---

[1] 浙数文化 2023-3-13 投资者关系记录表。
[2] 广电运通 2023 年环境、社会及管治（ESG）报告。
[3] 浙江省杭州市中级人民法院，（2020）浙 01 民终 4847 号。

共数据开放和大数据商业模式下，公共数据使用行为仍应受到正当性判断。大数据产品或服务提供者，使用公共数据时，应遵循来源合法原则、注重信息时效原则、保障信息质量原则、敏感信息校验原则。对公共开放数据的不当使用，未能尽到必要的注意义务，导致法人或自然人等原始数据主体的合法利益受损，公共数据使用者应承担相应法律责任。

【案情介绍】

2019年5月5日、6日，苏州某网络科技公司运营的网络平台通过向特定用户推送的方式，发布了针对重庆某小微小额贷款公司清算的企业信息，引发媒体广泛关注，均围绕重庆某小微小额贷款公司是否存在清算行为进行了报道，还涉及浙江某金融服务公司及其旗下金融贷款产品。短时间内该新闻搜索条数达千万条。该条清算信息系某网络平台抓取自全国企业信用公示系统的公共数据，但系重庆某小微小额贷款公司2014年企业年度报告中出现的历史信息。经原告申请，杭州互联网法院于2019年6月21日作出诉前行为保全裁定，要求苏州某网络科技公司停止散布与重庆某小微小额贷款公司有关的清算信息，并对推送行为予以澄清。苏州某网络科技公司于2019年7月2日在其官方微信、微博上发表声明，回应了某网络平台审慎不足的相关质疑，认为某网络平台保证信息内容与信息源头一致，做到真正将信息精准且及时地提供给用户。对于针对重庆某小微小额贷款公司的清算信息的推送，相关人员的清算信息是公示系统曾记录在案的，绝非苏州某网络科技公司二次编辑把舆论锚点标在重庆某小微小额贷款公司经营不善之上。该声明发出后，引发了媒体新一轮的关注和报道。

【裁判内容】

1. 公共数据合法使用原则

公共数据是促进数字经济发展的生产要素，应当鼓励市场主体对公共数据进行利用和挖掘。但同时，对公共数据的利用应当合法、正当，不得损害国家利益、社会利益和其他主体合法权益，特别是不能损害数据原始主体的合法权益。本案中，重庆某小微小额贷款公司作为原始数据主体，苏州某网络科技公司利用信息抓取技术，通过多种渠道抓取公共数据中涉及重庆某小微小额贷款公司的企业数据，经过分类整理供某网络平台用户查询。因此，重庆某小微小额贷款公司与苏州某网络科技公司同处于大数据平台构建的数据生态系统中。苏州某网络科技公司通过国家企业信用信息公示系统抓取重庆某小微小额贷款公司的企业信息，虽然数据本身来源于公共数据，但是信息的发布和推送行为应当保持与重庆某小微小额贷款公司企业信息的一致性，即客观公正地反映企业信息，不应因数据来源的公共属性而损害数据原始主体的商业利益。

2. 行为不正当性的评价

某网络平台提供的企业数据信息直接指向原始数据主体。基于征信大数据生态系统中数据与数据源之间的联系并未切断的特殊性，某网络平台提供的企业信息查询功能与原始数据主体之间具有唯一的对应关系。这种基于同一数据生态系统中的数据与信息的对应关系，将对重庆某小微小额贷款公司的市场竞争利益带来影响，并集中体现在重庆某小微小额贷款公司的商誉权上。商誉是经营者在经营过程中通过经营行为累积的社会整体评价，体现了经营者与消费者之间的信任关系。从这个角度讲，商誉具有财产属性，良好的商誉能够为经营者带来经济利益和竞争优势。由于信息发布行为造成的认识错误将导致用户企业或个人在交易时对其他经营者的经营状况、关联关系等产生错误的认识，无故减少其他经营者的交易机会，或增加经营者的交易成本和负担。苏州某网络科技公司的行为损害了以信用为基础的市场竞争秩序。苏州某网络科技公司作为从事企业征信业务的互联网征信机构，在享有征信数据带来的经济利益的同时，还应当对数据质量负有一定的注意义务，征信数据的数据质量不但影响互联网征信机构自身的竞争能力，还因为数据本身对数据主体的商誉影响，而影响数据主体的竞争优势。苏州某网络科技公司针对重庆某小微小额贷款公司推送企业信息的行为，在数据存在偏差的情况下，将对重庆某小微小额贷款公司带来商誉上的损害，并且影响重庆某小微小额贷款公司的市场竞争优势。因此，苏州某网络科技公司的行为构成不正当竞争。

3. 从行业现状出发确定责任承担

由于互联网征信行业仍处于发展的起步阶段，相关行业规范尚未成熟，应当以鼓励数据共享流通、兼顾各方利益为原则，并正视海量数据处理的技术困境，合理确定注意义务。一方面，从事企业征信的互联网征信企业运用大数据技术优势，将公共领域碎片化的局部数据整合起来，较为完整地反映企业经营信用状况，实现了面向整个市场的信息共享，摆脱了商业信息滞后、信息不对称的市场困境，在降低信息收集成本、增加交易行为的透明度、促进社会诚信体系建设方面具有积极作用。由于受到数据共享范围、获取成本的限制及数据有效抓取技术的局限，在司法裁判上，不宜为互联网征信企业赋予过高的注意义务，对于普通的信息偏差，应当允许其通过事后救济的方式进行修正。另一方面，互联网征信企业作为一种互联网经济下新兴的商业主体，对于收集、发布的数据信息仍具有基本的注意义务，只有通过技术的革新和完善，确保数据的真实、及时、准确，才能为市场主体的投资行为提供可信赖的、具有公信力的企业信息。

第六章　公共数据资源登记

公共数据资源登记是对各级党政机关、企事业单位依法履职或提供公共服务过程中产生的数据进行记录和管理的活动，是促进公共数据资源合规高效开发利用的重要一环。2022年12月，中共中央、国务院首提"研究数据产权登记新方式"[一]；2024年9月，中共中央办公厅、国务院办公厅再次提出"建立公共数据资源登记制度"[二]。2024年10月9日，《关于加快公共数据资源开发利用的意见》正式发布，这是国家数据局成立以来研究起草的首个中央文件，也是公共数据资源开发利用的顶层制度文件，业界关注度极高。2024年10月12日，国家发展改革委、国家数据局将《公共数据资源授权运营实施规范（试行）（公开征求意见稿）》《公共数据资源登记管理暂行办法（公开征求意见稿）》正式向社会公开征求意见。2025年1月8日，《公共数据资源登记管理暂行办法》（以下简称《暂行办法》）正式发布，在征求意见稿的基础上进行了修正完善，丰富了公共数据资源开发利用的政策体系规则，为构建全国一体化的公共数据资源登记体系指明了方向。

数据登记为数据交易提供了可信基础。为回应顶层设计，各地在政策的指引下纷纷开展公共数据资源登记及交易实践，在保障数据交易安全的情况下充分释放公共数据要素活力。2024年3月，天津市发展改革委率先完成"企业公共信用综合评价模型"的公共数据登记确权，该模型获得"天津市数据知识产权登记证书"和"天津市数据产品登记证

[一] "数据二十条"，载《人民日报》2022年12月20日第1版。
[二] 《关于加快公共数据资源开发利用的意见》，载《人民日报》2024年10月10日。

书"双证书[一]，为公共数据登记的实践落地探索了可行路径。2024年12月20日，东北地区首笔公共数据产品场内交易在大连完成，大连数据交易平台为数据交易提供确权、登记、交易、结算、交付等服务[二]；2024年12月27日，贺州市"矿山卡口出入场数据接口""八步区粮食补贴核验"先后获得北部湾大数据交易中心颁发的数据产品登记证书并上架交易，标志着贺州市成功迈出数据要素流通交易第一步，实现该市公共数据授权运营产品品零的突破[三]；2025年1月1日，连云港市赣榆区数据局、城发集团联合发起的"连云港赣榆智慧水务平台运维数据"在华东江苏大数据交易中心成功挂牌登记，成为全区首张数据产品登记证书[四]。通过梳理有关"数据登记"的国家政策及地方规范性文件，研究公共数据登记的内涵及程序，细化对公共数据的管理，加强监督，以充分发挥公共数据资源的规模化应用效应。

第一节 公共数据登记概述

一、公共数据登记的概念

（一）数据登记的概念

数据登记指依据一定的规则和程序，对数据的相关信息进行记录和备案，或对数据资源的持有状态、市场价值等信息进行记录、确认和公示的

[一] 天津市发展和改革委员会. 市发展改革委率先探索公共数据登记确权，我市首单公共数据产品完成"双登记"[EB/OL]. https://fzgg.tj.gov.cn/xxfb/xwxx/202403/t20240306_6554451.html. 最后访问时间2025年1月4日.

[二] 大连数据产业有限公司. 大连数产完成东北首笔公共数据产品场内交易释放数据要素乘数效应[EB/OL]. https://mp.weixin.qq.com/s/t8T55KXWL0HBVE7FhCbaug. 最后访问时间2025年1月4日.

[三] 贺州新闻网. 贺州公共数据授权运营产品实现零突破. http://www.gxhzxw.com/html/226/2025-01-01/content-116620.html. 最后访问时间2025年1月4日.

[四] 新华网. 连云港市赣榆区首笔数据产品完成登记. http://www.js.xinhuanet.com/20250103/f4c2c466feb24663b59140dc1ad135e4/c.html. 最后访问时间2025年1月4日.

过程。2022年12月,"数据二十条"提出,在数据资源持有权、数据加工使用权、数据产品经营权"三权分置"构想的基础上,研究数据产权登记新方式,建立健全数据登记机制。

目前各地出台的有关数据登记的地方规范性文件表述不一,包括数据知识产权登记［如《北京市数据知识产权登记管理办法(试行)》《浙江省数据知识产权登记办法(试行)》］、数据产品确权登记［如《海南省数据产品超市数据产品确权登记实施细则(暂行)》］、数据产权登记(如《深圳市数据产权登记管理暂行办法》)、数据要素登记［如《贵州省数据要素登记服务管理办法(试行)》］、数据资产登记［如《广东省公共数据资产登记与评估试点工作指引(试行)》］、数据资产管理登记(《大理州数据资产登记管理办法》)、数据资源登记(如《福州市政务数据资源管理办法》第二章"数据登记汇聚")等。

1. 登记主体

"数据二十条"创造性地提出资源持有权、数据加工使用权和数据产品经营权"三权分置"的中国特色数据产权制度框架,现有地方规范性文件中数据登记主体主要包括数据资源持有者、数据加工使用者和数据产品经营者。

从已出台的数据知识产权登记规范看,"数据处理者"是公认的数据登记主体。浙江、河北、广东、安徽等地的文件中明确限定数据登记的申请人为"数据处理者"。根据国家数据局发布的《数据领域常用名词解释(第一批)》,数据处理包括数据的收集、存储、使用、加工、传输、提供、公开等行为;数据处理者为在数据处理活动中自主决定处理目的和处理方式的个人或者组织○。综上,参与数据收集、存储、使用、加工等数据处理活动的个人及组织均可作为数据登记的主体申请数据登记。北京、

○ 参见《数据领域常用名词解释(第一批)》,https://www.nda.gov.cn/sjj/zwgk/zcfb/1230/20241230160715745237413_pc.html,最后访问于2025年1月8日。

山东、天津、湖北等地在数据处理活动之外,将"数据持有人"也引入登记主体。例如,《北京市数据知识产权登记管理办法(试行)》规定"数据知识产权登记主体,是指依据法律法规规定或者合同约定持有或者处理数据的主体"①;《湖北省数据知识产权登记管理办法(试行)》规定"数据知识产权的登记主体,是指依据法律法规规定或者合同约定持有或者处理数据的主体,包括依法对原始数据实施采集、存储、加工、传输、使用、流通等处理行为的自然人、法人或者非法人组织。"②

现有的关于数据知识产权登记的地方性文件暂未将"数据产品经营者"列为登记主体,而关于数据资产登记、数据产品登记、数据要素登记的地方规范中却关注了经营者这一群体。例如,《上海数据交易所数据产品登记规范(试行)》指出"为保护供方在持有、使用、加工、经营等数据处理活动中形成的法定或者约定的财产权益,供方可以申请对合法持有的数据产品进行登记"③;《上海市促进浦东新区数据流通交易若干规定(草案)》指出"保护数据产权人的数据权益",并将数据产权人界定为"(一)数据生产者、采集者;(二)数据加工者、使用者;(三)数据产品经营者;(四)法律、法规规定的其他数据产权人④";《大理州数据资产登记管理办法》规定"本办法所称数据登记主体,是指享有数据资产相关权益,并向登记机构发起登记行为的自然人、法人或非法人组织⑤"。综上,在数据资产登记、数据产品登记、数据要素登记中,立法者关注了"数据经营者"的权益,并将其列入数据登记主体范畴。关于数据知识产权登记的地方性政策法规见表6-1。

---

① 参见《北京市数据知识产权登记管理办法(试行)》第六条。
② 参见《湖北省数据知识产权登记管理办法(试行)》第四条。
③ 参见《上海数据交易所数据产品登记规范(试行)》第三条。
④ 参见《上海市促进浦东新区数据流通交易若干规定(草案)》第五条。
⑤ 参见《大理州数据资产登记管理办法》第三条。

表 6-1　关于数据知识产权登记的地方性政策法规

登记类别	发布时间	地区	政策法规名称	登记主体
数据知识产权登记	2023年5月	北京	《北京市数据知识产权登记管理办法（试行）》	第六条　数据知识产权登记主体，是指依据法律法规规定或者合同约定持有或者处理数据的主体，包括进行数据收集、存储、使用、加工、传输、提供、公开等行为的自然人、法人或者非法人组织
	2023年5月	浙江	《浙江省数据知识产权登记办法（试行）》	（二）申请主体。提出数据知识产权登记服务申请的应当是依法依规处理数据的单位或个人。合作处理数据的，应当共同提出登记服务申请。接受他人委托处理数据的，可以根据协议由委托方或双方共同提出登记服务申请
	2023年6月	深圳	《深圳市数据产权登记管理暂行办法》	第六条　登记申请人，是指向登记机构发起登记行为的自然人、法人或非法人组织 登记申请人应确保登记申请材料及登记内容的真实性和完整性，确保所登记的数据资源或产品来源合法、内容合规、授权明晰 第七条　登记主体，是指在登记机构完成登记，取得相关登记证明的自然人、法人或非法人组织 登记主体具有以下权利： （一）对合法取得的数据资源或数据产品享有相应的数据资源持有、数据加工使用和数据产品经营等相关权利
	2024年8月	河北	《河北省数据知识产权登记办法（试行）》	（四）申请主体。提出数据知识产权登记服务申请的应当是依法依规处理数据的单位或个人。合作处理数据的，应当共同提出登记申请。接受他人委托处理数据的，可以根据协议由委托方或双方共同提出登记申请

（续）

登记类别	发布时间	地区	政策法规名称	登记主体
数据知识产权登记	2023年9月	广东	《广东省数据知识产权登记服务指引（试行）》	（二）登记主体。数据知识产权的登记主体是数据处理者，包括对数据集合做出创造性劳动和其他要素贡献的自然人、法人或非法人组织
	2023年10月	山东	《山东省数据知识产权登记管理规则（试行）》	第三条 本规则所称数据知识产权登记，是指知识产权部门对数据持有人或处理者拥有的符合前款条件的数据集合依申请进行登记的行为 第十八条 登记主体是完成数据知识产权登记并取得登记证书的自然人、法人或非法人组织
	2024年1月	天津	《天津市数据知识产权登记办法（试行）》	第五条 依据法律法规规定或者合同约定持有或者处理数据的主体，包括进行数据收集、存储、使用、加工、传输、提供、公开等行为的自然人、法人或者非法人组织，均可作为登记申请人，向登记机关提出数据知识产权登记申请。合作处理数据的，应当共同提出登记申请。接受他人委托处理数据的，可以根据协议由委托方或双方共同提出登记申请
	2024年4月	安徽	《安徽省数据知识产权登记办法（试行）》	第五条 数据知识产权登记申请人（以下简称"申请人"）应当是依法依规处理数据的自然人、法人或者非法人组织。合作处理数据的，可以共同或由协议约定的主体提出登记申请；接受他人委托处理数据的，可以根据协议由单方或双方共同提出登记申请
	2024年5月	陕西	《陕西省数据知识产权登记管理办法（试行）》	第五条 数据知识产权的登记申请人应当是数据处理者，包括对数据集合做出创造性劳动和其他实质性贡献的自然人、法人或者非法人组织

（续）

登记类别	发布时间	地区	政策法规名称	登记主体
数据知识产权登记	2024年5月	陕西	《陕西省数据知识产权登记管理办法（试行）》	合作处理数据的，应当共同提出登记申请。接受他人委托处理数据的，可以根据协议由委托方或者双方共同提出登记申请 第十五条 数据知识产权登记主体是指完成数据知识产权登记并取得登记证书的自然人、法人或者非法人组织
	2024年6月	山西	《山西省数据知识产权登记管理办法（试行）》	第二条 数据知识产权登记主体是数据处理者，即依法依规对原始数据进行获取、存储、加工的自然人、法人或非法人组织 数据处理者享有对已进行数据知识产权登记数据集合的持有、使用、经营、收益等合法权益
	2024年8月	湖北	《湖北省数据知识产权登记管理办法（试行）》	第四条 数据知识产权的登记主体，是指依据法律法规规定或者合同约定持有或者处理数据的主体，包括依法对原始数据实施采集、存储、加工、传输、使用、流通等处理行为的自然人、法人或非法人组织，以下统称"登记主体"
	2024年8月	湖南	《湖南省数据知识产权登记管理办法（试行）》	第五条 依据法律法规规定或者合同约定处理数据的主体，包括进行数据收集、存储、使用、加工、传输、提供、公开等行为的自然人、法人或者非法人组织，均可作为申请人（下称"申请人"），向登记机关提出数据知识产权登记申请
	2024年10月	四川	《四川省数据知识产权登记办法（试行）》	第六条 提出数据知识产权登记的申请人（以下简称"申请人"）应当是依法合规处理数据的自然人、法人或非法人组织，其数据处理活动应当符合相关法律规定，确保国家安全、商业秘密和个人隐私不受侵犯

（续）

登记类别	发布时间	地区	政策法规名称	登记主体
数据知识产权登记	2024年10月	四川	《四川省数据知识产权登记办法（试行）》	与其他单位合作处理数据的，应当共同提出或者依据合同约定提出登记服务申请。委托处理数据的，可以根据委托协议由委托方或双方共同提出登记服务申请
	2024年10月	河南	《河南省数据知识产权登记办法（试行）》	第五条 数据知识产权登记申请主体，是指依法对取得的原始或衍生数据进行存储、加工，自愿向登记机构提出数据知识产权登记申请的自然人、法人或非法人组织 第六条 数据知识产权登记主体，是指在数据知识产权登记平台（以下简称登记平台）完成登记，取得数据知识产权登记电子证书（以下简称登记证书）的自然人、法人或非法人组织
数据资产登记	2023年10月	大理	《大理州数据资产登记管理办法》	本办法所称数据登记主体，是指享有数据资产相关权益，并向登记机构发起登记行为的自然人、法人或非法人组织
数据产品登记	2023年11月	上海	《上海数据交易所数据产品登记规范（试行）》	第三条 为保护供方在持有、使用、加工、经营等数据处理活动中形成的法定或者约定的财产权益，供方可以申请对合法持有的数据产品进行登记
数据产品确权登记	2023年12月	海南	《海南省数据产品超市数据产品确权登记实施细则（暂行）》	（二）申请对象，是指享有数据产品相关权益，并向确权登记机构发起申请的自然人、法人或非法人组织
数据要素登记	2023年11月	贵州	《贵州省数据要素登记服务管理办法（试行）》	第十一条 登记主体是指向登记服务机构发起登记行为的自然人、法人和其他组织 登记主体需在数据要素登记OID服务平台完成注册

（续）

登记类别	发布时间	地区	政策法规名称	登记主体
其他	2023年7月	上海	《上海市促进浦东新区数据流通交易若干规定（草案）》	第五条（数据产权人） 本市依法保护数据产权人的数据权益，建立以数据价值创造和价值实现为导向的数据要素收益分配机制，保障数据产权人依据各自在数据生产、采集、加工、流通、应用等环节中的贡献参与数据要素收益分配。数据产权人包括：（一）数据生产者、采集者；（二）数据加工者、使用者；（三）数据产品经营者；（四）法律、法规规定的其他数据产权人

2. 登记对象

登记对象即数据登记行为的客体。从现行的地方办法看，关于登记对象有数据、数据集合、数据资源、数据产品等表述。

目前地方规范性文件中最为集中的登记类别为"数据知识产权登记"，参照知识产权登记内容，虽然在数据获取的合法合规性，以及数据处理过程中付出的劳动价值及数据所具有的商业价值、智力成果等方面达成了共识，但对于登记对象是数据还是数据集合、是否要求该数据/数据集合处于未公开状态表述不一。例如，北京、广东、山东、天津等地认为登记对象应为"数据集合"，而浙江、江苏、四川等地则将对象限定为"数据"。通常来说，数据集合是数据更复杂的结构和组织形式，单一数据的价值有限，数据集合却因涵盖广泛数据而具有规模优势，从而形成了一种数据资源。"数据集合"因数据加工主体（往往也是数据登记主体和权利人）对数据的收集、整理、分类、加工等活动，因加工主体的智力创作而成为智慧成果，具有创新性。可通过知识产权的保护限制他人的使用，保护数据加工主体的创造力和合法权益。而数据本身并不适合成为受知识产权保护的客体，且知识产权如专利权的保护用途也与促进数据流通的政策导向相悖。数据登记恰恰是促进数据交易、释放数据价值的基础行为，因此将登记对象限定为"数据集合"更符合数据要素的价值体现。

关于是否要求数据集合处于非公开状态，北京、山东、天津、湖北等地在有关文件中要求登记对象应处于"未公开状态"，而浙江、广东、江苏等地则未提及该要件。然而尽管要求数据集合/数据处于"未公开状态"，但文件并未提及何为"非公开性"及哪种披露程度不违反"非公开性"的要求。若"非公开性"与商业秘密的秘密性等同，则数据知识产权与商业秘密的功能重叠，而目前最需要的恰恰是在商业秘密保护法之外构建保护公开数据集合的数据产权①。从登记行为的性质看，要想明确登记的信息，就必须对数据集合的内容进行一定范围的公开，因而不必将"非公开性"作为可登记数据的构成要件。

除了数据知识产权登记，地方性文件还包括数据产品登记、数据产权登记、数据要素登记等。例如，《上海数据交易所数据产品登记规范（试行）》规定"数据产品登记类型一般包括数据集、数据服务、数据应用"②，《海南省数据产品超市数据产品确权登记实施细则（暂行）》规定可登记的"数据产品"为"经过加工处理后可计量的、具有经济社会价值的数据集、数据接口、数据指标、数据报告、数据模型算法、数据应用、数据服务等可流通的标的物"，③均指出了可登记的数据所蕴含的经济价值。

数据产品登记地方性政策法规见表 6-2。

---

① 汤贞友. 数据知识产权登记的制度逻辑及完善［J］. 知识产权，2024（3）：34-53.
② 参见《上海数据交易所数据产品登记规范（试行）》第四条。
③ 参见《海南省数据产品超市数据产品确权登记实施细则（暂行）》第二条。

表 6-2 数据产品登记地方性政策法规

登记类别	发布时间	地区	政策法规名称	登记对象
数据知识产权登记	2023年5月	北京	《北京市数据知识产权登记管理办法（试行）》	第二条 数据知识产权的登记对象，是指数据持有者或者数据处理者依据法律法规规定或者合同约定收集，经过一定规则或算法处理的、具有商业价值及智力成果属性的处于未公开状态的数据集合
	2023年5月	浙江	《浙江省数据知识产权登记办法（试行）》	本办法适用于对依法收集、经过一定算法加工、具有实用价值和智力成果属性的数据提供数据知识产权登记服务
	2023年9月	广东	《广东省数据知识产权登记服务指引（试行）》	（一）登记对象。数据知识产权的登记对象是依法依规获取的、经过一定规则处理形成的、具有商业价值的数据集合
	2023年10月	山东	《山东省数据知识产权登记管理规则（试行）》	第三条 本规则所称数据知识产权，是指权利主体对于依法依规获取，经过一定规则处理形成的，具有实用价值、智力成果属性及非公开性的数据集合，享有的自主管控、加工使用、经营许可和获得收益等权益
	2024年1月	江苏	《江苏省数据知识产权登记管理办法（试行）》	第二条 本办法适用于对依法获取的，经过一定规则或算法加工处理，具有实用价值和智力成果属性的数据提供数据知识产权登记服务 数据知识产权登记包括设立登记、变更登记和注销登记

（续）

登记类别	发布时间	地区	政策法规名称	登记对象
数据知识产权登记	2024年1月	天津	《天津市数据知识产权登记办法（试行）》	第六条　数据知识产权的登记对象，是指数据持有者或者数据处理者依据法律法规规定或者合同约定收集，经过一定规则或算法处理的、具有商业价值及智力成果属性的处于未公开状态的数据集合
	2024年4月	安徽	《安徽省数据知识产权登记办法（试行）》	第二条　本办法适用于依法合规获取的、经过一定规则处理形成的、具有实用价值的数据集合，提供数据知识产权登记服务
	2024年5月	陕西	《陕西省数据知识产权登记管理办法（试行）》	第二条　本办法适用于对依法依规获取的，经过一定算法或者规则处理形成的，具有实用价值和智力成果属性的数据集合提供数据知识产权登记服务
	2024年6月	山西	《山西省数据知识产权登记管理办法（试行）》	第二条　数据知识产权登记对象是依法依规获取的、经过一定规则处理形成的、具有实用价值和智力成果属性的数据集合
	2024年8月	湖北	《湖北省数据知识产权登记管理办法（试行）》	第三条　数据知识产权的登记对象，为依法合规获取的、经一定算法或规则处理后形成的、具有实用价值及智力成果属性的处于未公开状态的数据集合
	2024年8月	湖南	《湖南省数据知识产权登记管理办法（试行）》	第二条　本办法适用于为依法获取并经过一定规则处理形成的，具有智力成果属性和商业价值的，可以电子或其他手段读取、识别或访问的数据集合提供登记服务

（续）

登记类别	发布时间	地区	政策法规名称	登记对象
数据知识产权登记	2024年10月	河南	《河南省数据知识产权登记办法（试行）》	第三条 本办法登记的数据知识产权是指依法合规获取的、经过一定规则处理形成的、具有市场价值和智力成果属性的数据
	2024年10月	四川	《四川省数据知识产权登记办法（试行）》	第二条 本办法适用于对依法收集、经过一定算法加工、面向具体场景、具有实用价值和智力成果属性的数据提供数据知识产权登记服务
数据产品登记	2023年11月	上海	《上海数据交易所数据产品登记规范（试行）》	第四条 数据产品登记类型一般包括数据集、数据服务、数据应用 数据集指数据资源经过加工处理后，形成有一定主题的、可满足用户模型化需求的数据集合 数据服务指数据资源经过加工处理后，可提供定制化服务，为用户提供满足其特定信息需求的数据处理结果 数据应用指数据资源经过软件、算法、模型等工具处理，或经过工具处理后可提供定制化服务，形成的解决方案
数据产品确权登记	2023年12月	海南	《海南省数据产品超市数据产品确权登记实施细则（暂行）》	数据产品，是指经过加工处理后可计量的、具有经济社会价值的数据集、数据接口、数据指标、数据报告、数据模型算法、数据应用、数据服务等可流通的标的物

193

（续）

登记类别	发布时间	地区	政策法规名称	登记对象
数据产权登记	2023年6月	深圳	《深圳市数据产权登记管理暂行办法》	第八条 数据资源或数据产品登记后，登记主体持有、使用或授权他人使用数据资源或数据产品的，应当在保护公共利益、数据安全和数据来源者合法权益的前提下依照有关法律法规进行
数据要素登记	2023年11月	贵州	《贵州省数据要素登记服务管理办法（试行）》	数据资源、算法模型、算力资源以及综合形成的产品等
数据资产管理登记	2017年7月	贵州	《贵州省政府数据资产管理登记暂行办法》	第二条 政府数据资产，是指由政务服务实施机构建设、管理、使用的各类业务应用系统，以及利用业务应用系统依法依规直接或间接采集、使用、产生、管理的，具有经济、社会等方面价值，权属明晰、可量化、可控制、可交换的非涉密政府数据
数据资产管理登记	2023年10月	大理	《大理州数据资产登记管理办法》	第四条 数据权利。本办法所称数据权利包括数据资源持有权、数据加工使用权、数据产品经营权 数据资源持有权，是指在相关数据主体的授权同意下，对数据资源管理、使用、收益和依法处分的权利 数据加工使用权，是指在授权范围内以各种方式、技术手段使用、分析、加工数据的权利 数据产品经营权，是指对投入实质性加工和创新性劳动形成的数据衍生产品占有、使用、收益和依法处分的权利

（二）公共数据登记的概念

国家数据局《数据领域常用名词解释（第一批）》将"公共数据"界定为"各级党政机关、企事业单位依法履职或提供公共服务过程中产生的数据。"[一]公共数据登记即对各级党政机关、企事业单位依法履职或提供公共服务过程中产生的数据进行记录和管理的活动。

1. 登记主体

《暂行办法》第三条规定："登记主体，是指根据工作职责直接持有或管理公共数据资源的单位，以及依法依规对授权范围的公共数据资源进行开发运营的法人组织。"[二]因此，只要依法履职或提供公共服务，抑或是其他"根据工作职责"，而直接持有、管理公共数据资源，以及被授权运营公共数据资源的法人或非法人组织，都应当对公共数据资源进行登记。落实数据产权结构分置，公共数据的登记主体同样可以视为数据资源持有者、数据加工使用者和数据产品经营者三类。结合实践，只有对公共数据资源进行强制性登记，才能从起点解决数据"供得出"的问题，才能引导各类市场主体参与数据要素行业，发挥市场驱动效应。

2. 登记对象

《暂行办法》将"公共数据资源"界定为"各级党政机关、企事业单位依法履职或提供公共服务过程中产生的具有利用价值的数据集合"，第五条规定"直接持有或管理公共数据资源的党政机关和事业单位，应对纳入授权运营范围的公共数据资源进行登记，鼓励对未纳入授权运营范围的公共数据资源进行登记"。[三]这充分体现了国家对于释放公共数据价值的指引。重庆、内蒙古、安徽等地出台的地方公共数据登记办法大体沿用了

[一] 参见《数据领域常用名词解释（第一批）》，https://www.nda.gov.cn/sjj/zwgk/zcfb/1230/20241230160715745237413_pc.html，最后访问于2025年1月8日。

[二] 参见《暂行办法》第三条。

[三] 参见《暂行办法》第五条。

《暂行办法》中关于公共数据的界定。

有关公共数据的界定，在各地出台的公共数据授权运营办法中也有所体现。例如，《浦东新区公共数据授权运营管理若干规定（试行）》规定："公共数据，是指本区国家机关、事业单位，经依法授权具有管理公共事务职能的组织，以及供水、供电、供气、公共交通等提供公共服务的组织，在履行公共管理和服务职责过程中收集和产生的数据。"[一] 相较于地方公共数据授权运营相关办法中对"公共数据"的界定，首先，《暂行办法》中的定义新增了"企业单位"且没有对主体增加履行公共管理和服务职能的前缀作为限定，而是通过行为界定的方式扩大了公共数据资源的主体来源；其次，《暂行办法》中的定义突出了"具有利用价值"这一要件，强调数据的利用价值，对于可登记的公共数据资源进行了提纯，有助于加快推进公共数据有序开发利用，便于未来进行数据产品和服务的开发并拓展数据交易与应用市场。

二、公共数据登记的性质

（一）数据登记的性质

1. 数据登记性质的法理界定

数据登记在法律性质上与物权登记、证券登记等既有登记行为一致，从理论上讲是一种法律行为，是具有相应法律资格的主体对数据交易市场客体基本信息予以登记的法律行为，能够产生证明的法律效力。结合数据广泛性、可复制性、权利结构复杂性、交易主体多元性等特征，数据登记是自愿登记而非统一强制登记。尽管对于数据的具体权利性质和内容未有规定，但数据的财产属性已经得到法律及交易实践的认可。例如，《民法典》将数据纳入法律保护范畴，规定"法律对数据、网络虚拟财产的保护

[一] 参见《浦东新区公共数据授权运营管理若干规定（试行）》第二条。

有规定的，依照其规定"，①同时设专章规定了隐私权和个人信息保护，赋予了信息处理者在经过自然人同意的情况下的处理，以及对于经过加工无法识别特定个人且不能复原的处理权，进而可得出数据对于依法取得的记录个人信息主体享有一定的财产权益，为数据财产权提供了一定的法律基础。

虽然将数据登记视为财产权登记，但此类财产权登记又与传统意义上的物权登记、知识产权登记存在显著区分。

物权登记以存在物权法上的"物"为前提，但数据具有无形性的特征，难以被界定为物权意义上的物。同时，物权法上的物以占有的形式实现排他，李永军（2021）认为，物权是具有排他的、绝对性效力的权利，必须公示，只有能够公示的权利才能对抗第三人从而具有排他性②。但数据则具有可复制性，对数据的占有在客观上不能限制其他主体对数据的权益，即数据的占有不具有唯一性，可以同时被多个主体占有和使用。在法益保护层面，法律对数据的保护主要侧重于保护数据主体的权利，如《个人信息保护法》主要保护个人信息的人格权、知情权等，而《物权法》主要侧重于保护物的所有权、用益物权和担保物权等，更强调对物的实际控制和支配权利的维护，如在侵权情况下，主要考虑恢复原状、排除妨害等物权保护方式。

数据的无形性与知识产权这一无形财产权的属性相契合，将数据登记视为知识产权登记在地方立法实践中被广泛认可，如北京、浙江、广东、山东等均出台了数据知识产权登记管理办法。《广东省数据知识产权登记服务指引（试行）》规定："数据知识产权登记是指登记机构通过审核，对已存证数据集合的相关事项进行登记，并向登记主体发放登记证书的行为。"③《天津市数据知识产权登记办法（试行）》将"数据知识产权登记"界定为

---

① 参见《民法典》第一百二十七条。
② 李永军. 论财产权利"登记能力"对物权效力体系的影响[J]. 法商研究，2021，38（6）：157-169.
③ 参见《广东省数据知识产权登记服务指引（试行）》"一、适用范围"。

"数据知识产权登记机构将数据资源和数据产品的权属情况及其他事项进行记载的行为。"○然而知识产权的登记在于保护创新成果,通过法律赋予权利人对其智力成果的独占权从而规制他人不正当获取和使用相关成果,鼓励创新创造;而数据登记并不以"创新性"为前提,广泛的数据资源既包括结构化数据也包含非结构化数据,创新性并非数据的主要价值。林洹民(2024)认为,知识产权以智慧成果的创新性为成立前提,整合的数据集未必满足创新性要求。数据的汇聚需求与知识产权的创新性要求甚至是相冲突的。大数据强调原初数据集合的庞大和全面,数据搜集得越全面,对于内容的可选性就越小,也就越可能缺乏独创性,很难满足"选择理论"和"编排理论"的独创性要求○。同时,知识产权登记中的发明专利审查、商标权审查均以实质性审查为主,如专利审查会关注发明创造是否具有新颖性、创造性、实用性等;商标审查会看是否具有显著性、是否与在先商标冲突等,审查严格;而目前的数据登记审查均以形式审查为主,主要是确认数据资源的权属关系和市场价值等基本信息,审查相对宽松。

2. 数据登记性质的实践界定

数据登记的性质界定形式包括颁发证书、登记簿记录、确权等。在地方性规范中,为确保数据的合法拥有、管理和价值化,一系列与数据确权相关的证书应运而生,包括数据确权证、数据资产登记证、数据产权登记证、数据知识产权登记证及数据产品登记证等。《北京市数据知识产权登记管理办法(试行)》规定:"数据知识产权登记证书是登记主体依法持有数据并对数据行使权利的凭证,享有依法依规加工使用、获取收益等权益。"○《山东省数据知识产权登记管理规则(试行)》规定:"登记证书是登记主体持有数据知识产权并对数据知识产权行使权利的凭证,用以明确数据产权归属、权益边界、权属状态,及服务数据权益司法保护和行政

○ 参见《天津市数据知识产权登记办法(试行)》第三条。
○ 林洹民. 数据产权登记的私法定位与制度设计[J]. 法商研究, 2024, 41(5): 87-101.
○ 参见《北京市数据知识产权登记管理办法(试行)》第十三条。

保护实践。"① 实践中登记证书的证明力也被司法实务所肯定。在数据堂（北京）科技股份有限公司与隐木（上海）科技有限公司不正当竞争纠纷二审判决中，北京知识产权法院确认了《数据知识产权登记证》对数据持有的证明效力，即数据知识产权登记可以作为原告享有数据财产权益的初步证据，也可以作为其数据收集行为或数据合法性来源的初步证据。原告某科技股份公司花费大量人力财力录制语音数据，被告非法获取并传播该数据。法院认为原告提交的《数据知识产权登记证》能证明其享有数据财产权益，被告行为构成不正当竞争，须承担赔偿责任②。

除了登记凭证，江苏省还设置了数据知识产权登记簿，用于记载数据知识产权登记相关情况；贵州省以台账的形式记录政府数据资产；深圳、海南等地则将数据登记作为确权的一种方式，《深圳市数据产权登记管理暂行办法》规定"数据产权登记，是指数据产权登记机构将数据资源和数据产品的权属情况及其他事项进行记载的行为③"，《海南省数据产品超市数据产品确权登记实施细则（暂行）》对经公示无异议的数据产品发放数据产品确权登记凭证④。地方性规范数据登记的性质见表6-3。

表6-3 地方性规范数据登记的性质

登记类别	发布时间	地区	政策法规名称	性质
数据知识产权登记	2023年10月	大理	《大理州数据资产登记管理办法》	第二十六条 凭证内容。数据登记凭证是登记账户中相关登记信息的记录，内容包括：登记机构名称、登记编号、发证日期、数据名称、数据类型、登记主体名称、数据产权取得方式、数据产权类型、数据允许使用的场景和范围等信息

---

① 参见《山东省数据知识产权登记管理规则（试行）》第十八条。
② 参见数据堂（北京）科技股份有限公司与隐木（上海）科技有限公司不正当竞争纠纷案，北京知识产权法院（2024）京73民终546号民事判决书。
③ 参见《深圳市数据产权登记管理暂行办法》第二条。
④ 参见《海南省数据产品超市数据产品确权登记实施细则（暂行）》第十六条。

（续）

登记类别	发布时间	地区	政策法规名称	性质
数据知识产权登记	2023年10月	大理	《大理州数据资产登记管理办法》	数据登记凭证分为电子、纸质两种形式，两种形式内容一致，具有同等法律效力
	2023年5月	北京	《北京市数据知识产权登记管理办法（试行）》	第十三条 数据知识产权登记证书样式、标准由登记机构统一制定 数据知识产权登记证书是登记主体依法持有数据并对数据行使权利的凭证，享有依法依规加工使用、获取收益等权益
	2023年5月	浙江	《浙江省数据知识产权登记办法（试行）》	（十）证书效力。登记证书可以作为持有相应数据的初步证明，用于数据流通交易、收益分配和权益保护
	2024年8月	河北	《河北省数据知识产权登记办法（试行）》	（十七）证书效力。登记证书是登记主体依法持有数据并对数据行使知识产权权益的初步凭证
	2023年9月	广东	《广东省数据知识产权登记服务指引（试行）》	（十四）……数据知识产权证书采用电子方式发放，证书载明证书编号、数据名称、登记主体名称、统一社会信用代码（身份证号码）、申请日期、区块链证书编号、证据指纹等信息。公告内容包括数据登记申请号、申请日期、登记日期、数据名称等信息
	2023年10月	山东	《山东省数据知识产权登记管理规则（试行）》	第十八条 登记证书是登记主体持有数据知识产权并对数据知识产权行使权利的凭证，用以明确数据产权归属、权益边界、权属状态，及服务数据权益司法保护和行政保护实践
	2024年1月	江苏	《江苏省数据知识产权登记管理办法（试行）》	第十六条 数据知识产权登记证书采用电子方式颁发 登记证书的证明期为三年，自登记公告之日起计算 第二十一条 登记部门应当建立数据知识产权登记档案，设置数据知识产权登记簿，用于记载数据知识产权登记相关情况 数据知识产权登记簿由登记部门永久保存

（续）

登记类别	发布时间	地区	政策法规名称	性质
数据知识产权登记	2024年1月	天津	《天津市数据知识产权登记办法（试行）》	第二十条 数据知识产权登记证书是登记主体依法持有数据并对数据行使权益的初步凭证，用于数据加工使用、流通交易、收益分配和权益保护
	2024年4月	安徽	《安徽省数据知识产权登记办法（试行）》	第十九条 数据知识产权登记证书可以作为持有相应数据的证明，用于数据流通交易、收益分配和权益保护
	2024年5月	陕西	《陕西省数据知识产权登记管理办法（试行）》	第十五条 数据知识产权登记证书是登记主体依法持有数据知识产权并对数据知识产权行使权利的凭证，享有依法依规加工使用、获取收益等权益
	2024年6月	山西	《山西省数据知识产权登记管理办法（试行）》	第二十五条 数据知识产权登记证书是登记主体持有相应数据的证明，可作为数据交易流通、收益分配、质押融资、权益保护的权属依据
	2024年8月	湖南	《湖南省数据知识产权登记管理办法（试行）》	第十五条 登记证书可以作为数据集合依法持有、加工使用、流通交易、收益分配和权益保护的初步证明，以促进数据要素合理流动、有效保护、充分利用
	2024年10月	河南	《河南省数据知识产权登记办法（试行）》	第二十一条 登记证书可以作为持有相应数据的证明
	2024年10月	四川	《四川省数据知识产权登记办法（试行）》	第二十一条 数据知识产权登记证书是用于数据知识产权流通、交易、收益分配和权益保护等的初步证明文件 鼓励权利人通过质押、转让、许可等多种方式加强数据知识产权的运用，保护自身合法权益，促进数据创新开发、传播利用和价值实现
数据产品登记	2023年11月	上海	《上海数据交易所数据产品登记规范（试行）》	第九条 申请登记的数据产品经上海数据交易所审核通过后，经供方申请，上海数据交易所可以向供方发放数据产品登记凭证

201

（续）

登记类别	发布时间	地区	政策法规名称	性质
数据产品确权登记	2023年12月	海南	《海南省数据产品超市数据产品确权登记实施细则（暂行）》	第十六条 审核通过的数据产品在省大数据管理局网站和数据产品超市运营者所提供的平台上进行公示；公示7个工作日无异议的，由大数据管理局授权数据产品超市运营者发放数据产品确权登记凭证 第十七条 数据产品确权登记凭证应载明数据产品名称、数据产品所有者、数据产品形式、数据产品时效、数据产品使用场景、登记编号等
数据产品知识产权登记	2024年11月	上海	《上海市数据产品知识产权登记存证暂行办法》	第八条 公告期满无异议或者异议不成立的，由上海市知识产权局予以登记，通过区块链技术予以上链存证，并颁发登记证明文件
数据产权登记	2023年6月	深圳	《深圳市数据产权登记管理暂行办法》	第二条 ……数据产权登记，是指数据产权登记机构将数据资源和数据产品的权属情况及其他事项进行记载的行为
数据要素登记	2023年11月	贵州	《贵州省数据要素登记服务管理办法（试行）》	第八条 登记服务机构为审核通过且通过公示期的登记主体颁发登记凭证 登记凭证包括数据要素登记凭证、数据交易凭证、数据用益凭证和数据信托凭证等 登记凭证具备唯一标识符，可以作为登记主体开展数据流通交易、数据资产质押贷款、数据资产入表、数据信托、争议仲裁、数据要素型企业认定、数据生产要素核算的依据 第二十三条 通过初始登记，登记主体获得数据要素登记凭证和数据用益凭证

(续)

登记类别	发布时间	地区	政策法规名称	性质
数据资产管理登记	2017年7月	贵州	《贵州省政府数据资产管理登记暂行办法》	第五条 政府数据资产登记簿是记录政府数据资产的台账，登记范围包括： （一）政府信息系统资产目录清单 （二）政府信息系统硬件资产清单 （三）政府信息系统软件资产清单 （四）政府信息系统采集、使用、产生、管理的数据资产清单
其他	2023年7月	上海	《上海市促进浦东新区数据流通交易若干规定(草案)》	第十条（可交易数据产品）……数据产品的登记、交易、交付、清算等信息应当在数据交易链上形成不可篡改的凭证

此外，也有部分地区在规范中明确了数据登记的费用问题。山东、河北、浙江、上海等地均明确数据知识产权登记不收取任何费用。《深圳市数据产权登记管理暂行办法》则规定"登记机构应当公开业务规则、与数据产权登记业务有关的主要收费项目和标准"[1]，为数据登记费用留下补充空间。相较于知识产权登记费用，目前数据登记普遍试行费用减免政策，以鼓励权利人进行数据登记，促进数据资源开放流动和开发利用，充分发挥数据要素价值。

（二）公共数据登记的性质

《暂行办法》规定："公示期满无异议的，登记机构应按照国家数据局制定的统一编码规范向登记主体发放登记结果查询码"，[2]并在全国范围内实现登记结果统一赋码，支撑登记信息的查询和共享。作为全国统一数据市场的登记凭证，公共数据的登记宜具有行政确认、信息管理及权益保障

---

[1] 参见《深圳市数据产权登记管理暂行办法》第十一条。
[2] 参见《暂行办法》第十三条。

三重性质。

1. 行政确认的凭证

行政确认是行政主体依法对行政相对人的法律地位、法律关系或有关法律事实进行甄别，给予确定、认定、证明（或否定）并予以宣告的具体行政行为[一]。在公共数据登记中，政府相关部门或授权机构（行政主体）对公共数据的相关要素［如数据的来源、数据的范围、数据的所有者等（行政相对人的法律事实）］进行确认和记录。行政确认还包括确认公共数据的权益归属，登记主体必然具有公共数据的资源持有权、数据加工使用权、数据产品经营权三权中的至少一种权利，因而经登记的公共数据具有面向市场交易的可信基础。公共数据登记所记录的内容恰恰能够为数据交易提供数据的权属、数据的质量、数据的价值等必要信息，使数据交易更加透明、公正和安全。

2. 公共数据资源管理的凭证

公共数据登记是一种信息管理方式。《关于加快公共数据资源开发利用的意见》指出："建立公共数据资源登记制度，依托政务数据目录，根据应用需求，编制形成公共数据资源目录，对纳入授权运营范围的公共数据资源实行登记管理。"[二]公共数据资源目录的编制正是一种"摸家底"的行为，各级党政机关、企事业单位在推进公共数据登记的过程中可以将分散的公共数据资源进行集中管理，如登记过程中记录数据的格式、数据的更新频率、数据的存储位置等详细信息，方便对公共数据进行分类、存储、检索和使用，有助于提高公共数据的管理效率，防止数据丢失、混乱或者滥用，从而提高公共数据资源可用性，推动数据资源的标准化、规范化建设。

[一] 姜明安. 行政法与行政诉讼法［M］. 北京：高等教育出版社，1999：197.
[二] 参见《关于加快公共数据资源开发利用的意见》"三、加强资源管理，规范公共数据授权运营（四）健全资源管理制度"。

3. 权益保障的凭证

公共数据资源登记能够保障数据所有者和使用者的合法权益。对于数据持有者、处理者、经营者而言，登记相当于一种权属证明的行为，明确了其对公共数据的产权归属，使其能够依法对数据进行管理和处分，防止他人未经授权使用。对于数据使用者来说，登记提供了数据合法性的保障，使其可以通过登记信息了解数据的来源是否合法、是否有使用限制等，从而放心地使用数据，避免侵权风险。

此外，从权益保障性质看，现阶段公共数据登记的收费宜参考目前数据登记的减免政策，对公共数据登记免收费用。在数据登记的起步阶段充分调动党政机关、企事业单位对公共数据开发利用的积极性，吸引更多的创新力量参与公共数据的价值挖掘，提供更多的数据产品和服务，为经济增长和社会发展注入新动力，形成良好的数据产业生态。

三、公共数据登记的功能

（一）数据登记的功能

登记制度即意味着公示。公示的核心功能是维护交易，具体体现为保障交易安全、降低交易成本、提升交易效率等。对比我国现行登记行为对物权、知识产权、股权等财产权利所起到的法律效力，可以发现针对数据法律客体的无形性、可复制性、数量多，数据权利结构的复杂性，数据交易法律主体的多元性等特点，登记行为的基本性法律效力是一种"证明力"，即登记并非数据交易中数据权益变动的生效或对抗要件，而仅在相关若干情形中作为证明。

1. 数据登记功能的地方性规范

地方立法着重关注数据登记证书的证明效力，但未对该证明的对抗力、公信力等做进一步说明。就权利取得与登记方式而言，各地的暂行办法普遍采用权利自动取得机制和自愿登记原则，明确登记证书仅作为财产权利存在的证明①。浙江、江苏、天津、陕西等地出台的数据登记规范中均明确了登记证书的初步证明力，如《浙江省数据知识产权登记办法（试行）》规定"登记证书可以作为持有相应数据的初步证明，用于数据流通交易、收益分配和权益保护②"，《湖南省数据知识产权登记管理办法（试行）》规定"登记证书可以作为数据集合依法持有、加工使用、流通交易、收益分配和权益保护的初步证明，以促进数据要素合理流动、有效保护、充分利用③"。同时，地方性规范中也体现了立法者逐步加强登记证书证明力的主张，天津、陕西、山西等地的数据知识产权登记管理办法均明确规定了相关部门应当明确并提升登记证书在行政执法、司法审判、法律监督中的初步证明效力。

在初步证明力的基础上，登记证书可以延伸出数据流通交易、收益分配和权益保护等功能。浙江、天津、安徽、陕西等地的立法文件中均提及发挥数据登记证书的证明力，以促进数据要素的进一步流通交易。《湖北省数据知识产权登记管理办法（试行）》中赋予了数据知识产权登记类似于动产抵押登记、地役权登记的对抗效力，规定"经登记的数据知识产权具有公示效力，在无相反证据证明的情况下，数据知识产权登记证书可以作为登记主体合法持有相应数据并行使权益的初步证明。未经登记的数据知识产权，不具有对抗善意第三人的效力。"④地方性政策法规的数据登记功能见表6-4。

---

① 邓社民，王志文. 公共数据授权运营中数据知识产权登记的制度重构 [J]. 深圳大学学报（人文社会科学版），2024，41（6）：93-102.
② 参见《浙江省数据知识产权登记办法（试行）》"四、登记证书的使用（十）证书效力"。
③ 参见《湖南省数据知识产权登记管理办法（试行）》第十五条。
④ 参见《湖北省数据知识产权登记管理办法（试行）》第十三条。

表 6-4 地方性政策法规的数据登记功能

登记类别	发布时间	地区	政策法规名称	功能
数据知识产权登记	2023年5月	北京	《北京市数据知识产权登记管理办法（试行）》	第二十二条 数据知识产权相关主管部门鼓励推进登记证书促进数据创新开发、传播利用和价值实现，应当积极推进登记证书在行政执法、司法审判、法律监督中的运用，充分发挥登记证书证明效力，强化数据知识产权保护，切实保护数据处理者的合法权益
	2023年5月	浙江	《浙江省数据知识产权登记办法（试行）》	（十）证书效力。登记证书可以作为持有相应数据的初步证明，用于数据流通交易、收益分配和权益保护 鼓励数据处理者及时登记数据知识产权，通过质押、交易、许可等多种方式加强登记证书的使用，保护自身合法权益，促进数据创新开发、传播利用和价值实现 （十五）强化权益保护。市场监管（知识产权）、检察院、法院等部门应当积极推进登记证书在行政执法、司法审判中的运用，充分发挥登记证书证明效力，强化数据知识产权保护，切实保护数据处理者的合法权益
	2024年8月	河北	《河北省数据知识产权登记办法（试行）》	（十七）证书效力。登记证书是登记主体依法持有数据并对数据行使知识产权权益的初步凭证 鼓励数据处理者及时登记数据知识产权，通过质押、交易、许可、资产入表等多种方式加强登记证书的使用，保护自身合法权益，促进数据创新开发、传播利用和价值实现
	2024年10月	河南	《河南省数据知识产权登记办法（试行）》	第二十一条 登记证书可以作为持有相应数据的证明，鼓励数据处理者及时登记数据知识产权，通过质押、交易、许可等多种方式加强登记证书的使用，保护自身合法权益，促进数据创新开发、传播利用和价值实现

(续)

登记类别	发布时间	地区	政策法规名称	功能
数据知识产权登记	2024年1月	江苏	《江苏省数据知识产权登记管理办法(试行)》	第十九条　数据知识产权登记证书是申请人合法持有数据并对数据行使权利的初步证明，但有相反证据予以推翻的除外
	2024年1月	天津	《天津市数据知识产权登记办法（试行）》	第二十条　数据知识产权登记证书是登记主体依法持有数据并对数据行使权益的初步凭证，用于数据加工使用、流通交易、收益分配和权益保护 鼓励数据处理者及时登记数据知识产权，通过质押、交易、许可等多种方式加强登记证书的使用，保护自身合法权益，促进数据创新开发、传播利用和价值实现 登记证书的有效期为两年，自登记公告之日起计算 涉及授权运营的公共数据及以协议获取的企业、个人数据，其协议期限不超过两年，以相关协议截止日期为有效期 第二十五条　数据知识产权主管部门通过鼓励和推进数据知识产权登记工作促进数据创新开发、数据要素市场化配置，支持推动数据流转交易使用和价值实现，积极推进登记证书在行政执法、司法审判、法律监督中的运用，充分发挥登记证书初步证明效力，强化数据知识产权保护，切实保护数据持有者和处理者的合法权益
	2024年4月	安徽	《安徽省数据知识产权登记办法（试行）》	第十九条　数据知识产权登记证书可以作为持有相应数据的证明，用于数据流通交易、收益分配和权益保护
	2024年5月	陕西	《陕西省数据知识产权登记管理办法（试行)》	第二十六条　相关部门应当加强数据知识产权登记证书的推广应用，发挥登记证书在促进数据流通交易、创新利用和价值实现中的积极作用，提升登记证书在行政执法、司法保护、法律监督中的初步证明效力，加强数据知识产权权益保护

（续）

登记类别	发布时间	地区	政策法规名称	功能
数据知识产权登记	2024年6月	山西	《山西省数据知识产权登记管理办法（试行）》	第二十五条　数据知识产权登记证书是登记主体持有相应数据的证明，可作为数据交易流通、收益分配、质押融资、权益保护的权属依据 发展改革、工信、市场监管（知识产权）、数据、人民银行、金融监管、证券监管等部门应当建立数据知识产权登记信息的共享机制，积极推进登记证书在促进数据要素市场化配置、产业数据价值化等工作中的运用。鼓励有关金融机构积极开展数据知识产权相关金融产品和服务创新，共同推动数据流转交易使用 法院、检察院、司法行政、市场监管（知识产权）等部门应当积极推进登记证书在行政执法、司法审判、法律监督中的运用，发挥登记证书证明效力
	2024年8月	湖北	《湖北省数据知识产权登记管理办法（试行）》	第十三条　经登记的数据知识产权具有公示效力，在无相反证据证明的情况下，数据知识产权登记证书可以作为登记主体合法持有相应数据并行使权益的初步证明。未经登记的数据知识产权，不具有对抗善意第三人的效力
	2024年8月	湖南	《湖南省数据知识产权登记管理办法（试行）》	第十五条　登记证书可以作为数据集合依法持有、加工使用、流通交易、收益分配和权益保护的初步证明，以促进数据要素合理流动、有效保护、充分利用
	2023年10月	山东	《山东省数据知识产权登记管理规则（试行）》	第十八条　登记证书是登记主体持有数据知识产权并对数据知识产权行使权利的凭证，用以明确数据产权归属、权益边界、权属状态，及服务数据权益司法保护和行政保护实践

（续）

登记类别	发布时间	地区	政策法规名称	功能
数据知识产权登记	2024年10月	四川	《四川省数据知识产权登记办法（试行）》	第二十一条　数据知识产权登记证书是用于数据知识产权流通、交易、收益分配和权益保护等的初步证明文件 鼓励权利人通过质押、转让、许可等多种方式加强数据知识产权的运用，保护自身合法权益，促进数据创新开发、传播利用和价值实现 第二十二条　全省各级法院、公安、司法行政、市场监管（知识产权）等部门（单位）应当加强合作，建立登记信息共享机制，推动数据知识产权登记信息作为执法办案的初步证明，提高数据知识产权运用效力，切实保护权利人的合法权益
数据产权登记	2023年6月	深圳	《深圳市数据产权登记管理暂行办法》	第七条（二）　经登记机构审核后获取的数据资源或数据产品登记证书、数据资源许可凭证，可作为数据交易、融资抵押、数据资产入表、会计核算、争议仲裁的依据
数据要素登记	2023年11月	贵州	《贵州省数据要素登记服务管理办法（试行）》	第八条　登记服务机构为审核通过且通过公示期的登记主体颁发登记凭证 登记凭证包括数据要素登记凭证、数据交易凭证、数据用益凭证和数据信托凭证等 登记凭证具备唯一标识符，可以作为登记主体开展数据流通交易、数据资产质押贷款、数据资产入表、数据信托、争议仲裁、数据要素型企业认定、数据生产要素核算的依据
其他	2023年7月	上海	《上海市促进浦东新区数据流通交易若干规定（草案）》	第十三条　数据知识产权登记凭证应当与数据交易链联通，与数据产品登记凭证互信互认，促进数据知识产权成果有序流通

2. 数据登记功能的司法实践

在司法实践中，已有判决肯定了数据登记的初步证明力。在数据堂（北京）科技股份有限公司与隐木（上海）科技有限公司不正当竞争纠纷一案中，一审法院认定："数据堂公司提交的《数据知识产权登记证》能够证明涉案1505小时数据集系由数据堂公司收集且持有，可以认定数据堂公司是上述商业秘密的权利主体"；二审法院认定："数据堂公司就涉案数据集取得的《数据知识产权登记证》，可作为证明数据堂公司享有涉案数据集相关财产性利益的初步证据""涉案《数据知识产权登记证》可作为涉案数据集收集行为合法的初步证据，在无相反证据的情况下，可以据此认定涉案数据集的收集行为并未违反相关法律的规定"。㊀可见，一审、二审都认可了《数据知识产权登记证》在该案中对相关财产性利益归属的初步证明作用。

（二）公共数据登记的功能

1. 证明数据权利归属

公共数据登记作为数据登记的子类，其最基础、最重要的功能仍在于证明数据的权利归属。公共数据登记行为具有公示性，完成登记即向社会公开了数据的基本信息和权利归属情况，与股权、知识产权登记一样，使其他主体能够知晓该数据集合的权利状态。一旦完成登记，数据的权利归属即有了明确的公示记录，其他党政机关、企事业单位及社会主体在使用数据时就必须尊重已登记的权利归属。但是登记所作的公示仅为一种公开可查的状态，并不等同于具有公信力，现有立法及司法实践中赋予的数据登记功能仅为初步证明效力。

我国登记制度的证明效力按从弱到强，可依次划分为单纯的初步证明效力、对抗效力、形成效力三种㊁。所谓初步证明效力，即证书最基本的

㊀ 参见数据堂（北京）科技股份有限公司与隐木（上海）科技有限公司不正当竞争纠纷案，北京知识产权法院（2024）京73民终546号民事判决书。

㊁ 程啸. 论数据产权登记[J]. 法学评论，2023，41（4）：137-148.

证明力,如著作权登记证书在证明著作权归属方面仅系初步证明作用,但这种证明力可以因对方提交的证据而被推翻。所谓对抗效力,即登记对抗效力,如《民法典》第二百二十五条的特殊动产登记"船舶、航空器和机动车等的物权的设立、变更、转让和消灭,未经登记,不得对抗善意第三人",第三百三十五条的"土地承包经营权互换、转让的,当事人可以向登记机构申请登记;未经登记,不得对抗善意第三人",第四百零三条的"以动产抵押的,抵押权自抵押合同生效时设立;未经登记,不得对抗善意第三人",以及《公司法》第三十四条的"公司登记事项未经登记或者未经变更登记,不得对抗善意相对人"。目前在数据登记的地方性规范中,仅有《湖北省数据知识产权登记管理办法(试行)》赋予了数据知识产权登记以对抗效力。延伸到公共数据登记行为上,公共数据非为知识产权,其要保护的法益内容也并非创新成果,故对抗效力不宜适用于公共数据登记领域。所谓形成效力,即登记构成了该行为的生效要件,如《民法典》第二百零九条的不动产物权登记,规定其"设立、变更、转让和消灭,经依法登记,发生效力;未经登记,不发生效力,但是法律另有规定的除外"。登记生效主义下的登记行为,具有公示力和公信力,通过登记使物权变动具有公示性和公信力,让交易相对人能够清晰了解物权状况,从而降低交易风险,维护交易秩序。如在不动产交易中,买受人可通过查询登记信息确认出卖人是否为真正的权利人。相比之下,登记对抗主义的登记只具有公示力而无公信力。

认为公共数据登记可以证明数据权利归属,但这种证明力仅限于初步证明的原因有二:其一,地方实践中多对数据登记采用"形式审查",如浙江、北京等地的数据知识产权登记办法中均规定"登记机构依据本办法规定对数据知识产权登记申请事项进行形式审查"。这主要是因为数据审查的专业性要求高,地方登记机构难以通过书面材料高效判断数据的真正权属,而对材料的齐全性进行形式审核则更便于操作。深圳、贵州、大理等地采用了形式审查与实质审查相结合的方式,但实质审查环节均委托第三方服务机构代为进行,体现了数据登记审查的专业度和技术性要求。据相关报道,上海将制定专门的审查指南对登记申请进行审查,并且为了确保登记审查的专业性,还专门组建了一支 70 余人规模的专业化数据知识产权登记审查队伍。该举措在全国也属首创○。其二,登记证书本身不能创设权利,就同样以形式审查方式进行的著作权登记而言,著作权来源非为登记证书,而是作者的创作行为。作品一旦创作完成便自动产生著作权,是否进行登记并不影响权利取得。《作品自愿登记试行办法》第二条也规定:"作品实行自愿登记。作品不论是否登记,作者或其他著作权人依法取得的著作权不受影响。"我国著作权登记制度采取自愿登记方式,并不对作品进行实质性审查,对于作品属性、创作时间等事项仅采取备案制度,均系自愿登记,且著作权登记部门对作品的门槛设置相对较低,对于作品的认定也采取了较为宽泛的标准,故著作权登记证明并非作品享有著作权的法定依据,仅是因为其登记行为是以国家的行为作为担保,登记证书可视为认定作品权属的证明材料之一,在处理相关纠纷、进行版权交易及授权时可作为证据。类比公共数据登记环节,数据登记亦非对登记主体的强制性要求,目前《暂行办法》仅要求对纳入授权运营范围的公共数据资源进行登记,对持有但未纳入授权运营范围的公共数据资源则持鼓励登记的态度,也即数据持有人可以自愿选择是否登记,故"有登记始有权利,未登记即无权利"的登记生效主义与"未经登记不得对抗善意第三人"的登记对抗主义均不宜适用。

2. 实现数据资源管理

公共数据具有鲜明的公共属性。从公共数据的产生看,绝大部分公共数据都是用国家公共财政资金采集形成的数据资产,特别是占公共数据资

○ 《上海组建全国首支专业化数据知识产权审查队伍》,上海市知识产权局,https://sipa.sh.gov.cn/ywzx/20230807/e1c642ddedb94d528c74b5ccee464e66.html,最后访问于 2025 年 1 月 8 日。

源主体的政务数据,这从源头上决定了公共数据资源的公共属性[1]。这种公共属性来源于政府自身的公共属性,党政机关、企事业单位的行为代表公共利益、行使公共权力、管理公共事务、提供公共服务、维护公共秩序、承担公共责任,并由此不断产生海量的公共数据资源。从公共数据的使用看,服务公众、服务社会是其重要的使命。随着科学技术的发展、社会的进步,对政府公共管理的专业化要求越来越高,因此必须将政府机构按照现代政府管理的要求进行相对分工,既要各司其职,又要相互协作、相互配合,这势必要求各个部门间要对公共数据进行整合、开放、共享,以此完成复杂的政务活动,提供高质量的公共产品,对社会实施有效的治理。而所有行政活动都是以对公共数据的流动开放共享为前提的,如果没有数据的共享开放,就没有公共数据在政府部门间的流动,就很难为公众、社会提供高质量的公共服务和进行有效的社会治理。

在立法实践中,《关于加快公共数据资源开发利用的意见》第三条第四款将数据登记内容列在"健全资源管理制度"项下,即认可了公共数据资源登记是数据资源管理的手段,通过登记制度以编制公共数据资源目录,从而推动公共数据资源的规范化建设,开展数据分类分级管理,强化数据源头治理和质量监督检查,实现数据质量可反馈、使用过程可追溯、数据异议可处置。国家发展改革委《暂行办法》也强调:"全国公共数据资源登记工作实行分级监督管理。国家数据局主管全国公共数据资源登记工作。省级数据管理部门统筹负责本辖区的公共数据资源登记工作。各级数据管理部门应会同有关部门做好跨部门的协同监管。"[2]由此可见,做好公共数据登记是实现公共数据有序开放共享流通的前提,是数字化时代建设好服务型政府的重要基础,也是推进国家治理体系和治理能力现代化的

---

[1] 汪玉凯.公共数据的属性及其价值实现,https://mp.weixin.qq.com/s/kJ3nv0Ecuh04KRGjlGGwdg,最后访问于2025年1月12日。

[2] 参见《公共数据资源登记管理暂行办法》第十八条。

题中之意。

3. 促进数据流通共享

构建全国一体化公共数据资源登记体系的根本目的在于促进公共数据资源合规高效开发利用，激发公共数据资源的利用价值。与企业数据的商业属性不同，公共数据整体上具有公共属性，对公共数据的登记流通非为交易营利，而是促进资源的开放共享，实现公共数据"取之于民，用之于民"的社会价值。公共数据开放与政府信息公开具有本质区别，政府开放数据供社会利用不是为了满足保障公民权利监督政府权力的依法行政目标，而是为了实现创造更多经济社会效益的良好行政目标[一]。地方试行的公共数据管理办法即强调了公共数据开放的公共服务属性，如《石家庄市公共数据管理规定（试行）》规定："公共数据开放，是指向自然人、法人或者非法人组织依法提供公共数据的公共服务行为。"[二]《中国（上海）自由贸易试验区临港新片区公共数据管理办法》规定："公共数据开放与应用，是指向自然人、法人或者非法人组织依法提供公共数据的公共服务行为"[三]"公共管理和服务机构之间共享公共数据，应当以共享为原则，以不共享为例外，无偿共享公共数据。没有法律、法规、规章依据，公共管理和服务机构不得拒绝其他机构提出的共享要求"。[四]

《关于加快公共数据资源开发利用的意见》从公共数据价值释放途径提出了共享、开放和授权运营三种主要途径。事实上，对于政府部门间数据的共享，国家层面早已制定了一系列政策法规，如国务院印发的《政务信息资源共享管理暂行办法》和六批部门数据共享责任清单。这些政策法规的出台，不仅保障了社会公众享有获取政府信息的权利，还规范了政府部门间数据开放、共享的责任和义务。

[一] 宋烁. 政府数据开放宜采取不同于信息公开的立法进路［J］. 法学，2021（1）：91-104.
[二] 参见《石家庄市公共数据管理规定（试行）》第二十条。
[三] 参见《中国（上海）自由贸易试验区临港新片区公共数据管理办法》第二十条。
[四] 参见《中国（上海）自由贸易试验区临港新片区公共数据管理办法》第十五条。

四、公共数据登记的范围

（一）数据登记的范围

明确数据登记的范围是理清数据资源、保障登记安全的前提。登记范围为数据登记圈定了特定的区域，明确了哪些数据需要被纳入登记管理的范畴。以企业数据管理为例，与企业业务收支相关的数据应属于数据登记范围，而员工的私人聊天记录等则不包含在企业数据范畴内。

数据登记的范围会因登记目的和相关规定的不同而有所差异。例如，"数据二十条"按照数据来源，将数据要素分为公共数据、企业数据和个人数据；《数据安全技术数据分类分级规则》按照数据所属行业领域，将数据划分为工业数据、电信数据、金融数据、能源数据等十余类，从数据主体的角度将数据划分为公共数据、组织数据和个人信息三类。以保护数据安全为出发点，《数据安全技术数据分类分级规则》按照数据风险发生的严重程度，将数据从高到低划分核心数据、主要数据与一般数据三个级别。因此，数据的划分标准不同，登记范围的表述也会存在差异。

界定数据登记的范围，应从可登记的数据和数据登记的环节两个角度出发。可登记的数据即该办法的登记对象，而数据登记的情形包括设立登记、变更登记、注销登记、撤销登记等。目前已出台的地方管理办法中，大多仅规定了该办法的适用范围，并没有直接述明可登记的数据及适用的数据登记情形，其可适用的登记环节需通过后续条文进行总结。例如，浙江、河北、广东等地的登记办法中仅规定了该办法的适用范围，而该办法所涉及的设立登记、变更登记、撤销登记等并未在适用范围处指明。《江苏省数据知识产权登记管理办法（试行）》则准确界定了该办法的登记范围："本办法适用于对依法获取的，经过一定规则或算法加工处理，具有实用价值和智力成果属性的数据提供数据知识产权登记服务。数据知识产权登记包括设立登记、变更登记和注销登记。"㊀《深圳市数据产权登记管理暂行办法》规定:"数据资源和数据产品在本市行政区域内的首次登记、许可登记、转移登记、变更登记、注销登记和异议登记,适用本办法。数据知识产权登记按有关规定执行,不适用本办法"㊁,既明确了登记对象为数据资源和数据产品,也明确了登记情形包括首次登记、许可登记、转移登记、变更登记、注销登记和异议登记六类,同时排除了数据知识产权登记,在数据登记范围上予以了较为明确的内涵和外延。

撤销登记主要是指登记机构因登记行为妨害登记主体之外的其他人的合法权益,或登记证书有效期届满而申请人未提出续展登记的,对已登记的数据凭证予以撤销。与设立登记、变更登记、注销登记、续展登记不同的是,行使撤销登记的主体非为数据登记的申请人,而是登记机构依他人申请或依职权撤销,故撤销登记不应涵盖在数据登记范围之内。各地方政策法规对数据登记的范围规定见表6-5。

表6-5 各地方政策法规对数据登记的范围规定

登记类别	发布时间	地区	政策法规名称	登记范围
数据知识产权登记	2023年5月	浙江	《浙江省数据知识产权登记办法(试行)》	本办法适用于对依法收集、经过一定算法加工、具有实用价值和智力成果属性的数据提供数据知识产权登记服务 **涉及设立登记、变更登记、注销登记**
	2024年8月	河北	《河北省数据知识产权登记办法(试行)》	(一)适用范围。本办法适用于为依法收集、经过一定算法加工(非完全采用AI技术)、具有应用价值和智力成果属性的数据集合提供数据知识产权登记服务活动 **涉及设立登记、变更登记(含注销登记)**

㊀ 参见《江苏省数据知识产权登记管理办法(试行)》第二条。
㊁ 参见《深圳市数据产权登记管理暂行办法》第三条。

（续）

登记类别	发布时间	地区	政策法规名称	登记范围
数据知识产权登记	2023年9月	广东	《广东省数据知识产权登记服务指引（试行）》	受理范围。本省行政区域内的数据知识产权登记活动 **涉及设立登记、变更登记、注销登记**
	2024年1月	江苏	《江苏省数据知识产权登记管理办法（试行）》	第二条 本办法适用于对依法获取的，经过一定规则或算法加工处理，具有实用价值和智力成果属性的数据提供数据知识产权登记服务 **数据知识产权登记包括设立登记、变更登记和注销登记**
	2024年1月	天津	《天津市数据知识产权登记办法（试行）》	数据知识产权的登记对象，是指数据持有者或者数据处理者依据法律法规规定或者合同约定收集，经过一定规则或算法处理的、具有商业价值及智力成果属性的处于未公开状态的数据集合 **涉及设立登记、变更登记、注销登记**
	2024年4月	安徽	《安徽省数据知识产权登记办法（试行）》	**涉及设立登记、变更登记、注销登记**
	2024年5月	陕西	《陕西省数据知识产权登记管理办法（试行）》	**涉及设立登记、变更登记、注销登记**
	2024年6月	山西	《山西省数据知识产权登记管理办法（试行）》	**涉及设立登记、变更登记、续展登记、注销登记**
	2024年8月	湖北	《湖北省数据知识产权登记管理办法（试行）》	**涉及设立登记、变更登记、注销登记**
	2024年8月	湖南	《湖南省数据知识产权登记管理办法（试行）》	第二条 本办法适用于为依法获取并经过一定规则处理形成的，具有智力成果属性和商业价值的，可以电子或其他手段读取、识别或访问的数据集合提供登记服务 **涉及设立登记、变更登记、注销登记**

（续）

登记类别	发布时间	地区	政策法规名称	登记范围
数据知识产权登记	2023年10月	山东	《山东省数据知识产权登记管理规则（试行）》	4. 数据来源。涉及个人数据的，应当提交依法依规收集、持有、托管和使用的证明；涉及企业数据的，应当说明自行收集或通过交易取得，并提供相关证明；涉及公共数据的，应当提供公共数据开放利用协议或授权运营协议等
数据知识产权登记	2024年10月	河南	《河南省数据知识产权登记办法（试行）》	第三条 本办法登记的数据知识产权是指依法合规获取的、经过一定规则处理形成的、具有市场价值和智力成果属性的数据 **涉及设立登记、变更登记、注销登记**
数据知识产权登记	2024年10月	四川	《四川省数据知识产权登记办法（试行）》	第二条 本办法适用于对依法收集、经过一定算法加工、面向具体场景、具有实用价值和智力成果属性的数据提供数据知识产权登记服务 **涉及设立登记、变更登记、注销登记**
数据产权登记	2023年6月	深圳	《深圳市数据产权登记管理暂行办法》	第三条 数据资源和数据产品在本市行政区域内的首次登记、许可登记、转移登记、变更登记、注销登记和异议登记，适用本办法 数据知识产权登记按有关规定执行，不适用本办法
数据资产登记	2023年10月	大理	《大理州数据资产登记管理办法》	适用范围。数据资产在大理州行政区域内的数据资源持有权、数据加工使用权、数据产品经营权登记，适用本办法 **涉及设立登记、变更登记、注销登记**

(续)

登记类别	发布时间	地区	政策法规名称	登记范围
数据产品登记	2023年11月	上海	《上海数据交易所数据产品登记规范（试行）》	第二条 本办法适用于自然人、法人或者非法人组织向上海市知识产权局申请数据产品知识产权登记以及相关管理服务活动 涉及设立登记、变更登记、注销登记
数据产品知识产权登记	2024年11月	上海	《上海市数据产品知识产权登记存证暂行办法》	第二条 （适用范围）本办法适用于自然人、法人或者非法人组织向上海市知识产权局申请数据产品知识产权登记以及相关管理服务活动 涉及设立登记、变更登记、注销登记
数据要素登记	2023年11月	贵州	《贵州省数据要素登记服务管理办法（试行）》	第三条 在本省行政区域内开展的数据要素初始登记、交易登记、信托登记、变更登记、注销登记、撤销登记和续证登记等服务，适用本办法 国家法律、法规另有规定的，从其规定

（二）公共数据登记的范围

各级党政机关、企事业单位掌握海量数据，这些数据资源除了满足社会公众对政务信息的知情权、增加政务活动的公开性和透明度、实现公共数据的公共价值和社会价值，还有大量公共数据与经济社会的发展息息相关。特别是在数字时代，数据作为一种新的生产要素被越来越多的国家和地区所认知，不断加大对数据要素资源的开发利用力度也成为普遍共识。在此背景下，深度开发利用公共数据的经济价值，使其更好地赋能土地、人力、资本、技术等传统生产要素，与实体经济融合，就成为必然趋势。

然而并非所有公共数据均可进入共享开放环节，涉及国家秘密、商业秘密、个人隐私的数据登记环节就应在被筛选剥离，使其无法进入后续的共享开放、授权运营环节，从制度上保障数据安全。《贵州省政府数据资产管理登记暂行办法》将可纳入政府数据资产登记的数据分为政府信息系统资产目录清单、政府信息系统硬件资产清单、政府信息系统软件资产清单、政府信息系统采集、使用、产生、管理的数据资产清单四大类，在类别上清晰划分了政务数据的登记范围[一]。

在制度所涵盖的登记类型上，公共数据登记可参考数据登记办法所涉及的设立登记、变更登记、注销登记、撤销登记等类型，实现数据利用的全流程可记录、可追溯。《暂行办法》将公共数据资源界定为"各级党政机关、企事业单位依法履职或提供公共服务过程中产生的具有利用价值的数据集合"，并将申请类型划分为首次登记、变更登记、更正登记和注销登记。《暂行办法》对公共数据登记的相关规定见表6-6。

表6-6 《暂行办法》对公共数据登记的相关规定

登记范围		《暂行办法》相关规定
登记对象	公共数据资源	指各级党政机关、企事业单位依法履职或提供公共服务过程中产生的具有利用价值的数据集合
申请类型	首次登记	登记主体应按规定提交主体信息、数据合法合规性来源、数据资源情况、存证情况、产品和服务信息、应用场景信息、数据安全风险评估等申请材料。登记主体在开展授权运营活动并提供数据资源或交付数据产品和服务后，在20个工作日内提交首次登记申请。本办法施行前已开展授权运营的，登记主体应按首次登记程序于本办法施行后的30个工作日内进行登记
	变更登记	对于涉及数据来源、数据资源情况、产品和服务、存证情况等发生重要更新或重大变化的，或者登记主体因机构重组等原因导致主体信息发生变化的，登记主体应及时向登记机构申请变更登记

[一] 参见《贵州省政府数据资产管理登记暂行办法》第五条。

(续)

登记范围		《暂行办法》相关规定
申请类型	更正登记	登记主体、利害关系人认为已登记信息有误的，可以申请更正登记。经登记主体书面同意或有证据证明登记信息确有错误的，登记机构对有关错误信息予以更正
	注销登记	有下列情形之一的，登记主体应申请办理注销登记，登记机构自受理之日起10个工作日之内完成注销 1. 公共数据资源不可复原或灭失的 2. 登记主体放弃相关权益或权益期限届满的 3. 登记主体因解散、被依法撤销、被宣告破产或因其他原因终止存续的 4. 法律法规规定的其他情形

第二节 公共数据登记程序

一、数据登记程序

（一）数据登记程序概述

数据登记程序是指对数据进行收集、整理、审核并记录相关信息，以确认数据权益、规范数据管理和促进数据流通利用的一系列步骤。目前，北京、上海、深圳、贵州等地出台的法规和规范性文件均对数据登记程序作出规定，旨在通过规范的数据登记程序，加强对数据资源和数据知识产权等方面的管理。各地的登记程序大体分为申请、受理、审查、公示、发证五个环节（图6-1）。《贵州省数据要素登记服务管理办法（试行）》规定："贵州省数据要素登记服务按照申请、受理、审核、在线公示、异议处理和发证等程序进行"[一]；《海南省数据产品超市数据产品确权登记实施

[一] 参见《贵州省数据要素登记服务管理办法（试行）》第十五条。

细则（暂行）》规定："数据产品确权登记流程为申请、受理、审查、公示和发证"[1]；《深圳市数据产权登记管理暂行办法》按首次登记、许可登记、转移登记、变更登记、注销登记等不同类型分别列明了登记程序，其中首次登记的环节依次为申请、受理、审查、公示和发证[2]。

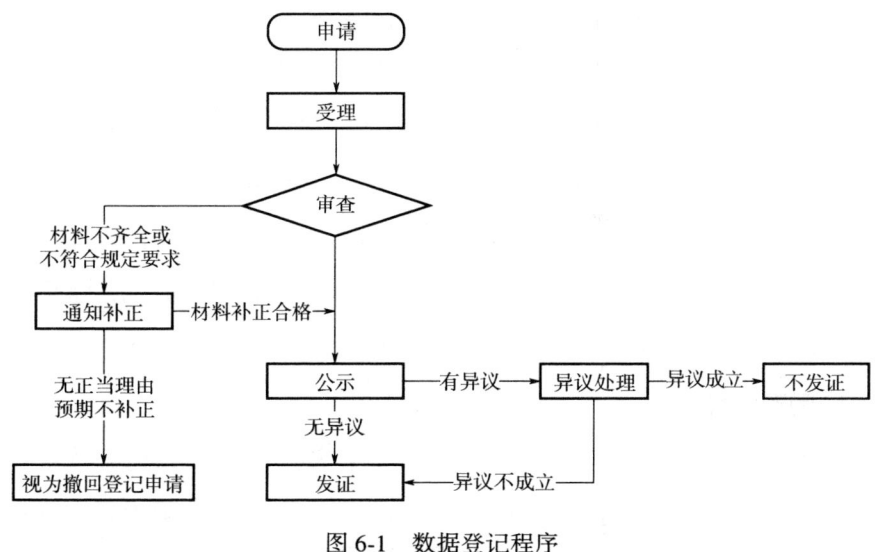

图 6-1 数据登记程序

（二）数据登记的阶段

1. 申请阶段

在提出数据登记申请前，大多数地区都关注了对数据的公证存证环节，通过公证机构或符合法律法规及相关规定的专业机构，利用特定技术和法定程序对数据进行记录、保存和证明，旨在确保数据的完整性、真实性、可追溯性和法律效力。山东、浙江、河北、河南等地均规定申请人应当对数据进行公证存证或运用原创认证、区块链等可信技术进行存证，将数据公证存证作为申请登记的前提；《江苏省数据知识产权登记管理办法

---

[1] 参见《海南省数据产品超市数据产品确权登记实施细则（暂行）》第六条。
[2] 参见《深圳市数据产权登记管理暂行办法》第十四条、第十五条。

（试行）》虽未强制要求对数据公证存证，但同样关注了数据公证的重要价值，规定"可以提前对拟登记数据进行区块链等可信技术存证或公证保全证据"。①

各地大多鼓励申请人通过线上平台提交登记申请材料。例如，深圳、厦门、河北、陕西等地均提供了相应的线上登记系统，方便申请人提交信息，申请人需在系统中填写数据的基本信息（如名称、来源、用途等）、申请人自身信息（如单位名称、法定代表人、联系方式等），并上传相关证明文件，以便登记机构审核。此外，各地还对申请材料的完整性予以了明确规定，一般要求申请人提供能证明申请人主体资格的文件，如营业执照副本、组织机构代码证等，同时要详细说明数据的相关情况，包括数据的收集方式、处理过程、数据范围、数据质量等。

2. 受理阶段

申请人向登记机构提出登记申请，登记机构在受理申请后开展进一步审查工作。各地负责受理数据申请的机构有所差异，如广东省知识产权保护中心是数据知识产权登记机构，负责受理本省行政区域内的数据知识产权登记申请②；贵州省则由省数据流通交易服务中心承担数据要素登记服务工作③；而在湖南，省市场监督管理局（知识产权局）作为登记机构，负责受理本省的数据知识产权登记申请④。

3. 审查阶段

登记机构在数据资产登记前的审查有助于降低日后数据交易的风险，但采用何种审查标准要结合数据资产的特点确立⑤。按照目前试行的地方办法，登记机构受理申请后，多数地区对登记进行的是形式审查，即查看

---

① 参见《江苏省数据知识产权登记管理办法（试行）》第七条。
② 参见《广东省数据知识产权登记服务指引（试行）》"一、适用范围"。
③ 参见《贵州省数据要素登记服务管理办法（试行）》第六条。
④ 参见《湖南省数据知识产权登记管理办法（试行）》第四条。
⑤ 张龙，姜悦. 论数据资产登记制度的构建［J］. 长江论坛，2024（6）：57-66.

申请材料是否齐全、格式是否符合要求等，针对材料缺漏等情况及时告知申请人进行补正。部分地区在形式审查之外，还会委托专业机构进行实质性审查，如《大理州数据资产登记管理办法》规定"登记机构委托第三方服务机构就下列事项进行实质审查，通过审查的，登记机构应当予以登记，并发放相应登记凭证"①；《贵州省数据要素登记服务管理办法（试行）》规定"经登记服务机构进行形式审核后，由第三方专业数据服务机构进行实质性审核"②；深圳对首次登记、许可登记、转移登记的数据同样引入了专业机构进行实质审查，对数据资源和数据产品的真实性和合规性作出相应审核，而对变更登记、注销登记、异议登记则放宽了材料审核限制③。也有论者认为，审查义务的程度将直接决定数据产权登记机构的责任配置，并影响数据产权登记的公信力及数据的流通性。为营造数据流通的可信环境，数据产权登记机构应当严格审查登记事项，但是无须区分实质审查和形式审查④。

在审查阶段设置申请人材料补正的机会，当申请材料不齐全或不符合要求时，登记机构会一次性告知申请人需要补正的内容和期限，使其及时补充完善材料，推进申请流程。浙江、广东、上海等地的登记办法中均规定申请人补正期间为10日，无正当理由逾期不答复的，视为撤回登记申请，从而提高数据登记的效率。

4. 公示阶段

通过审查后，登记机构会通过一定的渠道对审核通过的拟登记数据进行公示或公告，以接受社会监督。公示内容通常包括申请人、数据知识产权名称、应用场景、数据来源、算法规则简要说明等信息。目前各地出台的登记办法中，公示期多为10个工作日。公示期间，任何单位或个人如

---

① 参见《大理州数据资产登记管理办法》第二十条。
② 参见《贵州省数据要素登记服务管理办法（试行）》第二十四条。
③ 参见《深圳市数据产权登记管理暂行办法》第十五条至第二十条。
④ 谭佐财. 论数据产权登记的制度构建[J]. 当代法学，2024，38（4）：86-97.

对拟登记数据有异议，均可向登记机构提出书面异议申请，并说明理由和提供相关证据。登记机构接到异议后，应当在3个工作日内将异议内容转送申请人，并要求申请人于10个工作日内通过登记机构提交相关证明材料。登记机构进而审查相关证明材料形成异议处理结果，并反馈申请人和异议人。

5. 发证阶段

经过公示无异议或异议不成立后，登记机构会向申请人发放登记证书。登记证书上会记载数据的基本信息（如数据名称、登记编号、登记日期等）、申请人信息、数据的相关权利说明等。登记证书的样式、标准由登记机构统一制定。登记证书分为纸质版和电子版两种形式，如北京、江苏等地规定数据知识产权登记证书采用电子版形式发放，《大理州数据资产登记管理办法》则规定数据登记凭证分为电子、纸质两种形式，两种形式内容一致，具有同等法律效力[一]。

二、公共数据登记程序

（一）公共数据登记程序概述

参照数据登记的程序，公共数据的登记程序从流程上也可划分为申请、受理、审查、公示和赋码五个阶段（图6-2）。《暂行办法》规定："公共数据资源登记应按照申请、受理、形式审核、公示、赋码等程序开展。"[二]

（二）公共数据登记的阶段

1. 申请阶段

公共数据的登记申请一般由数据持有或管理部门提出。《暂行办法》

[一] 参见《大理州数据资产登记管理办法》第二十六条。
[二] 参见《暂行办法》第八条。

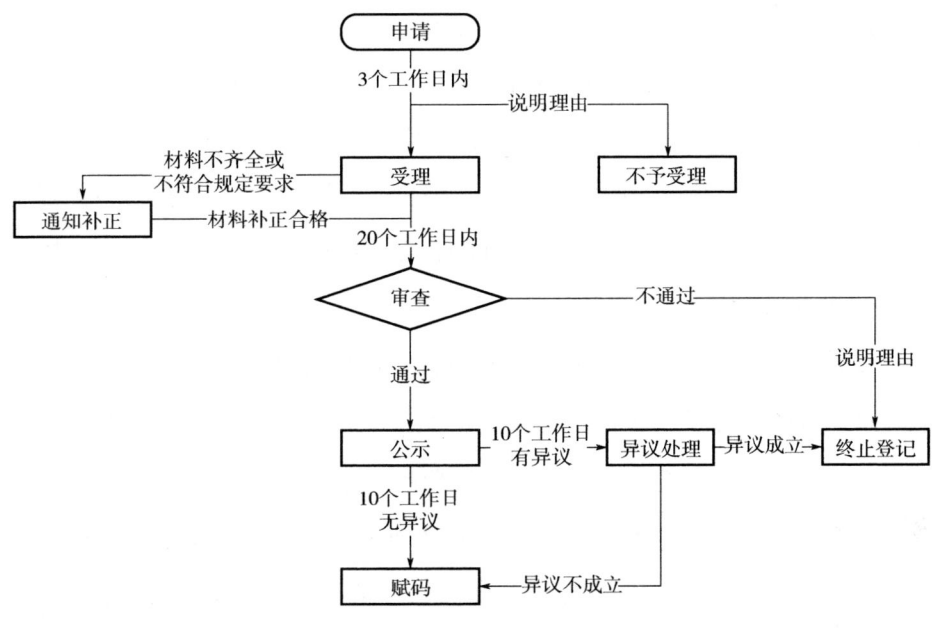

图 6-2　公共数据的登记流程

将登记主体界定为"根据工作职责直接持有或管理公共数据资源的单位，以及依法依规对授权范围的公共数据资源进行开发运营的法人组织。"[一]如党政机关在其履行职责过程中产生的统计数据、政务服务数据等各类数据，相关部门需梳理数据的基本信息，包括数据名称、数据来源、数据的时间范围、数据的格式及数据的大致内容描述等，按照规定的格式和途径提交申请。与其他数据登记申请不同的是，公共数据的申请更强调数据的公共属性和来源的合法性，申请方需明确数据是在依法履职过程中产生的，具有比一般登记主体更为严苛的注意义务。

2. 受理阶段

《暂行办法》确定的登记机构由国家和地方数据管理部门设立或指定的、提供公共数据资源登记服务的事业单位[二]。公共数据登记机构的层级

[一] 参见《暂行办法》第三条。
[二] 参见《暂行办法》第三条。

应与数据登记主体的层级相匹配，如中央国家机关及其直属机构、中央企业的公共数据资源登记应由国家数据局指定所属事业单位负责办理。在受理阶段，登记机构应当自收到申请日起一定期限内予以受理。申请材料不齐全或者不符合规定的，需一次性告知登记主体补充完善，并按新补充后重新提交申请之日起计算受理日期。不予受理的，应当向登记主体及时说明理由。

3. 审查阶段

审查环节是公共数据登记的关键步骤。在地方数据登记实践中，多数地区对数据资产登记采用形式审查的标准，但数据的虚拟性、复制性特征又为虚构、虚增资产等数据资产入表乱象提供了可乘之机①。重庆、安徽、内蒙古等地出台的公共数据登记暂行办法暂未明确审查形式；《江西省公共数据资源登记管理实施细则（试行）》则明确了形式审查形式，规定："登记机构应当对登记材料内容进行形式审核，自受理之日起 20 个工作日之内完成审核。规定时间内审核未完成的，应当向登记主体说明原因。"②相较于征求意见稿，正式出台的《暂行办法》明确了形式审核模式，规定："登记机构应当对登记材料内容进行形式审核，自受理之日起 20 个工作日之内完成审核。审核未完成的，应当向登记主体说明原因。"③公共数据事关民生，以公共数据集合为客体的确权登记同时承载了"私产"进路中交易安全保障和"公产"进路中开放秩序监管的复合目标④。也有观点认为，在形式审查之外设置的异议登记、更正登记，可以填补形式审查标准的不足⑤，确保登记的准确性和可靠性。

---

① 罗玫. 企业数据资产化：会计确认与价值评估 [J]. 清华大学学报（哲学社会科学版），2023，38（5）：195-209.
② 参见《江西省公共数据资源登记管理实施细则（试行）》（征求意见稿）"五、登记程序"。
③ 参见《暂行办法》第十一条。
④ 邓社民，王志文. 公共数据授权运营中数据知识产权登记的制度重构 [J]. 深圳大学学报（人文社会科学版），2024，41（6）：93-102.
⑤ 朱岩. 形式审查抑或实质审查——论不动产登记机关的审查义务 [J]. 法学杂志，2006，27（6）：106-109.

4. 公示阶段

公共数据登记的公示应在相应级别的政府的数据公开平台或指定的官方渠道进行。参考数据登记公示内容，公共数据应公示数据的类别（一般数据、重要数据等）、来源、合法性、共享方式、开放方式和授权运营方式等。因此，公共数据的登记公示应确保公众知悉，考虑适时延长公示期，扩大公示渠道范围，并在公示期内接受公众对数据登记情况的监督。

5. 发证阶段

经过审核和公示无异议后，公共数据登记机构会向申请部门发放登记凭证，确认其对该公共数据的管理和使用权利。登记凭证的发放标志着公共数据被正式纳入规范管理体系，从而推进后续的数据共享开放、授权运营等数据利用工作。

第三节　公共数据登记管理

一、数据登记管理

数据登记管理指相关机构为了一定目的，对数据登记活动进行的组织、协调和控制等一系列行为，包括制定数据登记的规则、流程，明确登记的责任主体，保障数据登记的安全性、准确性、完整性和及时性，对登记的数据进行有效的管理和利用等活动。地方立法实践对数据登记的管理与监督界定并不严格，如《山东省数据知识产权登记管理规则（试行）》第四章"管理服务"既包括数据登记活动、登记证书管理，也涉及对上述活动及相关责任主体的监管；《北京市数据知识产权登记管理办法（试行）》第四章"管理监督"既涉及登记机构对数据知识产权登记的安全管理义务，也强调违反管理办法所承担的法律责任。理清数据登记管理思路，可以从管理主体、管理客体和管理方式三个方面着眼。

（一）管理机制

数据登记涉及的配套机构包括主管部门、登记机构、第三方服务机构等。通常由主管部门建立管理制度，登记机构和第三方服务机构在各自职权范围内承担相应的事务性管理辅助工作。

全国已有多个省（市）开始开展数据资产登记工作，目前主要有两种方式：一是在市场交易所中设置登记系统进行登记，如北京国际大数据交易所；二是将数据资产登记工作交由国家行政机关，如深圳将数据资产登记工作交由深圳发展改革委负责。以最为常见的数据知识产权登记制度为例，管理办法普遍规定由省（市）知识产权局担任主管部门，由省（市）知识产权保护中心这一事业单位任登记机构，协同代办数据知识产权登记的代理机构、数据存证或者公证机构等第三方机构共同推进数据知识产权登记工作。第三方机构可能涉及地方企业，因此管理办法也规定了参与数据登记的第三方机构应当具备的资质条件。《安徽省数据知识产权登记办法（试行）》规定："提供数据公证、存证的平台或者机构，应当符合国家法律法规规定，具备完善的全流程数据安全管理制度、网络安全保护等级和必要的技术措施。"[1]《浙江省数据知识产权登记办法（试行）》要求："提供数据公证存证和可信技术存证的平台或者机构，应当符合国家法律法规规定，完善数据安全制度，建立必要的技术防护和运行管理体系。"[2]

在数据资产登记、数据产品知识产权登记、数据产权登记、数据要素登记等地方办法中，主管部门涉及数据管理部门、知识产权局、发展改革委等部门，因数据登记类型及地方数据登记工作开展情况的差异，暂未形成较为统一的管理权限划分。各地数据登记管理权限规定见表6-7。

---

[1] 参见《安徽省数据知识产权登记办法（试行）》第六条。
[2] 参见《浙江省数据知识产权登记办法（试行）》"二、登记申请（三）登记前的数据存证公证"。

表 6-7 各地数据登记管理权限规定

登记类别	发布时间	地区	政策法规名称	主管部门	登记机构	第三方机构
数据知识产权登记	2023年5月	北京	《北京市数据知识产权登记管理办法（试行）》	市知识产权局	市知识产权保护中心	代办数据知识产权登记的代理机构；数据存证或者公证机构
	2023年5月	浙江	《浙江省数据知识产权登记办法（试行）》	省市场监管局（知识产权局）	省知识产权研究与服务中心	数据存证或者公证机构
	2024年8月	河北	《河北省数据知识产权登记办法（试行）》	省市场监督管理局（知识产权局）	省知识产权保护中心	代办数据知识产权登记的代理机构；数据存证或者公证机构
	2023年9月	广东	《广东省数据知识产权登记服务指引（试行）》	省市场监督管理局（知识产权局）	省知识产权保护中心	第三方确权登记服务机构，是指受数据产品超市运营者委托，秉持中立、客观的原则，对数据产品的真实性、安全性、合规性等多方面开展合规性审查，出具相应合规性评估意见书的机构，并对出具的意见书独立承担法律责任
	2023年10月	山东	《山东省数据知识产权登记管理规则（试行）》	省市场监督管理局（省知识产权局）	省国家知识产权保护中心	数据存证或者公证机构

（续）

登记类别	发布时间	地区	政策法规名称	主管部门	登记机构	第三方机构
数据知识产权登记	2024年1月	江苏	《江苏省数据知识产权登记管理办法（试行）》	省知识产权局	省知识产权保护中心	代办数据知识产权登记的代理机构 数据存证或者公证机构
	2024年1月	天津	《天津市数据知识产权登记办法（试行）》	市知识产权局	本辖区内的知识产权保护中心	代办数据知识产权登记的代理机构 数据存证或者公证机构
	2024年4月	安徽	《安徽省数据知识产权登记办法（试行）》	省市场监督管理局（知识产权局）	省知识产权事业发展中心	数据存证或者公证机构
	2024年5月	陕西	《陕西省数据知识产权登记管理办法（试行）》	省知识产权局	省知识产权保护中心	数据存证或者公证机构
	2024年6月	山西	《山西省数据知识产权登记管理办法（试行）》	省市场监督管理局（省知识产权局）	省知识产权保护中心	数据存证或者公证机构
	2024年8月	湖北	《湖北省数据知识产权登记管理办法（试行）》	省知识产权局	省知识产权保护中心	代办数据知识产权登记的代理机构 数据存证或者公证机构
	2024年8月	湖南	《湖南省数据知识产权登记管理办法（试行）》	省市场监督管理局（湖南省知识产权局）	省市场监督管理局（湖南省知识产权局）及其建设的全省数据知识产权登记平台	代办数据知识产权登记的代理机构 数据存证或者公证机构

（续）

登记类别	发布时间	地区	政策法规名称	主管部门	登记机构	第三方机构
数据知识产权登记	2024年10月	河南	《河南省数据知识产权登记办法（试行）》	省市场监督管理局（知识产权局）	省知识产权维权保护中心	数据存证或者公证机构
数据知识产权登记	2024年10月	四川	《四川省数据知识产权登记办法（试行）》	省市场监督管理局（省知识产权局）	省市场监督管理局（省知识产权局）建立的数据知识产权登记平台	代办数据知识产权登记的代理机构；数据存证或者公证机构
数据资产登记	2023年10月	大理	《大理州数据资产登记管理办法》	州数据管理行政主管部门	州数据登记机构负责建设数据登记公示系统，承担数据登记、凭证制发管理等具体事务性工作	本办法所称第三方服务机构，是指对数据资源和数据产品的真实性和合规性进行实质性审查，并出具相应审查报告的机构
数据产品确权登记	2023年12月	海南	《海南省数据产品超市数据产品确权登记实施细则（暂行）》	省大数据管理局	数据产品超市运营者	第三方确权登记服务机构，是指受数据产品超市运营者委托，秉持中立、客观的原则，对数据产品的真实性、安全性、合规性等多方面开展合规性审查，出具相应合规性评估意见书的机构，并对出具的意见书独立承担法律责任

（续）

登记类别	发布时间	地区	政策法规名称	主管部门	登记机构	第三方机构
数据产品知识产权登记	2024年11月	上海	《上海市数据产品知识产权登记存证暂行办法》	市知识产权局	上海市数据局支持建设上海市数据产品知识产权管理平台和上海市数据存证中心知识产权分中心	—
数据产权登记	2023年6月	深圳	《深圳市数据产权登记管理暂行办法》	市发展改革委	指由本市数据产权登记工作主管部门管理的、提供数据产权登记服务的机构	第三方服务机构，是指对数据资源和数据产品的真实性和合规性进行实质性审查，并出具相应审查报告的机构
数据要素登记	2023年11月	贵州	《贵州省数据要素登记服务管理办法（试行）》	省人民政府数据主管部门	省数据流通交易服务中心	代办数据知识产权登记的代理机构 数据存证或者公证机构 第三方专业数据服务机构

数据作为一种无形资产，对数据登记的管理载体主要是登记证书，可以通过对登记证书的管理规范登记秩序。在登记机构完成对数据的登记行为后，会向登记主体颁发证书/凭证作为证明文件。证书包括纸质版和电子版两种形式，其作用主要是证明登记主体对相应数据享有某种权利或资格，是数据登记行为完成后的合法证明，也是后续变更、注销数据登记的凭证。

(二) 凭证有效期

为了适应数据集合不断变化、持续更新的特点，数据资产登记的期限不宜过长，以 2~3 年为宜①。在地方办法中对涉及授权运营的公共数据及以协议获取的企业、个人数据，尊重其协议规定，协议期限不超过该地方数据登记证书有效期限的，以相关协议截止日期为登记有效期为准。在地方实践中，对凭证的有效期参照了《中华人民共和国商标法》的登记方式，允许权利人在期限届至时重新提交数据审查材料，申请续展②。地方办法中对续展登记的时限要求有所差异，多为凭证有限期届满前的一个月至六个月不等，如《天津市数据知识产权登记办法（试行）》要求"申请人应当在期满前六个月内按照规定办理续展登记手续"③，《陕西省数据知识产权登记管理办法（试行）》则将办理续展登记的时限限缩在一个月内，规定"申请人应当在期满前一个月内按照规定办理续展登记手续"④。

(三) 服务水平管理

数据登记应遵循安全高效的登记原则，不仅包括对登记凭证的管理，还包括对登记机构、第三方机构的管理。《海南省数据产品超市数据产品确权登记实施细则（暂行）》对数据产品超市的运营者采取了定期公开比选的规则，即"数据产品超市运营者应每两年通过公开比选的方式选定两家或两家以上第三方确权登记服务机构，比选过程和结果接受省大数据管理局的监督"⑤，通过竞争机制提升服务质量。北京市则积极推进登记证书在行政执法、司法审判、法律监督中的运用，并鼓励知识产权服务机构积

---

① 刘鑫. 大数据时代数据知识产权立法的理据与进路 [J]. 知识产权, 2023 (11)：42-59.
② 张龙, 姜悦. 论数据资产登记制度的构建 [J]. 长江论坛, 2024 (6)：57-66.
③ 参见《天津市数据知识产权登记办法（试行）》第二十一条。
④ 参见《陕西省数据知识产权登记管理办法（试行）》第十七条。
⑤ 参见《海南省数据产品超市数据产品确权登记实施细则（暂行）》第二十三条。

极探索数据知识产权的相关服务，通过政策引导的方式支持创新，提升数据登记服务水平[1]。

二、公共数据登记管理

在公共数据方面出台的试行办法则严格区分了登记管理与监督管理环节。登记管理侧重于推进登记服务的标准化、规范化；监督管理则包括内部监督与外部监督，强调数据登记行为的合法合规。在国家发展改革委《暂行办法（征求意见稿）》出台后，2025年初，内蒙古、安徽、江西等地相继出台文件，规范公共数据资源的登记工作，促进数据资源的合规高效开发利用。从体例看，这些办法及细则大体沿用了《暂行办法（征求意见稿）》的内容，分设两章分别细化数据登记管理与监督管理。《江西省公共数据资源登记管理实施细则（试行）》（征求意见稿）则设"登记管理及监督"一章，分别规定登记机构管理、登记主体管理、监督管理、安全管理等内容。

（一）管理机制

《暂行办法》明确了国、省两级管理机制。依据《暂行办法》第十四条，国家数据局加强公共数据资源登记管理，推进登记服务标准化，依托登记信息和政务数据目录，建立健全公共数据资源目录。建设国家公共数据资源登记平台，实现与各省级公共数据资源登记平台对接，推动登记信息互联互通。在全国范围内实现登记结果统一赋码，支撑登记信息的查询和共享。省级数据管理部门应加强集约化建设，统筹开展本辖区公共数据资源登记平台使用管理工作，强化数据共享、应用服务和安全保障[2]。统一的数据资源登记平台和公共数据资源目录的建立将有助于公共数据资源

---

[1] 参见《北京市数据知识产权登记管理办法（试行）》第二十二条。
[2] 参见《暂行办法》第十四条。

的互通互联，公共数据先实现全量登记，再编入目录，然后区分是否纳入授权运营范围，以此形成了安全可信的公共数据资源开发利用链条。

地方出台的暂行管理办法中，普遍与国家发展改革委《暂行办法（征求意见稿）》的机构权责划分保持一致。由对应行政层级的数据主管部门任公共数据的管理机构、事业单位任登记机构，支持第三方专业服务机构参与存证、审查等工作，提供专业化服务，并规定第三方专业服务机构应当具备相应管理和技术能力。在正式出台的《暂行办法》中，删除了"支持第三方服务"的条款，体现了市场自由调节的政策导向。各地方政策法规关于数据登记管理机构的规定见表6-8。

表6-8 各地方政策法规关于数据登记管理机构的规定

发布时间	地区	政策法规名称	管理机构	登记机构	第三方机构
2024年11月	重庆	《重庆市公共数据资源登记管理实施办法（试行）（公开征求意见稿）》	市数据主管部门	市数据主管部门指定所属事业单位担任全市统一登记机构	数据存证机构（第三方专业服务机构应当具备相应管理和技术能力，严格按照委托或协议事项依法客观、独立、公正开展相关服务）
2025年1月	内蒙古	《内蒙古自治区公共数据资源登记管理暂行办法》	自治区政务服务与数据管理局	自治区政务服务与数据管理局指定的事业单位具体承担自治区本级公共数据资源登记工作	第三方服务机构是指依法为登记主体提供公共数据资源合法性、合规性、真实性审查和质量评估、安全评估、价值评估、存证等专业服务，并承担相应责任的机构

（续）

发布时间	地区	政策法规名称	管理机构	登记机构	第三方机构
2025年1月	安徽	《安徽省公共数据资源登记实施细则（试行）（公开征求意见稿）》	省数据管理部门 设区的市数据管理部门	省数据管理部门明确所属事业单位作为省级登记机构 设区的市数据管理部门组织开展本行政区域内公共数据资源登记工作，明确事业单位作为市级登记机构	—
2025年1月	江西	《江西省公共数据资源登记管理实施细则（试行）（征求意见稿）》	省数据局 省级政务数据主管部门	省级公共数据资源登记机构由省数据局指定的事业单位担任	（首次登记）自行或委托第三方服务机构开展的数据安全风险评估，说明数据存在的安全风险，并提供相应的安全建议和措施，以确保数据的安全性和可靠性

（二）凭证有效期

依据《暂行办法》第十五条规定，登记结果有效期原则上为三年，自赋码之日起计算。对授权运营范围内的公共数据产品和服务登记，根据授权协议运营期限不超过三年的，登记结果有效期以实际运营期限为准。登记结果有效期届满的，登记主体可在期满前60日内按照规定续展。每次续展期最长为三年，自上一届有效期满次日起计算。期满未按规定续展的，由登记机构予以注销㊀。地方暂行办法也延续了这一期限规定，对公

㊀ 参见《暂行办法》第十五条。

共数据登记的电子凭证有效期限多设置为三年，延展登记需在期限届满前60日内完成。

(三) 服务水平管理

《暂行办法》规定，登记机构应按照全国统一的登记要求，优化服务流程，提升登记便利化服务水平。省级数据管理部门统筹开展对本辖区登记机构的服务水平评价。建立工作评价机制，由国家数据局统筹开展公共数据资源登记标准体系和登记工作评价机制建设，省级数据管理部门统筹开展对本辖区登记机构的服务水平评价[一]。

公共数据登记具有行政管理的属性，以国家权力为基础对社会公共事务进行管理，具有公益属性。在登记费用收取方面，宜采用免费登记，以此鼓励并推动公共数据实现全量登记。《暂行办法》暂未有登记费用的说明，地方实践中已有无偿登记的尝试。《重庆市公共数据资源登记管理实施办法（试行）（公开征求意见稿）》规定："登记机构应当无偿提供登记服务，不得向登记主体收取登记费用。登记工作产生费用纳入市级财政予以保障。"[二]

第四节　公共数据登记监督管理

一、数据登记监督管理

一般的财产权需要通过占有、登记等方式取得公示效力，或者通过在先创作的证据证明权利主体身份[三]，数据登记即为数据财产权赋予了可信凭证，经登记的数据取得公示公信效力。登记凭证以国家权力作为背书，

[一] 参见《暂行办法》第十六条、第十七条。
[二] 参见《重庆市公共数据资源登记管理实施办法（试行）（公开征求意见稿）》第十五条。
[三] 申卫星. 论数据用益权 [J]. 中国社会科学, 2020 (11): 110-131.

为数据的合法性和权属提供有效保障。加强数据登记监管,可以维护登记凭证的可信效力,规范数据市场秩序,促进数据资源的有序、有效利用。

(一) 监管主体

地方的数据登记实践正逐步探索建立跨部门、跨层级的协同监管机制。以《浙江省数据知识产权登记办法(试行)》为例,市场监管(知识产权)部门负责对数据知识产权登记工作的监督管理,同时强调网信、司法行政、公共数据主管等部门加强对相关区块链等数据存证平台、公证机构、公共数据授权运营单位的监督、管理和指导,以切实营造安全可信的数据要素市场环境⊖。具体而言,承担数据登记监管职责的主体主要包括数据登记主管部门、登记机构及其他业务相关部门。

数据登记主管部门负责统筹该行政区域内的数据登记管理工作,制定数据登记实施办法并监督办法实施。在地方出台的数据登记办法中,负责数据登记管理及监督管理的主管部门多为省(市)市场监督管理局(知识产权局)、大数据局等。同时,主管部门会协同网信、公安、财政等部门建立协同监管机制,在各自职责范围内承担监管职责。

登记机构作为数据登记的执行机构,应当对登记过程和结果进行内部管理和监督,包括对登记申请的受理、审查、公示和发证等环节进行严格把控,建立登记信息内部管控制度,按规定保存登记信息及相关文件资料,确保登记信息的真实性、完整性和准确性,并保障登记系统安全稳定运行。《北京市数据知识产权登记管理办法(试行)》强调:"登记机构应当建立数据知识产权登记档案,用于记载数据知识产权基本状况以及其他依法应当登记事项。登记机构应当加强数据知识产权登记监控、保密和全流程数据安全管理。"⊖

⊖ 参见《浙江省数据知识产权登记办法(试行)》"五、监督管理"。
⊖ 参见《北京市数据知识产权登记管理办法(试行)》第十九条。

（二）监管内容

1. 对登记数据的监管

尽管现阶段数据登记以形式审查为主，但数据登记以颁发可信凭证为结果，因此要求登记机构加强审查监管，保障数据质量。数据登记证书以国家公信力为背书，对非法复制、倒卖、出租、伪造登记证书的行为依法追究法律责任。登记前，数据登记机构需要通过形式审查确保数据的准确性和完整性，包括数据的内容、格式、逻辑关系等是否正确无误，确保登记数据能真实反映数据资源或产品的实际情况，并要求登记主体提供完整的登记信息，防止关键信息遗漏或缺失。对于不符合质量要求的登记数据，要求登记主体及时更正或补充。同时，"变更登记"的设置亦是对登记数据的时效性和准确性进行的监督补正方式，登记主体需及时更新登记信息，以确保数据的及时性和有效性。《北京市数据知识产权登记管理办法（试行）》规定："申请人为法人或非法人组织时发生合并、分立、解散、破产等情形的，或者申请人为自然人时发生死亡等情形的，应及时通过登记机构申请变更登记"，[一] 以此来适应在登记证书有效期限内发生的情况变化。

2. 对登记主体的监管

对登记主体的监督主要分为登记前的审查监督和登记后的行为监督两部分。在数据登记前，要求登记主体确保登记申请材料及登记内容真实、完整，所登记的数据资源或产品来源合法、内容合规、授权明晰。在数据登记后，要对登记主体的使用和处分行为进行监督，确保其在保护公共利益、数据安全和数据来源者合法权益的前提下进行合法合规的操作。对法律责任承担方面，对登记主体违法违规的行为，将视情节轻重给予警告、罚款、吊销登记证书等处罚，涉及违法犯罪的，依法移交司法机关处理。

[一] 参见《北京市数据知识产权登记管理办法（试行）》第十五条。

3. 对登记机构的监管

登记机构多为主管部门指定的事业单位，如地方的知识产权保护中心等。主管部门需对登记机构开展的登记行为进行监督，包括业务规则制定、收费标准、服务质量等，确保其公开、公平、公正地开展登记业务。数据产权登记承载强烈的公共利益目的，仅依靠当事人意思自治尚不足以维护数据产权的使用秩序和交易安全[1]。因此，登记机构要切实履行好保障数据安全的责任，加强数据保密和全流程的安全管理，如加强对登记机构及其工作人员的保密情况的监督，防止登记过程中的数据泄露，保护国家秘密、商业秘密和个人隐私。对于违反规定的登记机构，责令其限期整改，情节严重的，取消其登记资格，并依法追究刑事责任。但同时也要区分数据登记仅能作为初步证明凭证，其与传统的不动产登记效力不能同一而论，登记机构因登记错误所应承担的责任也要与其登记结果的证明力相对应。如在不动产登记中，登记行为作为生效要件，作为行政机关组成部分的不动产登记机构在履行登记职责时因错误登记给他人造成损害的纠纷案件，应当作为民事案件，登记机构所应承担的责任为民事侵权责任[2]。而在数据登记中，登记证书仅能发挥初步证明力，其效力可以被其他证据推翻，因而只要登记机构尽到了合理义务，其所承担的过错责任不宜过重。

（三）监管方式

1. 严格审查审批

登记机构在登记前，会对申请主体提交材料的准确性、完整性等进行审查。现行地方办法以形式审查为主，以实质审查为辅。例如，贵州、深圳、大理等地会邀请第三方专业服务机构对拟登记数据进行实质审查，河北、广

---

[1] 谭佐财. 论数据产权登记的制度构建[J]. 当代法学, 2024, 38 (4): 86-97.
[2] 刘保玉. 不动产登记机构错误登记赔偿责任的性质与形态[J]. 中国法学, 2012 (2): 156-169.

东、天津等地均要求数据登记前进行公证存证,以确保数据的真实性、准确性。经审查,对于不符合登记条件或存在问题的申请不予登记或要求补充完善。

2. 协同监管机制

中国特色的多主体、多层级数据要素市场建设是助力数据要素推动新质生产力培育和高质量发展的关键[一]。数据登记监管亦需要多主体、多层级的协同,各相关部门之间建立数据登记信息共享机制,实现信息互联互通,发挥好数据登记凭证的证明效力,并加强协同监管,保障数据安全。《山西省数据知识产权登记管理办法(试行)》强调:"发展改革、工信、市场监管(知识产权)、数据、人民银行、金融监管、证券监管等部门应当建立数据知识产权登记信息的共享机制,积极推进登记证书在促进数据要素市场化配置、产业数据价值化等工作中的运用。鼓励有关金融机构积极开展数据知识产权相关金融产品和服务创新,共同推动数据流转交易使用",同时强调行政机关、司法机关在工作中推进登记证书的运用,如登记证书上记载的数据内容、性质、来源等信息可辅助司法裁判中的事实认定,发挥其证明效力[二]。在北京知识产权法院审理的涉数据知识产权登记证效力的"第一案"中,数据堂公司在该案中提供了涉案数据集的《数据知识产权登记证书》作为初步证据,获得法院认可[三]。

3. 定期检查与不定期抽查

监管部门定期对登记机构和登记主体进行全面检查,同时不定期进行抽查,及时发现和纠正存在的问题。国家市场监督管理总局于 2015 年发布了《关于全面深化"双随机、一公开"监管规范涉企行政检查服务高质量发展

[一] 林镇阳,陈荣源,郭明军,等. 多元主体协同治理的数据要素价值生态体系研究 [J]. 技术经济,2024,43(11):1-13.

[二] 参见《山西省数据知识产权登记管理办法(试行)》第二十五条。

[三] 参见数据堂(北京)科技股份有限公司与隐木(上海)科技有限公司不正当竞争纠纷案,北京知识产权法院(2024)京 73 民终 546 号民事判决书。

的意见》，有效创新了跨部门综合监管形式，提高了监管效能。其中，"双随机"指在监管过程中随机抽取检查对象、随机选派执法检查人员，"一公开"指及时向社会公开检查结果。《海南省数据产品超市数据产品确权登记实施细则（暂行）》延续了这种监管形式，要求"数据产品超市运营者应按季度向省大数据管理局报备数据产品确权登记情况"，省大数据管理局有权依照"双随机、一公开"制度抽查数据产品确权登记相关申请材料㊀。

4. 加强技术应用

相较于传统的不动产登记、知识产权登记，数据登记具有更强的技术性。利用区块链、大数据分析等技术手段，可以对登记数据进行实时监测和分析，提高监督管理的效率和精准度。以区块链技术为例，它能够在每一次数据记录中加盖时间戳，数据记录因其去中心化、去信任化等特征可靠性高，不易被篡改㊁。《浙江省数据知识产权登记办法（试行）》要求"申请登记的数据应当提前进行公证存证或者运用区块链等可信技术进行存证"㊂。上海市推进的"一链三平台"建设深化了区块链在数据流通交易中的应用，建立了以数据交易链为核心的数据流通交易关键基础设施和登记平台、交易平台、清算平台，有助于实现多层次要素市场互联互通、场内场外交易互认互信，支撑数据要素价值转化和数据交易合规监管，构建低成本、高效率、可信赖的数据流通交易环境㊃。

二、公共数据登记的监督管理

公共数据登记的监督管理是一项复杂而系统的工程，对于保障公共数据的质量和安全、规范公共数据登记市场秩序、促进公共数据的共享开放

㊀ 参见《海南省数据产品超市数据产品确权登记实施细则（暂行）》第二十一条。
㊁ 华劼. 区块链技术与智能合约在知识产权确权和交易中的运用及其法律规制［J］. 知识产权，2018（2）：13-19.
㊂ 参见《浙江省数据知识产权登记办法（试行）》"二、登记申请（三）登记前的数据存证公证"。
㊃ 参见《上海市促进浦东新区数据流通交易若干规定（草案）》第九条。

及有效利用等具有重要意义。在实际工作中，需要专门的监管机构、相关行政及司法机关、社会公众等各方共同努力，形成监管合力。

（一）监管主体

公共数据登记是公共数据开放共享、授权运营的基础。《暂行办法》设立了纵向和横向的双线监管体系。纵向看，国家数据局主管全国公共数据资源登记工作，省级数据主管部门统筹负责本辖区的公共数据资源登记工作。横向看，各级数据主管部门应会同有关部门做好跨部门的协同监管。从现有地方的登记实践着眼，公共数据登记可能涉及的相关部门包括数据局、市场监督管理局、知识产权局、工业和信息化部门、财政部门、司法机关等，这些部门应各司其职，共同优化公共数据要素流通环境。有学者认为，公共数据授权运营协议与一般民事合同最大的不同点是一方主体对另一方具有行政监管职能[一]。数据登记作为授权运营的前置化行为，其所体现的行政监管特征亦然，需要多主体协作推进监管实效。如工业和信息化部门可以从行业管理的角度，对涉及工业领域的公共数据登记进行监督，确保数据的真实性和可靠性，促进工业数据的有效流通和利用；市场监督管理部门则侧重于对公共数据登记过程中市场主体的行为进行监管，打击数据侵权、不正当竞争、垄断行为等违法行为，维护公平竞争的市场秩序。

（二）监管内容

1. 对登记机构的监管

公共数据事关社情民生，公共数据的登记、开放、共享等均应以民生为福祉。《暂行办法》规定的登记机构是"由国家和地方数据管理部门设

[一] 常江，张震. 论公共数据授权运营的特点、性质及法律规制[J]. 法治研究，2022，140（2）：126-135.

立或指定的、提供公共数据资源登记服务的事业单位"。登记机构应按照行政层级和属地原则提供规范化、标准化、便利化登记服务。对登记机构履行数据登记职责时出现的虚假登记，擅自篡改、伪造登记结果，私自泄露登记信息或利用登记信息不当获利，履职不当或拒不履职，以及其他的违法违规情形，由数据管理部门采取约谈、现场指导或取消登记机构资格等管理措施，督促其更好履职[一]。

2. 对登记主体的监管

按照国家数据局发布的《数据领域常用名词解释（第一批）》中"公共数据"的定义，以及纳入运营范围的公共数据都要登记的要求（暂时未纳入的鼓励登记），在依法履职或提供公共服务过程中产生了公共数据的各级党政机关、企事业单位都应该属于登记主体。《暂行办法》在此基础上对登记主体做了外延的扩展，不仅是产生公共数据的单位，在公共数据流转中接触公共数据的单位也要纳入登记主体范畴，在法人之外还涵盖了持有公共数据的非法人组织。《暂行办法》规定，当登记主体有隐瞒事实、弄虚作假或提供虚假登记材料，擅自篡改、伪造登记结果，非法使用或利用登记结果不当获利，以及其他违法违规情况的，经核实认定后由登记机构撤销登记[二]。如登记主体通过上述违法违规行为获得了数据登记凭证，并通过该凭证的初步证明力实行其他违法行为，则可能因触犯伪造国家机关证件罪、诈骗罪等而受到更为严重的处罚。

3. 对第三方专业服务机构的监管

《暂行办法》相较于征求意见稿，删除了对第三方机构的监管，体现了市场自主调节的政策导向，然而第三方专业服务机构在履行职责时，仍应符合行业规范，尽职尽责参与公共数据登记。事实上，数据易于流通、复制、删除和存储，它在封闭的计算机和网络技术体系中流动，天

[一] 参见《暂行办法》第十九条。
[二] 参见《暂行办法》第二十条。

然依赖于数据系统,并对信息的分享和保护呈现出自身的特性和运行规律[一]。基于数据的特性,数据登记提出了更高的专业性、技术性的要求。现有的部分地方办法中引入了第三方专业服务机构参与数据登记存证、委托登记、实质性审查等环节,公共数据亦然。在服务内容上,第三方专业服务机构如出现、虚假记载、误导性陈述、信息泄露等违法违规行为,仍应承担相应责任。

(三) 监管方式

公共数据登记在延续数据登记的严格审查审批、协同监管机制、定期检查与不定期抽查、加强技术应用等监管方式外,还应根据公共数据的"公益性"特征,适时引入容错机制,鼓励党政机关、企事业单位积极担当作为,防止数据登记所蕴含的潜在性未知性风险阻碍公共数据登记进程。

2016年1月18日,习近平总书记在省部级主要领导干部学习贯彻党的十八届五中全会精神专题研讨班上的讲话中指出:"要把干部在推进改革中因缺乏经验、先行先试出现的失误和错误,同明知故犯的违纪违法行为区分开来;把上级尚无明确限制的探索性试验中的失误和错误,同上级明令禁止后依然我行我素的违纪违法行为区分开来;把为推动发展的无意过失,同为谋取私利的违纪违法行为区分开来。"也就是说,应保护那些作风正派又敢作敢为、锐意进取的干部[二]。

公共数据登记正是上述缺乏经验、先行先试的实践,落实好"三个区分开来",引入容错机制,可以较好地鼓励实践创新,探索公共数据登记的适宜路径。《暂行办法》暂未规定公共数据登记的容错机制,而在部分地方办法中已有尝试。在公共数据授权运营层面,上海浦东新区秉持鼓励

[一] 梅夏英,罗英.数据的法律属性及其民法定位[J].中国社会科学(英文版),2019(1):82-99.
[二] 张世飞.习近平提出"三个区分开来"的重要意义[J].人民论坛,2017(26):32-36.

创新、权责对等原则，建立了公共数据授权运营容错免责机制，在符合规定的条件下，若单位和个人在运营活动中因客观因素出现非主观故意失误或偏差，且已尽勤勉尽责义务、未谋取非法利益，相关部门将依规免除负面评价与责任追究，营造宽松创新氛围，为公共数据运营改革探索提供制度保障①。在已出台的公共数据登记地方办法中，重庆、安徽、内蒙古等地均引入了容错机制，避免因噎废食阻碍公共数据登记步伐。《重庆市公共数据资源登记管理实施办法（试行）》规定，充分考虑数据领域未知变量，落实"三个区分开来"，建立公共数据资源登记容错机制，鼓励和保护干部担当作为，营造鼓励创新、包容创新的干事创业氛围②。《安徽省公共数据资源登记实施细则（试行）（公开征求意见稿）》也提到要"建立公共数据资源登记容错机制"，落实"三个区分开来"，坚持依法依规、公开透明、诚信守约、风险可控的原则，登记相关方按照法律、法规和本规范的规定开展有关工作，履行监督管理职责和相关责任义务，非因滥用职权、玩忽职守、以权谋私或者难以避免的因素导致第三方损失的，依法依规不予或者从轻处理③。

行政机关行使行政职权遵循正当程序原则，归根结底是由其公益性决定的，行政职权也是行政职责，行政机关既要维护社会公共利益，又要保障行政相对人的合法权益，二者缺一不可④。公共数据体量大，实现全量登记任重道远，容错机制的引入予以行政机关创新空间，可以根据实际情况，对一些风险较低、对整体工作影响较小的数据登记事项适当减少不必要的审批环节，将更多的时间和精力放在数据的收集、整理和审核等核心工作上，从而提高工作效率；在发生登记错误时，也可以根据错误的性

---

① 参见《浦东新区公共数据授权运营管理若干规定（试行）》第十九条。
② 参见《重庆市公共数据资源登记管理实施办法（试行）》第二十六条。
③ 参见《安徽省公共数据资源登记实施细则（试行）（公开征求意见稿）》第二十九条。
④ 《最高法关于行政机关自我纠错行为的三个法官会议纪要》，载《行政执法研究》，https://mp.weixin.qq.com/s/VjWwGvWs_zg3G-TYi17jaw，最后访问于2025年1月11日。

质、严重程度和影响范围等因素，对一些轻微的错误采取更加灵活、简便的纠错方式，及时进行数据登记修正等方式，快速解决问题，避免问题扩大。通过引入容错机制，提高工作效率并降低行政成本，有效推动数据登记工作的持续改进与发展，更好地适应经济社会发展的需要和公众对高质量公共服务的需求。

第七章　公共数据开发利用合法与合规

第一节　公共数据开发利用的风险

公共数据是社会公共资源，最大限度地开发利用公共数据，能够为推进国家治理体系和治理能力现代化提供有力支撑，但在公共数据开发利用过程中不可避免地存在风险。公共数据共享、开放、授权运营作为《关于加快公共数据资源开发利用的意见》确立的公共数据开发利用的主要方式，虽具有一定的共性，但也有一定的差异。以主体为例，公共数据共享、开放、授权运营虽然都涉及公共数据控制主体，但公共数据共享的主体仅为公共数据控制者，是公共数据的内部流动，而公共数据开放、授权运营与融合则涉及公共数据控制者之外的第三方主体，是公共数据的外部流动。公共数据开发利用方式的共性与差异决定了公共数据共享、开放、授权运营面临的风险虽具有相似性，但也存在区别。

一、公共数据开发利用不同模式共通的风险

（一）数据安全风险

公共数据共享、开发、授权运营与融合是公共数据开发利用的主要方式，本质是数据处理行为，处理的对象是公共数据，相较于一般数据面临的安全风险具有特殊性。其一，公共数据的多样性显著增加了数据安全管控的难度。公共数据有复杂的分级分类标准，而不同种类和不同量级的数

据表征差异化的利益,最终体现为对差异化安全治理策略的需求。其二,公共数据开发利用的普惠性增加了公共数据利用端的安全控制难度。公共数据开发利用的普惠性意味着公共数据开放法律关系主体的普遍化,由此对厘清不同公共数据开发利用法律关系主体之于公共数据的安全保护义务及责任提出了要求。其三,公共数据开发利用模式的演变与创新对安全治理提出了挑战。公共数据授权运营模式及公共数据交易所场内交易等新兴开放方式与交易平台的出现要求及时更新数据安全治理规范,提高数据安全治理的针对性和有效性。从动态视角观察公共数据开发利用,呈现为公共数据在不同主体之间流转,公共数据提供、获取、使用的各个环节都可能面临数据被泄露、篡改或非法访问的风险。如在公共数据授权运营过程中,公共数据从数据控制主体传输至公共数据授权运营平台后由实施机构负责统筹调度,再由运营机构以"原始数据不出域、数据可用不可见"的方式进行开发利用,在此过程中任一环节出现风险都将危及公共数据安全。公共数据开放也面临同样困境,公共数据开放与数据安全之间存在天然的紧张关系,海量的公共数据资源通过开放流向数据市场,在为数字政府建设和商用数据服务提供数据支撑的同时,也不可避免地会遭遇网络安全、数据安全等挑战。公共数据开放与数据安全合规要求及多方主体权益之间的紧张关系,是当前公共数据开放中必须面对的突出矛盾。现实中已出现公共数据开放安全事件危及个人隐私、商业秘密和国家安全的事件。此外,内部人员的误操作或恶意行为也可能导致数据泄露。如果各国家机关、公共管理和服务机构之间的数据共享机制不健全,或者缺乏有效的数据加密和访问控制措施,数据在共享过程中就极易出现安全风险。种种数据安全事件警示着,数据安全合规是公共数据开发利用的前提和条件,务必严守数据安全底线,加强数据安全治理。

(二)信息泄露风险

数据可以分为内容层和载体层。公共数据区别于一般数据,与公共利益密切相关，记载的内容涉及国计民生、政治经济文化。因此，在公共数据开放利用过程中，被开发利用的公共数据本身可能泄露国家秘密、个人隐私。公共数据控制主体的数据处理行为不符合安全合规要求，或公共数据在共享、开放、授权运营、融合过程中遭遇网络攻击、数据窃取等，均有可能导致包含国家秘密、个人隐私的重要公共数据发生泄露事件，由此危及国家安全、企业经济利益和个人信息权益。此外，数据集具有规模效应，不同数据集被关联分析后能带来单一数据集所无法发现的洞察力，因而即使单个的数据集并不涉及国家安全、商业机密和个人隐私，但不同数据集之间的关联分析也可能产生安全风险，并且这种风险更具有隐蔽性和不可控性。以公共数据融合为例，在公共数据与非公共数据融合的过程中，最大的安全合规问题就是个人隐私的保护。在公共交通部门数据与企业数据的融合中，数据源包括三类：车辆定位数据、IC卡数据、视频数据。车辆定位数据和视频数据主要来源于公交车辆，记录了公交车辆的地理位置、运行速度、车内情况等信息，IC卡数据则来源于乘客，记录了乘客上下站点、换乘站点等出行信息。在数据融合的情况下，结合公交车辆的数据与乘客出行数据，能够对公共交通系统进行更加合理的规划与安排，有效缓解城市拥堵、出行不便的问题。IC卡的数据来源是乘客，乘客的出行信息也是其个人信息的一部分。由于营利的天性，在掌握公民的信息之后，企业必然会对这些数据进行深度的分析，甚至在参与由政府主管的政府治理与民生大平台之后，会竭尽全力对其中的数据进行挖掘，尝试榨取该部分数据的价值。而当各种数据融合到一起时，新的信息就此产生，企业也因此能够掌握关于公民个人的更多信息，对公民的隐私权造成威胁。

（三）数据误用风险

与公共数据开发利用相关的政策法规都强调，公共数据只能为特定用途进行开发利用。《成都市公共数据管理应用规定》第二十二条第二款规定:"使用部门从共享平台获取的数据,只能按照明确的使用用途用于本部门履行职责需要,不得直接或以改变数据形式等方式提供给第三方,也不得用于或变相用于其他目的。"《浙江省保障"最多跑一次"改革规定》第三十九条第二款规定:"行政机关应当确保共享获得的公共数据安全,不得用于与履行职责无关的活动,不得随意更改、编造共享获得的公共数据。"但在公共数据开发利用的实际过程中,存在大量公共数据误用的风险。公共数据共享以公共数据汇集为前提,即将公共数据提供方所提供的公共数据统一汇集至专门的数据共享平台。数字经济时代,数据是一把双刃剑。数据存量越大意味着掌握的信息越多,不仅可以为有关机关、机构科学决策提供信息基础,还可以显著增强国家对个人的监控能力,但若缺乏有效约束机制,数据整合与挖掘会使个人丧失隐私防御,引发社会焦虑、自我审查,形成数字压迫。在公共数据开放过程中,一方面,被开放的公共数据被误用或滥用将导致公共数据资源效益的减损,进而损害社会经济效益和社会公共利益;另一方面,被开放的公共数据本身出现质量问题将导致数据利用者产生经济损失。

二、公共数据开发利用不同模式特殊的风险

(一)公共数据共享中的权利滥用风险

目前,我国数据规范体系对公共数据的收集、生产、共享等处理行为有相关规定,但规定过于模糊。以公共数据有条件共享和不予共享为例,出现了无法可依的困境。依法行政原则首先强调的便是组织的权责法定,每一个职能部门享有特定的级别、地域、事务管辖权,组织的职权行使具有明确的边界。在无法可依的情况下,极易出现国家机关、公共管理和服务机构超越权限获取公共数据,以及变相越权作出决策的风险。

(二) 公共数据开放中的不平等风险

公共数据开放主要是面向企业和社会公众，强调要在维护国家数据安全、保护个人信息和商业秘密的前提下，利用互联网依法依规有序开放数据或者数据集。开放的目的是保障企业和社会公众获取和利用公共数据的权利，更好发挥数据对生产生活、科学研究、社会治理等各个领域的公益服务作用。在公共数据开放过程中，要重点保障企业和社会平等访问和获取公共数据资源的权利，让更多的开发者和社会公众参与其中，实现公共数据的公平利用。但在实践中，囿于技术门槛、资源避雷等因素，公共数据开放并未实现真正的普惠效应，只有一部分具有技术能力的群体能够获取和使用开放的公共数据。如很多公共数据集以复杂且专业的格式发布，而普通公众或中小企业缺乏相关数据处理和分析能力。此外，公共数据的下载、存储、访问对计算机设备的性能和云服务资源具有依赖性，普通用户无法承担这些成本，导致开放的公共数据资源往往被大企业获取、访问，进一步加剧数字鸿沟。

(三) 公共数据授权运营中的破坏竞争秩序风险

《公共数据资源授权运营实施规范》第十二条规定："实施机构应当根据审定同意后的实施方案，按照法律法规要求，以公开招标、邀请招标、谈判等公平竞争方式选择运营机构。"实践中运营机构的选定以实施机构采用行政命令指定的方式为主，指定的运营机构通常为国有企业，在一定程度上破坏了国有企业和民营企业在公共数据授权运营主体选定中的正常生态。

(四) 公共数据融合的知识产权风险

如前文所述，数据具有电子或者非电子形式记录（载体）和被记录的信息（内容）的双层结构，当数据内容所呈现的属于知识产权所保护的非物质信息时，即可成为知识产权的保护对象。在公共数据融合的过程中，会用到既有的数据，也会产生融合分析之后得出的新数据。既有的数据可能是企业通过其本身的算法运作得出的，涉及企业的知识产权保护问题；融合分析后新产生的数据也会涉及权利归属问题。在公共数据融合过程中，数据的来源具有多样性。在政府主导的公共数据融合背景下，公共数据的来源是公共部门，因此使用公共部门本身的数据不会有侵犯知识产权的风险；但是从非公共数据来看，它们可能来自不同的企业，这些企业在获取及生成这部分数据的过程中可能使用了属于企业商业秘密的算法，因此可以被认定为受到知识产权保护的智力成果。这些数据的知识产权可能属于不同的权利人，在融合过程中需要考虑这些数据的归属问题及避免被非法利用。此外，数据融合过程是一个产生新数据的过程，涉及对原始数据进行清洗、整合、分析等操作。这些操作可能会实质性改变原有数据的内容，从而产生新的知识产权。然而，这些新产生数据的知识产权归属并不明确。

第二节　公共数据开发利用的主体合法与合规

一、《数据安全法》

《数据安全法》是我国数据立法体系中的基础性法律，为规范数据处理活动，保障数据安全，促进数据开发利用，保护个人、组织的合法权益，维护国家主权、安全和发展利益提供保障。公共数据开发利用的四种模式——共享、开放、授权运营与融合都属于数据处理行为，都应当遵守《数据安全法》的规定。《数据安全法》第三十四条规定："法律、行政法规规定提供数据处理相关服务应当取得行政许可的,服务提供者应当依法取得许可。"依此规定,公共数据开发利用主体在实施公共数据共享、开放、授权运营或者融合行为时,法律、行政法规规定应当取得行政许可的,应当取得行政许可。不过此条规定为引致条款,是否需要取得许可,以法律、行政法规是否有规定为准。

此外,《数据安全法》第六条规定:"各地区、各部门对本地区、本部门工作中收集和产生的数据及数据安全负责。工业、电信、交通、金融、自然资源、卫生健康、教育、科技等主管部门承担本行业、本领域数据安全监管职责。公安机关、国家安全机关等依照本法和有关法律、行政法规的规定,在各自职责范围内承担数据安全监管职责。国家网信部门依照本法和有关法律、行政法规的规定,负责统筹协调网络数据安全和相关监管工作。"此条规定中的数据安全监管部门属于本书界定的公共数据控制主体,因此在公共数据开发利用过程中,上述部门既是公共数据安全的监管者,也是公共数据开发利用的主体。

二、《网络安全法》

《网络安全法》于2017年正式施行,是中国第一部全面规范网络空间安全管理方面问题的基础性法律,是中国网络空间法治建设的重要里程碑。就《网络安全法》与公共数据开发利用合法合规的联结而言,网络是公共数据开放所依托的底层技术平台,公共数据开放过程中同样涉及网络运行安全与网络信息安全。《网络安全法》第二条规定:"在中华人民共和国境内建设、运营、维护和使用网络,以及网络安全的监督管理,适用本法。"实施公共数据开发利用行为需要使用网络,建设公共数据开发利用平台,应当受到《网络安全法》的规制。《网络安全法》第三十一条界定了关键信息基础设施的内涵:"公共通信和信息服务、能源、交通、水利、金融、公共服务、电子政务等重要行业和领域,以及其他一旦遭到破坏、丧失功能或者数据泄露，可能严重危害国家安全、国计民生、公共利益的设施为关键信息基础设施。"公共数据开发利用平台与电子政务密切相关，平台内汇聚的公共数据与国家安全、国计民生、公共利益密切相关，因此公共数据开发利用平台属于关键信息基础设施，应当在网络安全等级保护制度的基础上实行重点保护。在公共数据开发利用领域，涉及公共数据的网络运营者应当遵守《网络安全法》对主体的合法合规要求，承担公共数据开发利用职责的网络运营者必须具备相应的资质，实施网络安全保护措施，相关主体应确保其操作符合国家网络安全标准，避免网络安全问题导致数据泄露或其他安全事件。

三、《个人信息保护法》

《个人信息保护法》是保护个人信息权益、规范个人信息处理活动、促进个人信息合理利用的基础性法律。就公共数据开发利用与个人信息保护的关系而言，应对数据与信息二者的界分予以阐释。数据具有双层结构，由载体层与内容层构成，数据载体是符号，数据内容是信息。个人信息应定位于公共数据的内容层，是公共数据的内容之一。公共数据开放的合法合规也包括内容层的合法合规，因此，公共数据开放应当遵守《个人信息保护法》的相关规定。在主体合法合规方面，《个人信息保护法》第三十二条对个人信息处理者作出了相应规定："法律、行政法规对处理敏感个人信息规定应当取得相关行政许可或者作出其他限制的，从其规定。"公共数据作为数据的下位概念，其实质是与公共利益有关的信息数据化形式的呈现，内容层记载的信息既涉及政治、经济、文化、民生各个方面，也包括自然人的一般个人信息，以及生物识别、宗教信仰、特定身份、医疗健康、金融账户、行踪轨迹等敏感个人信息。公共数据开发利用主体在对记载敏感个人信息的公共数据实施开发利用行为时，法律、行政法规规定应当取得相关行政许可或者作出其他限制的，应当遵守其规定。

四、《民法典》

《民法典》调整平等主体的自然人、法人和非法人组织之间的人身关系和财产关系。公共数据开发利用主体也是民事主体，且数据是新型财产权的客体，因此也需要遵守《民法典》的相关规定。《民法典》第九十七条规定了机关法人的主体资格及其民事活动范围，第一百一十三条和一百二十六条分别规定了民事主体的财产权利受法律平等保护、民事主体享有法律规定的其他民事权利和利益。由此可知，公共数据开发利用主体包括机关法人，是民事主体，为了履行公共管理职能提供公共服务，可以从事公共数据开发利用行为，在此过程中享有合法的数据权利和利益，并受法律保护。法人和自然人也可以成为公共数据开发利用主体，如自然人在公共数据开放过程中申请访问公共数据，法人作为运营机构参与公共数据授权运营，相应主体资格和行为能力也要符合《民法典》的规定。

五、"数据二十条"

"数据二十条"是国家发展数字经济和数据领域产业、构建数据相关基础制度的重要指导性文件，旨在为构建与数字生产力发展相适应的生产关系提供基础制度框架与顶层设计。"数据二十条"虽属于政策性文件，但对于数据立法和数据实践具有指引作用。"数据二十条"规定，建立公共数据、企业数据、个人数据的分类分级确权授权制度，推进实施公共数据确权授权机制。对各级党政机关、企事业单位依法履职或提供公共服务过程中产生的公共数据，加强汇聚共享和开放开发，强化统筹授权使用和管理，推进互联互通，打破"数据孤岛"。"数据二十条"虽未对公共数据开发利用主体作出明确规定，但所强调的公共数据确权授权、公共数据汇聚共享为主体实施公共数据开发利用行为提供了较强支撑。

六、《关于加快公共数据资源开发利用的意见》

2024年10月,中共中央办公厅、国务院办公厅印发的《关于加快公共数据资源开发利用的意见》正式对外发布。该意见是关于公共数据开发利用的基础性文件,规定:"统筹发展和安全,兼顾效率与公平,以促进公共数据合规高效流通使用为主线,以提高资源开发利用水平为目标,破除公共数据流通使用的体制性障碍、机制性梗阻,激发共享开放动力,优化公共数据资源配置,释放市场创新活力,充分发挥数据要素放大、叠加、倍增效应,为不断做强做优做大数字经济、构筑国家竞争新优势提供坚实支撑"。该意见虽未明确规定公共数据开发利用主体的资格条件与合规要求,但强调应当加强安全管理、加强组织领导,为公共数据开发利用的配套立法落实指明了方向。

七、《公共数据资源授权运营实施规范》

2025年1月,国家发展改革委、国家数据局印发《公共数据资源授权运营实施规范(试行)》。该规范作为国家层面的标准文件,明确了公共数据资源的授权运营流程和管理要求,是推动公共数据开放、促进数据资源有效利用的重要政策指引,具有重要的法律和实施指导地位。《公共数据资源授权运营实施规范(试行)》规定,公共数据资源授权方为县级以上地方各级人民政府、国家行业主管部门,授权方拥有公共数据资源,可将依法持有的公共数据资源,在落实数据分类分级保护制度要求,不危害国家安全、公共利益,不侵犯商业秘密和个人隐私、个人信息权益等合法权益的前提下,纳入授权运营范围。以政务数据共享方式获得的其他地区或部门的公共数据,用于授权运营的,应征得共享数据提供单位同意。

实施机构为县级以上地方各级人民政府或国家行业主管部门,实践中一般由数据主管部门承担，主要职责为组织开展授权运营活动。国家数据局负责全国公共数据资源授权运营工作的统筹协调管理，动态掌握全国公共数据资源授权运营情况，加强政策、业务指导。省级数据管理部门应发挥综合协调作用，强化数据资源整合，提升数据服务能力，充分发挥公共数据资源规模化应用效应，做好对本地区授权运营工作的监督管理。国家行业主管部门数据管理机构负责推动本部门公共数据资源授权运营工作，指导本行业加强授权运营范围内的行业数据资源管理。县级以上地方各级数据管理部门、国家行业主管部门数据管理机构应牵头组织编制或指导本地区、本部门各类实施机构编制公共数据资源授权运营实施方案。公共数据资源授权运营实施方案应兼顾经济和社会效益，确保可实施可落地。

运营机构是按照规范程序获得授权，对授权范围内的公共数据资源进行开发运营的法人组织。运营机构在资金、管理、技术、服务、安全能力等方面应符合相关规定，依照法定程序获得授权。运营机构应具备数据资源加工、运营所需的管理和技术服务能力，经营状况和信用状况良好，符合国家数据安全保护要求。

八、地方立法

从我国数据立法体系建设来看，地方立法先行于中央立法。数据作为新型生产要素，对于地方发展具有重要意义，在中央立法缺位的情况下，地方在立法权限范围内制定政策法规，为数字经济发展提供制度保障，对公共数据开发利用的主体资格进行限制。《浙江省公共数据条例》第三十三条规定："自然人、法人或者非法人组织需要获取受限开放的公共数据的，应当具备相应的数据存储、处理和安全保护能力，并符合申请时信用档案中无因违反本条例规定记入的不良信息等要求，具体条件由省、设区的市公共管理和服务机构通过本级公共数据平台公布。"《杭州市公共数据开放工作实施细则》要求获取受限开放类数据的主体"应当符合规定的数据存储、数据处理、数据安全保护能力等条件并达到相应的信用等级",具体要求包括:"申请使用受限开放数据的平台(系统)应当通过国家网络安全等级保护二级(含)以上的认证;未被列入失信被执行人、企业经营异常名录、严重违法记录名单或存在其他严重失信情形;公共数据开放主体开展安全评估审核所需的其他资质和能力要求。"《深圳市公共数据开放管理办法(征求意见稿)》第二十五条规定:"对于有条件开放类的公共数据,公共管理和服务机构可以对公共数据利用主体从以下方面设定条件:(一)存储、处理、安全保护等技术能力要求;(二)信用要求;(三)管理资质、专门机构和人才等要求;(四)其他合理的条件。"《深圳经济特区数据条例》第三章专章规定"公共数据",明确市政务服务数据管理部门承担市公共数据专业委员会日常工作,并负责统筹全市公共数据管理工作,建立和完善公共数据资源管理体系,推进公共数据共享、开放和利用。区政务服务数据管理部门在市政务服务数据管理部门指导下,负责统筹本区公共数据管理工作。市政务服务数据管理部门建立以公共数据资源目录体系为基础的公共数据共享需求对接机制和相关管理制度、公共数据开放管理制度,编制公共数据开放目录。

此外,地方立法对公共数据授权运营主体的合法与合规有特殊规定,从各地的实践情况来看,各地的授权运营模式不尽相同,授权主体也未能统一,主要包括地方人民政府授权、数据主管部门代表授权、数源部门授权等。

第一,地方人民政府授权,主要指由地方人民政府为主体牵头对运营单位进行整体授权,签订授权运营协议,如《浙江省公共数据授权运营管理办法(试行)》确定县级以上人民政府为授权主体,《四川省数据条例》确定县级以上各级地方人民政府为授权主体,《云南省公共数据管理办法(试行)》确定省、州、市人民政府为授权主体,《厦门市公共数据授权运营管理暂行办法》确定厦门市人民政府为授权主体等。

第二，数据主管部门代表授权，如《贵州省公共数据授权运营管理办法（试行）》直接确定各级人民政府数据主管部门为统一的授权主体。此外，也包括地方人民政府授权公共数据主管部门具体实施公共数据授权运营工作的授权主体类型，如《长沙市政务数据运营暂行管理办法》确定由长沙市人民政府授权市数据资源局，与授权运营主体签订政务数据授权运营协议。

第三，数源部门授权，如《济南市公共数据授权运营办法》确定大数据主管部门或者数据提供单位为授权主体，分别对应综合授权、分领域授权两种授权方式。这种由数源部门作为授权主体的方式，有利于规避公共数据权属不明确的问题，更灵活地挖掘公共数据价值。

在开发、利用、运营公共数据等环节中，运营主体发挥着重要的作用，既是公共数据的实际处理者，也是公共数据产品和服务的实际供给方，兼有确保数据安全、数据处理与提供数据服务职能，可以"弥补公共数据资产化的环节空缺"⊖。公共数据的运营方进行公共数据处理、提供公共数据产品和服务，必须满足法律法规及国家、省政策文件要求的资质条件，即运营主体要符合法律、法规等规范性文件规定的准入条件。从各地关于公共数据授权运营的立法、政策、文件来看，运营主体的准入条件虽不完全统一，但大多主要包括资金、技术、安全、管理等方面。《浙江省公共数据授权运营管理办法（试行）》明确规定，授权运营主体必须满足基本安全要求、技术安全要求、应用场景安全要求、重点领域具体安全要求。具体而言，各地出台的文件中主要包括以下条件：①企业经营状况良好、信用条件良好，企业及其法定代表人无重大违法记录、未被列为失信执行人等；②具备运营领域所需的专业资质、技术能力、知识人才积累和生产服务能力；③具备成熟的数据管理能力和数据安全保障能力，按照

⊖ 时祖光. 公共数据授权运营的理论阐述与规则构建 [J]. 科技与法律（中英文），2023（6）：33-42.

《数据安全管理认证实施规则》通过数据安全管理认证规范数据处理活动，通过数据管理能力成熟度（DCMM）和数据安全能力成熟度（DSMM）三级以上认证；④具有符合网络安全等级保护三级标准和商用密码安全性评估要求的系统开发和运维实践经验，近三年未发生网络安全或者数据安全事件。此外，根据《数据安全法》第二十七条规定，运营单位在授权运营过程中若提供数据处理相关服务，法律、行政法规规定应当取得行政许可的，运营单位应当取得相应的许可⊖。

第三节 公共数据开发利用行为合法与合规

一、《数据安全法》

《数据安全法》规范数据处理活动及其安全监管，其对数据处理的定义详见第三条"数据处理，包括数据的收集、存储、使用、加工、传输、提供、公开等"，而公共数据开发利用涉及对公共数据的收集、存储、使用、加工、传输、提供、公开等。因此，公共数据开发利用属于数据处理行为，应当遵守《数据安全法》关于数据处理行为的相关规定，见表7-1。

表7-1 《数据安全法》关于数据处理行为的相关规定

内容	规定
宗旨理念	开展数据处理活动，应当遵守法律、法规，尊重社会公德和伦理，遵守商业道德和职业道德，诚实守信，履行数据安全保护义务，承担社会责任，不得危害国家安全、公共利益，不得损害个人、组织的合法权益
	开展数据处理活动以及研究开发数据新技术，应当有利于促进经济社会发展，增进人民福祉，符合社会公德和伦理

⊖ 根据《数据安全法》第二十七条规定，法律、行政法规规定提供数据处理相关服务应当取得行政许可的，服务提供者应当依法取得许可。

(续)

内容	规定
安全保障	开展数据处理活动应当依照法律、法规的规定，建立健全全流程数据安全管理制度，组织开展数据安全教育培训，采取相应的技术措施和其他必要措施，保障数据安全。利用互联网等信息网络开展数据处理活动，应当在网络安全等级保护制度的基础上，履行上述数据安全保护义务 重要数据的处理者应当明确数据安全负责人和管理机构，落实数据安全保护责任
风险评估	开展数据处理活动应当加强风险监测，发现数据安全缺陷、漏洞等风险时，应当立即采取补救措施；发生数据安全事件时，应当立即采取处置措施，按照规定及时告知用户并向有关主管部门报告 重要数据的处理者应当按照规定对其数据处理活动定期开展风险评估，并向有关主管部门报送风险评估报告 风险评估报告应当包括处理的重要数据的种类、数量，开展数据处理活动的情况，面临的数据安全风险及其应对措施等
行为要求	任何组织、个人收集数据，应当采取合法、正当的方式，不得窃取或者以其他非法方式获取数据 法律、行政法规对收集、使用数据的目的、范围有规定的，应当在法律、行政法规规定的目的和范围内收集、使用数据 公安机关、国家安全机关因依法维护国家安全或者侦查犯罪的需要调取数据，应当按照国家有关规定，经过严格的批准手续，依法进行，有关组织、个人应当予以配合 国家机关委托他人建设、维护电子政务系统，存储、加工政务数据，应当经过严格的批准程序，并应当监督受托方履行相应的数据安全保护义务。受托方应当依照法律、法规的规定和合同约定履行数据安全保护义务，不得擅自留存、使用、泄露或者向他人提供政务数据

《数据安全法》作为我国数据安全领域的基础性、框架性法律，明确了数据处理主体的数据安全义务，并就政务数据安全与开放作出相关要求，为公共数据开发利用的行为合法合规提供了重要的法律依据。公共数据开发利用主体实施数据开发利用行为均应遵守《数据安全法》有关开展数据处理活动的基本规定，遵守法律、法规，尊重社会公德和伦理，遵守

商业道德和职业道德，诚实守信，履行数据安全保护义务，承担社会责任，不得危害国家安全、公共利益，不得损害个人、组织的合法权益。

首先，《数据安全法》确立了公共数据分类分级保护制度，加强对重要数据和国家核心数据的保护，强调落实数据安全保护责任。公共数据开发利用是有条件、有治理的开发利用，应当实行公共数据分类分级管理和保护，加强公共数据质量管理，保障公共数据的真实性、准确性、完整性、时效性和可用性。

其次，公共数据开发利用主体须遵循国家机关收集和使用数据的基本要求。一是出于履行法定职责需要而收集和使用数据的行为，应当采取合法、正当的方式，在法定职责范围内依法依规进行；二是对在履行职责中知悉的个人隐私、个人信息、商业秘密、保密商务信息等数据负有保密义务，不得泄露或者非法向他人提供。

再次，公共数据开发利用主体开展数据处理活动应当履行《数据安全法》第四章规定的数据安全保护义务，建立健全公共数据全流程数据安全管理制度，组织开展数据安全教育培训，根据第二十九条、第三十条的规定加强风险监测并定期开展风险评估，保障公共数据在开发利用过程中的安全性。

最后，根据该法第四十条"国家机关委托他人建设、维护电子政务系统，存储、加工政务数据"的有关规定，公共数据开发利用主体将公共数据委托给其他主体进行开发利用，应当经过严格的批准程序，委托方应当监督其他主体履行相应的数据安全保护义务。被委托方应当依照法律、法规的规定和合同约定履行数据安全保护义务，不得擅自留存、使用、泄露、篡改、毁损或向他人提供政务数据。此外，对于提供公共数据产品和服务交易中介服务的单位，应当根据第三十三条的规定，要求数据提供方说明数据来源，审核交易双方身份，并留存审核、交易记录。

二、《网络安全法》

网络是公共数据开发利用的技术依托,网络安全是公共数据开发利用的重要环节,公共数据开发利用主体依托网络提供开发利用服务,须严格遵守《网络安全法》关于网络信息安全保护的规定,为围绕公共数据开展的加工处理、开发利用和价值挖掘等活动提供安全可控的网络生态环境。

首先,公共数据开发利用平台的建设运营单位通过网络提供服务,应当按照《网络安全法》第九条、第十条的基本规定,履行网络安全保护义务,采取技术措施和其他必要措施,保障网络安全、稳定运行,维护公共数据的完整性、保密性和可用性。

其次,《网络安全法》第二十一条规定,国家实行网络安全等级保护制度。网络运营者应当按照网络安全等级保护制度的要求,采取数据分类、重要数据备份和加密等措施,保障网络免受干扰、破坏或者未经授权的访问,防止网络数据泄露或者被窃取、篡改。公共数据开发利用主体通过有关部门搭建的数据开发利用平台实现,搭建数据开发利用平台的有关部门为网络运营者,应当对平台内的公共数据依照数据管理目录进行分级分类,并采取相应保护措施。同时应当遵守《网络安全法》第二十一条关于网络安全保护义务的一般规定,以及第三十四条关于关键信息基础设施运营者的网络安全保护义务的特别规定,落实网络安全保护责任,确保开发利用网络环境的安全性。通过设置安全管理机构和负责人,定期进行教育、培训和考核,进行重要系统和数据的容灾备份,制定网络安全事件应急预案并定期演练。并按照第三十八条的规定,定期对公共数据运营网络的安全性和潜在风险进行检测评估等,防止因网络遭到破坏、丧失功能发生数据泄露事件,进而对国家安全、公共利益造成严重不利的影响。

最后,根据《网络安全法》第三十一条规定,公共数据开发利用平台为关键信息基础设施,其安全保护办法由国务院制定。国务院 2021 年出台的《关键信息基础设施安全保护条例》第三章专章规定了运营者的责任义务，包括安全保护措施应当与关键信息基础设施同步规划、同步建设、同步使用，安全管理机构的设置及具体职责，设施的风险评估和检测，安全威胁报告，保密协议等，为公共数据开发利用平台的运行管理提供了指引。

三、《个人信息保护法》

"数据二十条"指出，对于承载个人信息的数据，必须在保护个人信息权益的前提下采取多种方式，促进个人信息数据的合理利用。《个人信息保护法》对个人信息处理行为进行了规范，而个人信息是公共数据的内容之一，数据在内容层表现为信息，公共数据的授权和运营的各环节应当尊重内容层主体的权益，即信息主体的合法权益。因此，涉及个人信息的公共数据开发利用同样属于《个人信息保护法》所规范的个人信息处理行为，应当遵守个人信息处理规则，履行个人信息处理者的义务。《个人信息保护法》对个人信息处理行为的规范见表7-2。

表 7-2 《个人信息保护法》对个人信息处理行为的规范

内容	规定
安全原则	自然人的个人信息受法律保护，任何组织、个人不得侵害自然人的个人信息权益
	处理个人信息应当保证个人信息的质量，避免因个人信息不准确、不完整对个人权益造成不利影响
	个人信息处理者应当对其个人信息处理活动负责，并采取必要措施保障所处理的个人信息的安全
	任何组织、个人不得非法收集、使用、加工、传输他人个人信息，不得非法买卖、提供或者公开他人个人信息；不得从事危害国家安全、公共利益的个人信息处理活动
诚信原则	处理个人信息应当遵循合法、正当、必要和诚信原则，不得通过误导、欺诈、胁迫等方式处理个人信息

(续)

内容	规定
比例原则	处理个人信息应当具有明确、合理的目的,并应当与处理目的直接相关,采取对个人权益影响最小的方式 收集个人信息,应当限于实现处理目的的最小范围,不得过度收集个人信息
公开原则	处理个人信息应当遵循公开、透明原则,公开个人信息处理规则,明示处理的目的、方式和范围
个人信息处理一般规定	第十三条 可以处理个人信息的条件 第十四条至第十六条 同意规则 第十七条至第十八条 告知规则 第二十条 共同处理 第二十一条 委托处理个人信息 第二十三条 向其他处理者提供其处理的个人信息
敏感个人信息的处理规则	第二十九条 同意规则 第三十条 告知规则
国家机关处理个人信息的特别规定	第三十四条 依照法律规定的权限和程序 第三十五条 告知规则 第三十六条 出境规则

对于公共数据而言,公共数据供给主体所收集、汇聚的数据中包含大量的个人信息,因此,若公共数据的开发利用涉及个人信息,不仅应当遵照《数据安全法》关于数据处理的一般规定,还应当遵照《个人信息保护法》对个人信息处理的特殊规定,符合个人信息保护的合规要求。可以说,个人信息保护是公共数据开发利用实现数据安全合规的应有之义。

首先,根据《个人信息保护法》第四条和第十三条规定,个人信息处理者为履行法定职责或者法定义务需要,无须取得个人同意即可处理个人信息,其中"处理"包括收集、存储、使用、加工、传输、提供、公开、删除等行为。因此,即使未取得明示的个人同意,公共数据开发利用主体为履行法定职责或者法定义务也可直接对个人信息进行处理。但开发利用主体在处理个人信息的同时,应当依照法律、行政法规规定的权限、程序进行，不得超出履行法定职责所必需的范围和限度[一]，遵循《个人信息保护法》第三十三条至第三十七条有关国家机关处理个人信息的特别规定，确保公共数据来源合法。

其次，公共数据开发利用主体在处理承载个人信息的公共数据时，应遵循《个人信息保护法》第十三条至第三十二条规定的个人信息处理规则。根据《个人信息保护法》第二十三条规定，数据开发利用主体向数据使用主体提供承载个人信息的公共数据，应当告知个人并取得个人的单独同意。此外，开发利用主体还须履行第五十一条至第五十九条规定的个人信息处理者义务，根据个人信息的处理目的、处理方式、个人信息的种类，以及对个人权益的影响、可能存在的安全风险等，采取分类管理、加密、去标识化等必要措施，防止未经授权的访问及个人信息泄露、篡改、丢失。

最后，需要注意的是《个人信息保护法》第二十三条的规定："个人信息处理者向其他个人信息处理者提供其处理的个人信息的，应当向个人告知接收方的名称或者姓名、联系方式、处理目的、处理方式和个人信息的种类，并取得个人的单独同意。接收方应当在上述处理目的、处理方式和个人信息的种类等范围内处理个人信息。接收方变更原先的处理目的、处理方式的，应当依照本法规定重新取得个人同意。"在公共数据开发、授权运营和融合的过程中，会涉及个人信息处理者向其他个人信息处理者提供其处理的个人信息，应当遵守此条规定。

四、《民法典》

《民法典》中涉及公共数据开发利用的行为主要有两方面：一方面是对财产权利和其他合法利益的保护；另一方面是针对处理个人信息的行为有相应的限制性规定，国家机关、公共管理和服务机构在实施与个人信息

[一] 参见《个人信息保护法》第三十四条。

有关的公共数据共享行为时需要遵守相应规定。

《民法典》是民事权利的宣言书和保障书，公共数据开发利用过程中产生的民事法律关系应当遵守《民法典》的相关规定，如"民事主体的人身权利、财产权利以及其他合法权益受法律保护，任何组织或者个人不得侵犯"。因此，公共数据开发利用行为不得侵犯民事主体的合法权益。数据权利系新型财产权，公共数据开发利用行为不得侵犯民事主体基于公共数据产生的财产权益。

《个人信息保护法》作为个人信息保护的专门性法律，其所确定的有关个人信息处理的相关规则，实际上是《民法典》有关个人信息处理基本规则的具体化。《民法典人格权编》专门就隐私权和个人信息保护作出了规定，明确"自然人的个人信息受法律保护"[一]。公共数据开发利用主体在处理涉及个人信息的公共数据时，应当遵循《民法典》第一千零三十五条确立的处理个人信息的基本原则和条件，合法、正当、必要地使用和处理，不得过度处理个人信息[二]，促进个人信息的合法利用。公共数据开发利用主体还须遵守《民法典》第一千零三十八条明确的信息处理者的基本义务，不得泄露、篡改个人信息，不得未经自然人同意非法向他人提供个人信息[三]。《民法典》有关个人信息处理的基本规则见表7-3。

表7-3 《民法典》有关个人信息处理的基本规则

内容	规定
合理使用	为公共利益实施新闻报道、舆论监督等行为的，可以合理使用民事主体的姓名、名称、肖像、个人信息等；使用不合理侵害民事主体人格权的，应当依法承担民事责任
条件要求	处理个人信息的，应当遵循合法、正当、必要原则，不得过度处理，并符合下列条件： （一）征得该自然人或者其监护人同意，但是法律、行政法规另有规定的除外

[一] 参见《民法典》第一千零三十四条。
[二] 参见《民法典》第一千零三十五条。
[三] 参见《民法典》第一千零三十八条。

(续)

内容	规定
条件要求	（二）公开处理信息的规则 （三）明示处理信息的目的、方式和范围 （四）不违反法律、行政法规的规定和双方的约定 个人信息的处理包括个人信息的收集、存储、使用、加工、传输、提供、公开等
免责	处理个人信息，有下列情形之一的，行为人不承担民事责任： （一）在该自然人或者其监护人同意的范围内合理实施的行为 （二）合理处理该自然人自行公开的或者其他已经合法公开的信息，但是该自然人明确拒绝或者处理该信息侵害其重大利益的除外 （三）为维护公共利益或者该自然人合法权益，合理实施的其他行为
安全保障	信息处理者不得泄露或者篡改其收集、存储的个人信息；未经自然人同意，不得向他人非法提供其个人信息，但是经过加工无法识别特定个人且不能复原的除外 信息处理者应当采取技术措施和其他必要措施，确保其收集、存储的个人信息安全，防止信息泄露、篡改、丢失；发生或者可能发生个人信息泄露、篡改、丢失的，应当及时采取补救措施，按照规定告知自然人并向有关主管部门报告
保密	国家机关、承担行政职能的法定机构及其工作人员对于履行职责过程中知悉的自然人的隐私和个人信息，应当予以保密，不得泄露或者向他人非法提供

五、"数据二十条"

"数据二十条"从总体要求，建立保障权益、合规使用的数据产权制度，建立合规高效、场内外结合的数据要素流通和交易制度，建立体现效率、促进公平的数据要素收益分配制度，建立安全可控、弹性包容的数据要素治理制度五个方面对数据基础制度的建构提出指导性意见。

一方面，"数据二十条"对公共数据开发利用中个人信息保护提出概括性要求。相关规定如下："建立健全个人信息数据确权授权机制。对承载个人信息的数据，推动数据处理者按照个人授权范围依法依规采集、持有、托管和使用数据，规范对个人信息的处理活动，不得采取'一揽子授权'、强制同意等方式过度收集个人信息，促进个人信息合理利用。"该规定指出对个人信息的采集要合理、适度。

另一方面,"数据二十条"对公共数据开发利用不同模式分别提出要求。首先,要求公共数据共享坚持共享共用,释放价值红利。合理降低市场主体获取数据的门槛,增强数据要素共享性、普惠性,激励创新创业创造,强化反垄断和反不正当竞争,形成依法规范、共同参与、各取所需、共享红利的发展模式。对于已经采集、生产的公共数据,无须另行采集,可以直接通过共享获得,不仅可以降低数据获取成本,还可以防止过度收集对个人造成不利影响,释放数据红利,激发数据要素价值。其次,要求公共数据开放保护数据要素各参与方合法权益,遵守数据全流程合规与监管规则,遵守开放收益合理分享机制。最后,"原始数据不出域、数据可用不可见"是针对公共数据授权运营行为提出的基本要求,并强调"保护个人隐私和确保公共安全"是向社会提供公共数据产品和服务的前提。运营单位开发利用公共数据资源的活动,应当根据授权运营协议确定的授权运营范围,按照"原始数据不出域、数据可用不可见"的要求开展,最终以模型、核验等产品和服务等形式向社会提供,不得将未依法依规公开的原始公共数据直接输入市场,保障公共数据供给使用的公共利益。

六、《关于加快公共数据资源开发利用的意见》

《关于加快公共数据资源开发利用的意见》对公共数据共享、开放及授权运营行为的合法与合规分别提出要求。

首先,统筹推进政务数据共享。完善政务数据目录,实行统一管理,推动实现"一数一源",不断提升政务数据质量和管理水平。推动主动共享与按需共享相结合,完善政务数据共享责任清单,做好资源发布工作。强化已有数据共享平台的支撑作用,围绕"高效办成一件事",推进跨层级、跨地域、跨系统、跨部门、跨业务政务数据共享和业务协同,不断增强公众和企业的获得感。

其次,有序推动公共数据开放。健全公共数据开放政策体系,明确公共数据开放的权责和范围，在维护国家数据安全、保护个人信息和商业秘密的前提下，依法依规有序开放公共数据。完善公共数据开放平台，编制公布开放目录并动态更新，优先开放与民生紧密相关、社会需求迫切的数据，鼓励建立公共数据开放需求受理反馈机制，提高开放数据的完整性、准确性、及时性和机器可读性。

最后，鼓励探索公共数据授权运营。运营机构应依据有关法律法规和政策要求，履行数据安全主体责任，采取必要安全措施，保护公共数据安全。运营机构应依法依规在授权范围内开展业务，不得实施与其他经营主体达成垄断协议或滥用市场支配地位等垄断行为，不得实施不正当竞争行为。数据管理机构要履行行业监管职责，指导监督运营机构依法依规经营。运营机构要落实授权要求，规范运营行为，面向市场公平提供服务，严禁未经授权超范围使用数据。

七、《公共数据资源授权运营实施规范》

《公共数据资源授权运营实施规范》通过正面授权和负面禁止相结合的方式对运营行为进行规范。开展授权运营活动，不得滥用行政权力或市场支配地位排除、限制竞争，不得利用数据和算法、技术、资本优势等从事垄断行为。运营机构应依法依规在授权范围内开展业务，不得直接或间接参与授权范围内已交付的公共数据产品和服务再开发。鼓励其他经营主体对运营机构交付的公共数据产品和服务再开发，融合多源数据，提升数据产品和服务价值，繁荣数据产业发展生态。实施机构、运营机构应分别将授权运营范围内的公共数据资源、公共数据产品和服务，按照公共数据资源登记管理要求进行登记。实施机构应按规定公开授权运营情况，定期向社会披露授权对象、内容、范围和时限等，接受社会监督。运营机构应公开公共数据产品和服务清单，定期向社会披露公共数据资源使用情况，接受社会监督。运营机构应履行数据安全主体责任，加强内控管理、技术管理和人员管理，不得超授权范围使用公共数据资源，严防数据加工、处理、运营、服务等环节数据安全风险。

八、地方立法

《深圳经济特区数据条例》规定，处理公共数据应当遵循依法收集、统筹管理、按需共享、有序开放、充分利用的原则，充分发挥公共数据资源对优化公共管理和服务、提升城市治理现代化水平、促进经济社会发展的积极作用。深圳市人民政府应当建立健全数据治理制度和标准体系，统筹推进个人数据保护、公共数据共享开放、数据要素市场培育及数据安全监督管理工作。

此外，地方立法针对公共数据开发利用的不同行为模式存在以下不同规定。

1. 地方立法关于公共数据共享行为的合法与合规

公共数据共享行为包括公共数据提供方的提供行为，以及公共数据需求方的获取和使用行为，地方立法对此分别有相应规定，见表7-4。

表 7-4 地方立法关于公共数据共享行为的规定

行为	政策法规名称	规定
公共数据提供方的提供行为	《贵州省政府数据共享开放条例》	第十五条第一款　政府数据提供部门应当按照共享目录将共享数据及时、准确、完整的在政府数据共享平台上发布，并明确数据的共享范围和用途
	《深圳经济特区数据条例》	第四十三条第二款　公共数据提供部门应当在规定时间内，回应公共数据使用部门的共享需求，并提供必要的数据使用指导和技术支持
	《黑龙江省促进大数据发展应用条例》	第二十一条第二款　公共数据提供部门同意共享的，应当通过公共数据平台及时、准确共享；不同意共享的，应当说明理由并提供依据。公共管理和服务机构对不同意共享有异议的，可以申请由政务数据主管部门确定是否共享

第七章　公共数据开发利用合法与合规

（续）

行为	政策法规名称	规定
公共数据提供方的提供行为	《常德市公共数据管理办法》	第十一条第二款　申请使用有条件共享类公共数据的，由公共数据使用部门通过应用支撑平台向公共数据提供部门提出申请，公共数据提供部门应当在收到申请后 10 个工作日内予以书面答复；没有法律、法规依据的，不得拒绝共享要求
	《鞍山市公共数据管理办法（试行）》	第二十三条　公共数据提供部门应及时提供、维护和更新共享数据，确保所提供的共享数据与本部门所掌握的数据一致
	《成都市公共数据管理应用规定》	第二十一条　共享数据提供部门应当及时维护和更新数据，保障数据的完整性、准确性、时效性和可用性，确保所提供的共享数据与本部门所掌握数据一致
	《安徽省政务数据资源管理办法》	第三十八条第一款　数据提供部门应当按照谁主管、谁负责，谁提供、谁负责的原则，负责本部门数据采集、归集、存储、提供、共享、应用和开放等环节的安全管理
	《湖北省政务数据资源应用与管理办法》	第十八条第一款　政务数据提供部门应当按照政务数据资源目录将共享数据及时、准确、完整地在本级政务数据共享平台上发布，并明确数据的共享范围和用途
		第十九条第二款　政务数据主管部门可以根据数字政府建设需要向本级政务数据提供部门发出数据调度通知，政务数据提供部门应予以配合，提供符合要求的数据
公共数据需求方的获取和使用行为	《贵州省政府数据共享开放条例》	第十五条第二款　政府数据使用部门应当从政府数据共享平台上获取所需的数据，并根据履行职责的需要、数据提供部门明确的范围和用途使用共享数据
		第三十七条第三款　政府数据共享时，数据提供部门有权了解数据使用部门使用相关数据的情况
	《成都市公共数据管理应用规定》	第二十二条　共享数据使用部门应当根据履行职责需要依法使用共享数据，并加强共享数据使用全过程管理 使用部门从共享平台获取的数据，只能按照明确的使用用途用于本部门履行职责需要，不得直接或以改变数据形式等方式提供给第三方，也不得用于或变相用于其他目的
		第二十三条第一款　使用部门对获取的共享数据有疑义或发现有明显错误的，应当在发现问题之日起 5 个工作日内反馈提供部门予以校核，提供部门应当在收到反馈之日起 5 个工作日内予以处理和回复

（续）

行为	政策法规名称	规定
公共数据需求方的获取和使用行为	《安徽省政务数据资源管理办法》	第三十八条第二款　数据使用部门按照谁经手、谁负责，谁使用、谁负责，谁管理、谁负责的原则，负责共享数据使用全过程安全
	《浙江省保障"最多跑一次"改革规定》	第三十九条第二款　行政机关应当确保共享获得的公共数据安全，不得用于与履行职责无关的活动，不得随意更改、编造共享获得的公共数据
	《广东省公共数据管理办法》	第四十六条第三款　公共管理和服务机构及其工作人员不得将通过共享获得的公共数据用于政府信息公开或者提供给其他单位和个人使用；不得泄露、出售或者非法向其他单位和个人提供履行职责过程中知悉的商业秘密、个人信息和隐私
	《江门市公共数据共享和开放利用管理办法》	第十七条　公共管理和服务机构及其工作人员使用共享数据时，不得超出申请时提出的业务场景范围，不得将通过共享获得的公共数据用于政府信息公开或者提供给其他单位和个人使用；不得泄露、出售或者非法向其他单位和个人提供履行职责过程中知悉的商业秘密、个人信息和隐私

2. 地方立法关于公共数据开放行为的合法与合规

地方立法对公共数据开放行为合法合规的相关要求具体体现在两个方面：一方面，对提供公共数据的公共管理和服务机构提出要求，包括通过统一的公共数据开放通道平台开展公共数据开放，依法安全有序地向社会开放公共数据等。另一方面，对公共数据利用主体的数据处理行为作出明确规定。例如，依照开放利用协议约定的范围使用公共数据，并按照开放利用协议和安全承诺书采取安全保障措施。再如，开发利用公共数据不得损害国家利益、社会公共利益或者他人合法权益。

3. 地方立法关于公共数据授权运营行为的合法与合规

目前，全国范围内对公共数据授权运营的体制机制、规范要求尚无统一标准和范式，在行为规范方面体现出诸多地方特色。其中，关于公共数据授权运营的行为规范，可分为授权行为合法合规与运营行为合法合规两

第七章
公共数据开发利用合法与合规

大方面。

一方面，授权行为合法合规。公共数据授权运营的授权程序应满足各地的合规要求。一般而言，授权流程主要包括信息发布、申请提交、资格评审、结果公开、协议签订。《北京市公共数据专区授权运营管理办法（试行）》明确了专区授权运营的授权流程，包括信息发布、申请提交、资格评审、协议签订等。由公共数据专区统筹协调部门会同专区监管部门发布授权运营的通知，明确申报条件和运营要求。通过建立专家评审机制，对申请专区运营单位进行综合评审，评审结果报市政府同意后向社会公开。对于采用分级授权模式的省市、地区，如贵州省、江苏省，则须分别授权运营主体和开发利用主体。《贵州省公共数据授权运营管理办法（试行）》规定授权运营主体由各级人民政府数据主管部门统一授权，开发利用主体由各级政府部门授权。《江苏省公共数据授权运营管理暂行办法（征求意见稿）》采用"两级主体、分级授权"模式，由设区的市级以上人民政府授权本级数据主管部门试点确定本级运营主体，运营主体按照准入条件和应用场景选择开发主体进行数据开发利用，并签订授权协议。对于采用综合授权和领域授权的地区，则须由不同的部门分别进行评审、签订协议。《河北省公共数据授权运营管理办法（试行）（征求意见稿）》规定，跨领域、跨区域的公共数据须由数据主管部门组织对应用场景、数据安全及运营单位等进行评估，经本级公共数据授权运营协调小组审议同意后，与运营单位签订协议，方可开展公共数据运营；单一领域的公共数据须由行业主管部门会同数据主管部门组织进行评估，经本级公共数据授权运营协调小组审议同意后，与运营单位签订协议，方可开展公共数据运营，未经公共数据授权运营协调小组同意，任何单位不得与第三方签订公共数据运营协议。因此，授权程序应满足当地的合规要求。

在授权程序中，根据公共数据授权运营的制度设计，授权主体与运营主体之间须就公共数据授权运营事宜签署授权运营协议，并遵循法律法规的相关规定。关于授权运营协议应载明的事项，包括但不限于授权主体和对象、各方的权利义务、授权范围、应用场景、授权期限、授权费用、安全要求、监督机制、禁止条款、信用承诺、退出机制和违约责任等，且协议有效期限不得超过授权期限，并明确期限届满须重新申请的时限[1]。

另一方面，运营行为合法合规。各地出台的公共数据授权运营管理办法中，均对运营单位提出了行为规范要求。

第一，运营单位应加强公共数据质量管理。《江苏省公共数据授权运营管理暂行办法（征求意见稿）》要求运营单位建立并动态维护数据资源目录，跟踪反馈数据质量情况，保障数据服务质量。《青岛市公共数据运营试点管理暂行办法》规定运营单位应当设立数据管理负责人岗位，建立权限分离的数据管理制度、操作细则，建立健全数据全流程质量管控体系，加强数据质量事前、事中和事后的监督检查，建立信息保存制度[2]。

第二，运营单位应严格规范公共数据的开发利用方式，落实"原始数据不出域、数据可用不可见"的基本要求。《浙江省公共数据授权运营管理办法（试行）》明确规定，授权运营单位应在授权运营域内对授权运营的公共数据进行加工处理，形成数据产品和服务，原始数据包不得导出授权运营域；被授权主体应使用经抽样、脱敏后的公共数据进行数据产品和服务的模型训练与验证；经公共数据主管部门审核批准后，被授权主体方可将依法合规获取的社会数据导入授权运营域，与授权运营的公共数据进行融合计算。此外，浙江、广州、烟台、青岛、贵州[3]等地都规定了运营

---

[1] 参见《江苏省公共数据授权运营管理暂行办法（征求意见稿）》《北京市公共数据专区授权运营管理办法（试行）》。

[2] 参见《青岛市公共数据运营试点管理暂行办法》。

[3] 参见《浙江省公共数据授权运营管理办法（试行）》《广州市公共数据授权运营管理暂行办法（征求公众意见稿）》《烟台市公共数据授权运营管理暂行办法（征求意见稿）》《青岛市公共数据运营试点管理暂行办法》《贵州省公共数据授权运营管理办法（试行）（征求意见稿）》等规定。

单位应当根据应用单位需求，依托公共数据运营平台，加工处理公共数据，形成公共数据产品和服务，经合法合规审核后再通过运营平台向应用单位提供，不得用于或变相用于未经审批的应用场景。严禁导出原始公共数据及可通过可逆模型或算法还原出原始数据的公共数据产品和服务，严禁对原始数据进行交易。此外，浙江、长春等地还规定授权运营单位所有参与数据加工处理的人员须经实名认证，签订保密协议，操作行为应做到有记录、可审查。

第三，运营单位须加强保护个人信息和商业秘密，维护国家安全和利益。《江苏省公共数据授权运营管理暂行办法（征求意见稿）》明确要求运营单位建立合规监测机制。《广州市公共数据授权运营管理暂行办法（征求公众意见稿）》要求公共数据运营机构建立健全合规核查机制，对公共数据使用申请、公共数据使用方式与使用场景、公共数据产品和服务的出域等事项在数据安全、网络安全、个人信息保护、商业秘密保护等领域展开合规核查，涉及个人信息、商业秘密的公共数据必须在经过脱敏、脱密处理或相关数据主体授权同意后，才能进行相关公共数据的调用，形成公共数据产品和服务。《烟台市公共数据授权运营管理暂行办法（征求意见稿）》规定，运营单位应建立数据授权使用机制，通过必要的技术防控措施，加强对信息主体和第三方合法权益的保护，防范国家秘密、商业秘密和个人隐私被泄露、非法获取或者不当利用。涉及个人隐私及商业秘密的数据必须在获得当事人精准授权后才能交付应用单位。

第四，运营单位应建立健全数据安全管理制度，采取技术措施和其他必要措施保障平台网络安全、稳定运行和数据安全，实行"谁运营谁负责、谁使用谁负责"的安全责任制。《四川省公共数据授权服务办法》规定，运营单位应当建立并严格落实网络安全和公共数据安全管理制度，明确主体安全责任、行为规范和管理要求。另外，运营单位还须建立公共数据备份制度、制定安全处置应急预案，并定期组织安全审查和应急演练。

4. 地方立法关于公共数据融合行为的合法与合规

目前，地方立法中涉及公共数据融合的规定较少，大多为鼓励和倡议，没有具体规定。《深圳经济特区数字经济产业促进条例》第二十一条规定，市政务服务数据管理部门应当会同有关行业主管部门促进各类数据深度融合，在卫生健康、社会保障、交通、科技、通信、企业投融资、普惠金融等领域推进公共数据和社会数据融合应用。支持各类工业企业、互联网平台企业、科研院所、高等院校、社会组织等与市政务服务数据管理部门合作，开展数据汇聚与融合平台建设。《内蒙古自治区数字经济促进条例》第二十五条第一款规定，鼓励自然人、法人和非法人组织依法开放或者授权使用非公共数据，促进数据融合创新。

第四节　公共数据开发利用客体合法与合规

一、《数据安全法》

《数据安全法》中数据处理行为针对的客体为数据，其对"数据"的定义为："本法所称数据，是指任何以电子或者其他方式对信息的记录。"公共数据是数据的下位概念，其包含于"数据"这一客体之中，因此作为公共数据开发利用客体的公共数据也要遵守《数据安全法》对数据的相关规定。

《数据安全法》第二十一条规定："国家建立数据分类分级保护制度，根据数据在经济社会发展中的重要程度，以及一旦遭到篡改、破坏、泄露或者非法获取、非法利用，对国家安全、公共利益或者个人、组织合法权益造成的危害程度，对数据实行分类分级保护。国家数据安全工作协调机制统筹协调有关部门制定重要数据目录，加强对重要数据的保护。关系国家安全、国民经济命脉、重要民生、重大公共利益等数据属于国家核心数据，对其实行更加严格的管理制度。各地区、各部门应当按照数据分类分级保护制度，确定本地区、本部门以及相关行业、领域的重要数据具体目录，对列入目录的数据进行重点保护。"公共数据开发利用客体即公共数据也应当遵守《数据安全法》对数据的要求，并采取分级分类保护制度，使其处于有效保护和合法利用的安全状态，并对公共数据同样由有关部门编制公共数据管理目录，依据目录中的分级分类确定公共数据的开发利用模式，加强对重要公共数据的保护。

二、《网络安全法》

《网络安全法》中涉及的客体系"网络""网络数据""个人信息"。"网络"即计算机或者其他信息终端及相关设备组成的按照一定的规则和程序对信息进行收集、存储、传输、交换、处理的系统。"网络数据"即通过网络收集、存储、传输、处理和产生的各种电子数据。"个人信息"即以电子或者其他方式记录的能够单独或者与其他信息结合识别自然人个人身份的各种信息。依据《网络安全法》对前述概念的定义，在公共数据开发利用领域，公共数据与网络数据非同一分类维度下的定义，但在外延和范围上存在交叉，而个人信息是公共数据内容层所涉及的内容之一，网络则是公共数据所依托的系统。公共数据客体存储于网络中，应当遵守《网络安全法》对网络安全的规定，即采取必要措施，防范对网络的攻击、侵入、干扰、破坏和非法使用以及意外事故，使网络处于稳定可靠运行的状态，保障网络中公共数据的完整性、保密性、可用性。

三、《个人信息保护法》

《个人信息保护法》第四条第一款规定："个人信息是以电子或者其他

方式记录的与已识别或者可识别的自然人有关的各种信息,不包括匿名化处理后的信息。"公共数据中包含大量记载个人信息的公共数据,在涉个人信息的公共数据开发利用过程中,不仅要满足数据立法的相关规定,还要符合个人信息立法的有关规定。

四、《民法典》

《民法典》第一百二十七条规定:"法律对数据、网络虚拟财产的保护有规定的,依照其规定",确立了数据作为民事法律关系客体的地位,以及相应数据上承载的权利——数据产权,也具有民事权利的性质。数据产权,本质上是数据财产权,是一种新型财产权[一]。公共数据属于数据的下位概念,其外延和范围包含于数据之中。因此,公共数据开放的客体合法合规,应当遵守数据客体合法合规的要求,也即应当遵守《民法典》关于数据的基本要求。《民法典》第一百一十三条规定:"民事主体的财产权利受法律平等保护。"在公共数据开发利用过程中,公共数据和公共数据之上承载的数据权利都受到民事立法的确认和保护。此外,《民法典》对于个人信息也有相应规定。其中,第一百一十一条规定:"自然人的个人信息受法律保护。任何组织或者个人需要获取他人个人信息的,应当依法取得并确保信息安全,不得非法收集、使用、加工、传输他人个人信息,不得非法买卖、提供或者公开他人个人信息。"第一千零三十四条规定:"个人信息是以电子或者其他方式记录的能够单独或者与其他信息结合识别特定自然人的各种信息,包括自然人的姓名、出生日期、身份证件号码、生物识别信息、住址、电话号码、电子邮箱、健康信息、行踪信息等。个人信息中的私密信息,适用有关隐私权的规定;没有规定的,适用有关个人信息保护的规定。"基于数据的双层结构,公共数据数据内容层若记载个人信息,也应当遵守《民法典》对个人信息的要求。

[一] 李爱君,夏菲. 论数据产权保护的制度路径[J]. 法学杂志,2022,43(5):22.

五、"数据二十条"

"数据二十条"对公共数据开放客体的合法合规要求体现为数据产权结构性分置制度和公共数据确权授权机制。"数据二十条"强调:"探索建立数据产权制度,推动数据产权结构性分置和有序流通,结合数据要素特性强化高质量数据要素供给……探索数据产权结构性分置制度。建立公共数据、企业数据、个人数据的分类分级确权授权制度……推进实施公共数据确权授权机制。对各级党政机关、企事业单位依法履职或提供公共服务过程中产生的公共数据,加强汇聚共享和开放开发,强化统筹授权使用和管理,推进互联互通,打破'数据孤岛'。"一方面,公共数据应当遵守数据产权结构性分置制度,遵守公共数据、企业数据、个人数据的分类分级确权授权制度;另一方面,公共数据应当遵守"数据二十条"提出的公共数据确权授权机制。相关规定对不同类型的公共数据的流通使用方式予以界分,强调用于公共治理、公益事业的公共数据有条件无偿使用,用于产业发展、行业发展的公共数据有条件有偿使用,依法依规予以保密的公共数据不予开放,严格管控未依法依规公开的原始公共数据直接进入市场,保障公共数据供给使用的公共利益。

"数据二十条"还强调:"加强数据分类分级管理,把该管的管住、该放的放开,积极有效防范和化解各种数据风险,形成政府监管与市场自律、法治与行业自治协同、国内与国际统筹的数据要素治理结构。"公共数据分类分级制度决定了并非所有的公共数据都可用于开发利用,公共数据按照是否可开发利用可分为无条件开发利用、有条件开发利用和禁止开发利用三类,对应的开发利用行为也分为无条件、有条件和禁止,如无条件开放、有条件开放和禁止开放。"数据二十条"还规定:"对不承载个人信息和不影响公共安全的公共数据,推动按用途加大供给使用范围。推动用于公共治理、公益事业的公共数据有条件无偿使用,探索用于产业发展、行业发展的公共数据有条件有偿使用。依法依规予以保密的公共数据不予开放，严格管控未依法依规公开的原始公共数据直接进入市场，保障公共数据供给使用的公共利益。"

六、《关于加快公共数据资源开发利用的意见》

《关于加快公共数据资源开发利用的意见》将公共数据定位为重要的战略资源，要求建立公共数据资源登记制度，依托政务数据目录，根据应用需求，编制形成公共数据资源目录，对纳入授权运营范围的公共数据资源实行登记管理。提高公共数据资源可用性，推动数据资源标准化、规范化建设，开展数据分类分级管理，强化数据源头治理和质量监督检查，实现数据质量可反馈、使用过程可追溯、数据异议可处置。

七、地方立法

《北京市数字经济促进条例》规定："公共数据资源实行统一的目录管理。市经济和信息化部门应当会同有关部门制定公共数据目录编制规范，有关公共机构依照规范及有关管理规定，编制本行业、本部门公共数据目录，并按照要求向市级大数据平台汇聚数据。"

《浙江省公共数据条例》规定："公共数据实行目录化管理。省公共数据主管部门应当统筹推进省、设区的市、县（市、区）三级公共数据目录一体化建设，制定统一的目录编制标准，组织编制全省公共数据目录。设区的市、县（市、区）公共数据主管部门应当按照统一标准，组织编制本级公共数据子目录，并报上一级公共数据主管部门审核。公共管理和服务机构应当按照统一标准，编制本部门公共数据子目录，并报同级公共数据主管部门审核。"该条例还规定："省公共数据主管部门应当会同省标准化主管部门和其他有关部门，推进本省公共数据标准体系建设，制定省、设区的市、县（市、区）公共数据平台建设标准以及公共数据处理和安全管理等标准，推动公共数据国家标准、行业标准和地方标准有效实施。"

《深圳经济特区数字经济产业促进条例》规定："市政务服务数据管理部门应当会同有关行业主管部门促进各类数据深度融合，在卫生健康、社会保障、交通、科技、通信、企业投融资、普惠金融等领域推进公共数据和社会数据融合应用。支持各类工业企业、互联网平台企业、科研院所、高等院校、社会组织等与市政务服务数据管理部门合作，开展数据汇聚与融合平台建设。"

《深圳经济特区数据条例》规定："实行公共数据目录管理制度。市政务服务数据管理部门负责建立全市统一的公共数据资源目录体系，制定公共数据资源目录编制规范，组织公共管理和服务机构按照公共数据资源目录编制规范要求编制目录、处理各类公共数据，明确数据来源部门和管理职责。公共管理和服务机构应当按照公共数据资源目录编制规范要求，对本机构的公共数据进行目录管理。"该条例还规定："公共管理和服务机构收集数据应当符合下列要求：（一）为依法履行公共管理职责或者提供公共服务所必需，且在其履行的公共管理职责或者提供的公共服务范围内；（二）收集数据的种类和范围与其依法履行的公共管理职责或者提供的公共服务相适应；（三）收集程序符合法律、法规相关规定。公共管理和服务机构可以通过共享方式获得的数据，不得另行向自然人、法人和非法人组织收集。"

参考文献

[1] 刘松山. 全国人大及其常委会决议与决定的应然界分[J]. 法学, 2021（2）: 30-55.

[2] 张克. 习近平总书记关于深化党和国家机构改革重要论述探析[J]. 中国井冈山干部学院学报, 2023, 16（6）: 16-24.

[3] 郑春燕, 唐俊麒. 论公共数据的规范含义[J]. 法治研究, 2021, 138（6）: 67-79.

[4] 齐英程. 作为公物的公共数据资源之使用规则构建[J]. 行政法学研究, 2021（5）: 138-147.

[5] 何勤华. 民法典编纂论（第三卷）[M]. 北京: 商务印书馆, 2016.

[6] 夏义堃. 试论数据开放环境下的政府数据治理: 概念框架与主要问题[J]. 图书情报知识, 2018（1）: 95-104.

[7] 邓念国. 体制障碍抑或激励缺失: 公共服务大数据共享的阻滞因素及其消解[J]. 理论与改革, 2017（4）: 117-126.

[8] 郭文涛. 公共数据共享的新行政法基础[J]. 北方法学, 2023, 17（6）: 98-110.

[9] 闫夏秋. 长三角区域数据共享的法律审视与治理路径[J]. 法治现代化研究, 2021（4）: 51-60.

[10] 胡凌. 公共数据开放的法律秩序: 功能与结构的理论视角[J]. 行政法学研究, 2023（4）: 37-50.

[11] 徐珉川. 论公共数据开放的可信治理[J]. 比较法研究, 2021（6）: 143-156.

[12] 孟飞. 公共数据开放利用的逻辑与规则[J]. 上海政法学院学报（法治论丛）, 2023, 38（5）: 75-90.

[13] 张会平, 顾勤. 政府数据流动: 方式、实践困境与协同治理[J]. 治理研究, 2022, 38（3）: 59-69, 126.

[14] 高灵欣, 韩冰西. 公共数据类型化开放视域下授权运营制度的立法构建[C]. 《上海法学研究》集刊2023年第6卷——2023年世界人工智能大会青年论坛论文

集.中南财经政法大学,2023.

[15] 沈斌.公共数据授权运营的功能定位、法律属性与制度展开[J].电子政务,2023(11):42-53.

[16] 殷利梅.加速数据流通融合的思考与建议[J].中国国情国力,2021(12):48-50.

[17] 王伟玲.加快实施数字政府战略:现实困境与破解路径[J].电子政务,2019(12):86-94.

[18] 樊秀娥,张英杰,王京萍,等.公共卫生科学数据共享发展策略研究[J].中国卫生工程学,2006,5(1):10-12.

[19] 赵胜钢.国家农业科学数据共享服务平台体系结构研究[J].安徽农业科学,2009,35(19):9303-9305.

[20] 王运,李宇佳,严贝妮.大数据环境下我国政府公共数据整合与开放研究——基于上海市政府的案例分析[J].图书馆理论与实践,2016(1):1-5.

[21] 徐晓林,明承瀚,陈涛.数字政府环境下政务服务数据共享研究[J].行政论坛,2018,25(1):50-59.

[22] 郑磊.开放不等于公开、共享和交易:政府数据开放与相近概念的界定与辨析[J].南京社会科学,2018(9):83-91.

[23] 马颜昕.论公共数据的范围[J].行政法学研究,2024(4):83-96.

[24] 罗英.个人信息在国家机关之间传输的类型化治理[J].法学,2023,502(9):33-47.

[25] 陈小平,陈中悦,郑君媛,等.无线传感器网络原理及应用[M].南京:东南大学出版社,2023:107.

[26] 赵加兵.公共数据归属政府的合理性及法律意义[J].河南财经政法大学学报,2021,36(1):13-22.

[27] 时祖光.公共数据授权运营的理论阐述与规则构建[J].科技与法律(中英文),2023(6):33-42.

[28] 阮敬,张贝贝,王艺丹.大数据技术概论[M].北京:国家开放大学出版社,2023:36.

[29] 张建锋. 数字政府 2.0 数据智能助力治理现代化［M］. 北京：中信出版社，2019：71.

[30] 张文显. 法理学［M］.3 版. 北京：法律出版社，2007：182.

[31] 宋烁. 构建以授权运营为主渠道的公共数据开放利用机制［J］. 法律科学（西北政法大学学报），2023，41（1）：83-94.

[32] 王伟玲. 政府数据授权运营：实践动态、价值网络与推进路径［J］. 电子政务，2022（10）：20-32.

[33] 肖卫兵. 论我国政府数据开放的立法模式［J］. 当代法学，2017，31（3）：42-49.

[34] 王万华. 论政府数据开放与政府信息公开的关系［J］. 财经法学，2020（1）：13-24.

[35] 王锡锌，黄智杰. 公平利用权：公共数据开放制度建构的权利基础［J］. 华东政法大学学报，2022，25（2）：59-72.

[36] 胡业飞. 政府数据开放：基于大数据的合作治理创新［M］. 上海：复旦大学出版社，2022.

[37] 李爱君. 数据权利属性与法律特征［J］. 东方法学，2018（3）：64-74.

[38] 李爱君. 中国大数据法治发展报告 2018［M］. 法律出版社，2019：109.

[39] 蔡婧璇，黄如花. 美国政府数据开放的政策法规保障及对我国的启示［J］. 图书与情报，2017（1）：10-17.

[40] 胡逸芳，林焱. 加拿大政府数据开放政策法规保障及对中国的启示［J］. 电子政务，2017（5）：1-10.

[41] 李爱君. 数据要素市场培育法律制度构建［J］. 法学杂志，2021，42（9）：17-28.

[42] 张新宝，曹权之. 公共数据确权授权法律机制研究［J］. 比较法研究，2023（3）：41-55.

[43] 张文显. 法理学［M］.5 版. 北京：高等教育出版社，2018：151-161.

[44] 张珺. 政府数据开放的法制路径［J］. 研究生法学，2019（2）：9-17.

[45] 肖泽晟. 公共资源特许利益的限制与保护——以燃气公用事业特许经营权为例［J］. 行政法学研究，2018（2）：14-34.

[46] 张群，尹卓，于浩，等. 欧盟开放数据和公共部门信息再利用指令的启示［J］.

大数据，2022，8（6）：143-152.

[47] 王丽颖，王花蕾．美国数据经纪商监管制度对我国数据服务业发展的启示［J］．信息安全与通信保密，2022（3）：10-18.

[48] 张会平，顾勤，徐忠波．政府数据授权运营的实现机制与内在机理研究——以成都市为例［J］．电子政务，2021（5）：34-44.

[49] 金加和，赵程遥，求昊泽，等．基于多方安全计算的公共数据融合创新模式研究及应用［J］．大数据，2023，9（6）：15-27.

[50] 李平．开放政府数据、推进应用创新的中外模式比较［J］．中国科技论坛，2017（12）：161-166.

[51] 夏义堃．政府首席数据官制度的核心要义与运行分析［J］．图书情报知识，2020（1）：74-83.

[52] 于施洋，王建冬，童楠楠．国内外政务大数据应用发展述评：方向与问题［J］．电子政务，2016（1）：1-10.

[53] 龚芳颖，郭森宇，马亮，等．公共数据授权运营的功能定位与实现机制——基于福建省案例的研究［J］．电子政务，2023（11）：28-41.

[54] 汤贞友．数据知识产权登记的制度逻辑及完善［J］．知识产权，2024（3）：34-53.

[55] 李永军．论财产权利"登记能力"对物权效力体系的影响［J］．法商研究，2021，38（6）：157-169.

[56] 林洹民．数据产权登记的私法定位与制度设计［J］．法商研究，2024，41（5）：87-101.

[57] 姜明安．行政法与行政诉讼法［M］．2版．北京：高等教育出版社，1999.

[58] 程啸．论数据产权登记［J］．法学评论，2023，41（4）：137-148.

[59] 宋烁．政府数据开放宜采取不同于信息公开的立法进路［J］．法学，2021（1）：91-104.

[60] 张龙，姜悦．论数据资产登记制度的构建［J］．长江论坛，2024（6）：57-66.

[61] 谭佐财．论数据产权登记的制度构建［J］．当代法学，2024，38（4）：86-97.

[62] 罗玫，李金璞，汤珂．企业数据资产化：会计确认与价值评估［J］．清华大学学报（哲学社会科学版），2023，38（5）：195-209.

[63] 邓社民，王志文．公共数据授权运营中数据知识产权登记的制度重构［J］．深圳大学学报（人文社会科学版），2024，41（6）：93-102．

[64] 朱岩．形式审查抑或实质审查——论不动产登记机关的审查义务［J］．法学杂志，2006，27（6）：106-109．

[65] 刘鑫．大数据时代数据知识产权立法的理据与进路［J］．知识产权，2023（11）：42-59．

[66] 申卫星．论数据用益权［J］．中国社会科学，2020（11）：110-131．

[67] 刘保玉．不动产登记机构错误登记赔偿责任的性质与形态［J］．中国法学，2012（2）：156-169．

[68] 林镇阳，陈荣源，郭明军，等．多元主体协同治理的数据要素价值生态体系研究［J］．技术经济，2024，43（11）：1-13．

[69] 华劼．区块链技术与智能合约在知识产权确权和交易中的运用及其法律规制［J］．知识产权，2018（2）：13-19．

[70] 常江，张震．论公共数据授权运营的特点、性质及法律规制［J］．法治研究，2022，140（2）：126-135．

[71] 梅夏英，罗英．数据的法律属性及其民法定位［J］．中国社会科学（英文版），2019（1）：82-99．

[72] 张世飞．习近平提出"三个区分开来"的重要意义［J］．人民论坛，2017（26）：32-36．

[73] 李爱君，夏菲．论数据产权保护的制度路径［J］．法学杂志，2022，43（5）：17-33．

[74] 胡亚飞．政府数据开放：基于大数据的合作治理创新［M］．上海：复旦大学出版社，2022．

[75] 张珺．公共数据开放法律制度研究［D］．北京：中国政法大学，2021．

[76] 徐伟．公共数据权属：从宪法国家所有到民法国家所有权［J］．当代法学，2024，38（1）：121-133．

后　记

《公共数据开发利用模式与合规管理》一书是笔者在数据基础制度领域长期研究，以及与社会发展和实践同步的研究成果，更是业内各方面专家和相关部门长期无私给予笔者开展研究工作指导、帮助和支持的成果，在此表示衷心的感谢！

此书得以顺利出版，要感谢直接参加公共数据相关法律问题研究的课题组成员江婧妍、黄宇琳、李采芸、冯思琦、孙可一、顾昕宇和敖凤麟等在本书资料收集、整理、翻译等工作中的辛劳付出，也要感谢机械工业出版社编辑们的辛苦付出。

在此书基础之上，笔者今后将在公共数据开发利用合规与规范方面展开更系统、更深入的研究，进一步为实现公共数据供给侧改革和价值释放提供理论支撑。

李爱君

2025 年 8 月 5 日